JN494023

시민생활과 법

민사 생활법률 강의

(제4판)

제4판

시민생활과 법

민사 생활법률 강의

송덕수·정태윤·오종근·서을오·김병선·권태상 지음

이화여자대학교출판문화원

[일러두기]

- 이 책에서 민법을 인용할 때에는 법의 이름을 적지 않고 「제O조 제O항」과 같이 숫자로만 표시했다.
- 판결 인용은 간략하게 다음과 같은 방식으로 표기했다.
  예: 대법원 1971. 4. 10. 선고 71다399 판결 → 대판 1971. 4. 10, 71다399
- 이 책에서는 질문 부분을 두어 그 이하에서 설명할 내용을 미리 개관할 수 있게 했고, 〈사례〉를 제시해 구체적인 논의가 되도록 했으며, 계약서 · 혼인신고서 등의 서식이나 등기사항증명서 · 인감증명서 등을 사회에서 실제로 사용하는 것 그대로 보여주어 실용적인 지식이 되도록 했다.
- 이 책에 표기된 나이는 – 모든 법령에서 그런 것처럼 – 만 나이를 가리킨다.

• 제4판을 펴내며 •

이 책의 제3판을 펴낸 지 2년이 지났다. 그 사이에 이 책에서 가장 중요하게 다루어진 민법이 세 차례나 개정되었다. 그리고 주택임대차나 부동산 거래 관련 특별법령이 개정되기도 했다. 또 아주 중요한 의미가 있는 대법원 판결이 여러 번 선고되었다. 이러한 법령의 개정 사항과 판례 변화를 이 책에 신속하게 반영할 필요가 있었다. 그래서 부랴부랴 제4판을 펴내게 되었다.

제4판에는 그 외에도 많은 변화가 있다. 그중에 중요한 것 몇 가지를 들면 다음과 같다.

우선 여기저기에서 내용을 다듬고 충실하게 보완하였다. 그리고 법령에 근거하거나 정부 기관이 제시한 여러 서식 중 변경된 것은 모두 새것으로 바꿨다. 또 이 책에 인용된 각종 통계를 현재의 것으로 업데이트하고 그것을 바탕으로 분석하여 설명하였다. 그런가 하면 이 책에서는 독자들의 이해를 돕기 위해 사례를 들고 그에 대하여 해설을 하고 있는데, 일부 사례와 관련하여 판례가 변경되기도 하여 그런 경우에는 '사례의 해결'을 변경된 판례를 기초로 새로 작성하였다.

이 책 제4판의 신속한 출간을 위하여 애써주신 이화여자대학교출판문화원의 이혜지 주간님과 관련 직원 선생님들의 노고에 깊이 감사드린다.

2023년 8월

저자들을 대표하여

송덕수 씀

• 책머리에 •

요즘 대학에서는 거의 예외 없이 교양과목으로서 「사람의 일상생활에 적용되는 법」에 관한 강좌를 두고 있다. 그러한 강좌는 나를 포함한 저자들이 재직하고 있는 이화여대에서 처음 시작되었을 것이다. 이화여대에서는 1960년에 「여성과 법률」 강좌를 개설했고, 얼마 후에 강좌명을 「생활법률」로 바꾸었다. 그 뒤 명칭을 「시민생활과 법」이라고 다시 바꾸고 민사(民事)에 관한 법을 강의하게 하고 있다. 이 강좌는 예나 지금이나 우리 대학의 인기 강좌 중 하나이다.

이화여대에서 「시민생활과 법」 등의 강좌가 오랜 기간에 걸쳐 개설되어 강의의 콘텐츠와 노하우는 풍부하지만 정작 그에 대한 교재는 따로 가지고 있지 못했다. 민법 교수들이 전공 분야의 깊은 연구에 몰두한 것이 가장 큰 이유였으나, 수강생들을 생각하면 미안한 마음이 든다. 시중에 나와 있는 책들이 교재로 사용하기에 만족스럽지 못해서 더욱 그렇다.

그래서 이제라도 「시민생활과 법」 강의를 하고 있고 또 장차 강의를 하게 될 이화여대 법학전문대학원 민법 교수 6인이 합심해 교재를 펴내게 되었다. 교재 간행의 필요성은 작년 3월에 있었던 민법 교수들 모임에서 확인했고, 4월에 내가 책 발간에 관해 기초 조사를 하고 그것을 바탕으로 집필계획을 수립한 뒤, 5월 초에 회의를 열어 집필방법과 내용을 확정했다. 그 후 이화여자대학교출판문화원에 교재개발 지원 신청을 해서 지원을 받아 집필을 시작하게 되었다. 각 저자들의 집필 부분은 희망과 전문성을 고려해 분담했으며, 원고는 9월 말까지 모두 모아 통일성을 위해 부분적으로 정비한 뒤 출판문화원으로 넘겼다.

이 책은 비슷한 종류의 다른 책들과 여러 가지 점에서 매우 다르다. 내가 조사해본 바로는 기존의 책들은 크게 나누면 두 가지 모습이었다. 하나는 법학 전공서적과 유사할 정도로 대단히 어렵게 쓰여 있었고, 다른 하나는 대학 교재로 사용하기에는 대단히 부적절하게 결과만을 안내하는 법률상담 식으로 되어 있었다. 그런가 하면 여러 책들에서 적지 않은 오류가 눈에 띄기도 했다. 법률 교양강좌는 비전공자를 위한 강좌이므로 그 교재는 이해하기가 어려워서는 안 되며, 그렇다고 쉽게만 만드느라고 법학 서적으로서의 전문성, 즉 법적인 근거와 논리를 잃어서도 안 된다. 그래서 우리가 만드는 책은 쉬우면서도 법의 근거를 알고 논리를 익힐 수 있도록 했다. 또한 흥미와 실용성을 높이기 위해 여러 자료와 방법도 사용했다. 구체적으로 어떤 점이 그러한 것인지는 본문을 읽고서 느끼기를 바란다.

이 책이 나오기까지는 많은 분들의 도움이 있었다. 먼저 법원공무원교육원장을 맡고 있는 구연모 법학박사는 부동산등기 실무에 대해 자문을 해주고 이 책을 위해 특별히 등기사항증명서도 만들어주셨다. 그리고 나의 제자인 홍윤선 법학박사는 원고와 서식을 정리해주고 원고 중 문제 있는 부분을 지적해 책이 한결 좋아지게 했다. 그런가 하면 이화여자대학교출판문화원의 도움을 크게 받았다. 우선 교재개발 지원을 해주어 집필에 큰 동력을 얻게 되었다. 교재개발 지원을 해주신 김훈순 출판문화원장님에게 감사드린다. 그리고 이혜지 기획실장님을 비롯한 출판문화원 선생님들은 이 책이 잘 나올 수 있도록 모든 과정에서 열심히 도와주셨다. 이 분들을 포함해 이 책의 출간을 도와주신 모든 분들에게 깊이 감사드린다.

2016년 1월
저자들을 대표하여
송덕수 씀

• 차례 •

제2장 재산관계법

제4장 권리구제

제1장

법이란 무엇인가

제1절

이 책의 성격과 법에 대한 이해

I 이 책의 성격

E여대의 「시민생활과 법」 강의 첫 시간, 수강생 한 사람이 손을 들고 질문을 했다.

"교수님! 이 강의는 용어가 너무 어려워 이해하기 어렵지 않은가요?"

그 강의를 담당한 교수는 앞으로 그 학생의 질문이 많을 것이라고 예상하면서 차분한 목소리로 답을 하기 시작했다.

"우리 E여대에서는 1960년 국내 최초로 법학을 전공하지 않는 학생들을 위한 교양과목으로 「여성과 법률」을 개설했습니다. 그리고 1975년에 그 강좌명을 「생활법률」로 변경했고, 1994년에는 강의 범위를 명확하게 하기 위해 「시민생활과 법」으로 다시 바꾸었습니다."

담당 교수는 목소리 톤을 높여 답을 이어갔다. 이 책은 그 교수의 설명 내용을 객관화해 정리한 것이다.

1. 법 관련 교양과목의 교재

요즘 우리나라의 대학에서는 거의 예외 없이 교양과목의 하나로 일반인의 생활에 널리 적용되는 법에 대해 강의하는 강좌를 두고 있다. 그 강좌의 명칭으로는 「생활법률」이 가장 많으나, 「시민생활과 법」, 「여성과 법률」 등을 쓰기도 한다. 강좌의 명칭은 그 강좌에서 강의할 내용에 직접 영향을 미치기 때문에 내용과 관계없이 어느 것이 더 좋다고 말할 수는 없다. 그런데 대학에서—그러한 명칭의 강좌의 경우에 일반적으로 강의하는 것처럼—일반인의 재산과 가족생활에 적용되는 법을 강의하는 것이라면, 그 강좌명은 「시민생활과 법」이 가장 바람직하다고 생각한다. 그리고 이 책은 바로 그 「시민생활과 법」의 강의 교재로 개발한 것이다.

2. 이 책의 구체적인 성격과 특징

「시민생활과 법」 강의는 넓은 의미에서—전문 분야인—법학 강의에 속한다. 그런데 비전공자를 위한 교양과목의 강의이고, 더구나 우리의 실생활에 적용되는 법을 알기 쉽게 설명하기 위한 것이다. 여기서 「시민생활과 법」 강의의 교재인 이 책의 성격이 드러나게 된다.

이 책의 성격과 특징을 정리하면 다음과 같다. 첫째로, 이 책은 일반인의 통상의 사회생활에서 자주 발생하는 법률문제에 관해 설명하려는 것이다. 그렇다고 해서 단순히 결론만을 알려주는 법률상담 식의 서적이 아니다. 중요한 법률문제에 대한 결론과 함께 그러한 결론이 도출되는 법 이론과 법적 근거도 설명해줄 것이다. 둘째로, 이 책에서는 법학의 전문 용어가 불가피하게 사용된다. 이 책이 교양과목 강의를 위한 것이기는 하지만, 법학이라는 전문 분야에 해당하는 것이기 때문이다. 전문 분야 서적에서 무조건 전문 용어를 피하고 쉬운 용어로만 설명하게 되면, 그 내용이 부정확하게 되고 전문성이 크게 떨어지게 된다. 독자들은 이러한 점을 이해해, 전문 용어가 등장하면 그것을 피하려고 하지 말고 오히려 익히려고 노력해야 할 것이다. 셋째로, 그렇지만 비전공자를 위해 전문성을 유지하면서도 최대한 쉽게 기술하려고 한다. 넷째로, 이 책에서는 부동산매매계약서나 부동산등기부, 인감증명서 등의 실제 모습도 가능한 한 많이 보여주려고 한다. 그럼으로써 법률지식의 구체성과 실용성을 더욱 높일 것이다.

II 사람의 생활과 법

"교수님! 사람이 법 없이는 살 수 없는 것인가요? '저 사람은 법 없이도 살 사람이다'라고 하기도 하는데, 모든 사람에게 법이 적용되나요? 그리고 사람의 모든 생활이 법의 적용을 받는 것인가요?"

사례

A씨 부부는 색소폰 동호회에서 B씨 부부를 만나 가깝게 지냈다. 그러던 중 A씨 부부는 B씨 부부에게 다음 주 금요일 저녁에 자기 집에 와서 함께 저녁 식사를 하자고 했다. B씨 부부는 기쁜 마음으로 초대에 응하겠다고 했다. 초대일이 되자 B씨 부부는 꽃가게에 들러 꽃다발을 하나 사고, 또 백화점에 가서 프랑스 보르도산 와인 한 병을 산 뒤에, 초대시간에 맞춰 A씨 부부의 집으로 갔다. 그랬더니 A씨 부부는 B씨 부부와 저녁 식사를 할 생각이 없다고 하면서 집에 들어오지 못하게 했다. 이 경우에 B씨 부부는 A씨 부부에게 손해배상을 청구할 수 있는가?

1. 사회에서의 법의 존재

사람이 「로빈슨 크루소」(다니엘 디포의 소설 속 주인공)처럼 다른 사람들이 접근하기 어려운 무인도에서 혼자 산다면 그가 원하는 대로 생활할 수 있을 것이다. 그러나 일반적으로 사람은 혼자서 살 수 없으며 사회에 소속되어 공동생활을 하고 있다. 그런데 공동생활에서는 일정한 규칙에 따라서 행동해야 하며, 각자가 자신이 원하는 대로 행동하면 질서가 유지될 수 없다. 이렇게 공동생활에서 질서를 유지해주는 규칙을 규범(사회규범)이라고 한다. 그리고 그러한 사회규범에는 관습 · 도덕 · 종교 등 여러 가지가 있다.

그러면 사회규범만 있으면 질서가 자연스럽게 유지될까? 예를 들어 어느 지역에 상(喪)을 당한 집이 있을 경우에 같은 마을 사람들이 모두 곡식으로 부조를 하고 집집마다 한 사람씩 와서 도와주는 풍습(관습)이 있다고 하자. 그런데 그 마을에 사는 어떤 힘 있는 사람이 그러한 풍습을 무시하고 다른 상가(喪家)를 돕지 않는다면, 그 마을의 질서는 유지되지 못하게 된다. 여기서 사회의 질서가 제대로 유지되려면 강력한 힘에 의해 준수할 것이 강제되는 규범이 있어야 함을 알 수 있다. 그러한 규범이 바로 법이다. 그리고 그 법의 강제성을 뒷받침하고 있는 것이 국가 권력이다.

이와 같은 법은 모든 사회, 모든 국가에 존재하고 있다. 그래서 「사회가 있는 곳에 법이 있다」고 말하기도 한다.

2. 사람과 법

사람은 사회생활을 하고 있고 사회에는 반드시 법이 있기 때문에, 결국 사람은 누구나 법에 둘러싸여 살게 된다. 그 점은 우리도 마찬가지이다. 즉 우리도 법에 둘러싸여 생활하고 있는 것이다. 그럼에도 불구하고 우리는 평소에는 법을 의식하지 못한다. 그러다가 특별한 계기가 있을 때 비로소 법을 의식하게 된다.

가령 갑이 을에게 집을 팔기로 하는 매매계약을 체결한 뒤 을이 갑에게 매매대금을 모두 지급했는데도 갑이 집을 넘겨주지 않는다면, 특히 을이 법을 생각하게 될 것이다. 그에 비해, 앞의 예에서 만약 갑과 을이 모두 집의 매매계약을 약속한 대로 이행했다면, 그것이 법적으로 의미를 가지는 것이지만, 갑과 을은 법을 의식하지 못할 가능성이 크다. 이와 같이 우리가 법에 둘러싸여 살고 있으면서도 특별한 일이 생길 때에야 법을 의식하게 되는 것은 마치 공중에 전파가 존재하는데도 라디오나 TV를 켜지 않으면 전파의 존재를 느끼지 못하는 것과 유사하다.

그러면 법은 그것을 위반한 사람이 있을 경우에 상대방을 보호하기 위해서만 필요한가? 그리하여 법을 위반하지 않는 사람에게는 법이 불필요한가? 그렇지 않다. 앞의 예 가운데 집의 매매계약을 모두 제대로 이행한 경우의 갑과 을은 법을 잘 지킨 것이고 그러한 사람을 「법 없이도 살 사람」이라고 한다. 그런데 그러한 사람의 행위는 바로 법에 의해 정당한 것으로 인정되고 보호된다. 그러므로 법은 그것을 철저하게 지키는 사람에게도 필요하다. 그리고 법은 모든 사람에게 적용된다.

3. 사람의 사회생활관계와 법률관계

사람의 사회생활은 모두 법의 적용(규율)을 받는가? 예를 들어 갑이 그의 친구 을과 커피전문점에서 만나기로 했는데, 을이 단지 귀찮다는 이유로 아무 연락도 없이 약속장소에 나오지 않아 갑은 불필요하게 시간과 금전을 낭비하게 되었다. 이 경우에 만약 갑·을 사이의 관계가 법의 적용을 받는 것이라면, 갑은 을에 대해 손해배상청구를 할 수 있게 된다.

그러나 법은 사람의 모든 생활에 적용되는 것은 아니다. 강제력을 동원해 일정한 결과를 실현하는 것이 적절한 때에만 적용된다. 그렇지 않은 때에는 법이 적용되지 않고, 관습·도덕·종교와 같은 다른 사회규범이 적용된다. 그리하여 사람의 사회생활관계 가운데에는 법이 적용되는, 즉 법에 의해 규율되는 것이 있는가 하면, 법에 의해 규율되지 않는 것도 있다. 앞의 것, 즉「법에 의해 규율되는 생활관계」를 법률관계라고 한다. 법률관계는 역사적으로 보면 시대가 발전할수록 그 범위가 넓어져 왔다. 그 결과 오늘날에는 대부분의 생활관계가 법률관계이기는 하나, 그 모두가 법률관계인 것은 아니다.

위에서 든 예의 경우에 갑·을 사이의 관계는 법률관계가 아니다. 따라서 그 경우에 갑은 을에게 손해배상청구를 할 수 없다. 다만 을은 약속을 지키지 않는다는 이유로 다른 사회규범인 관습에 비추어 비난을 받을 여지는 있다.

사례의 해결

전술한 〈사례〉, 즉 A씨 부부가 B씨 부부를 저녁 식사에 초대해놓고 문전박대를 한 경우에 A씨 부부와 B씨 부부 사이의 관계도 법률관계가 아니다. 그러므로 B씨 부부는 A씨 부부에게 손해배상을 청구할 수 없다. 다만 A씨 부부는 관습상 비난을 받을 가능성이 있다.

III 법에 대한 이해

"교수님! 제가 어려서부터 법 얘기를 많이 들어왔는데, 법이 과연 무엇인지 잘 모르겠어요. 법이 무엇인지 손에 잡힐 듯이 파악할 수 있도록 알려주실 수 있으신가요? 그리고 법에는 어떤 종류가 있습니까?"

사례 1

A는 그의 주택을 B에게 팔기로 하는 계약을 체결했다. 그러면서 A · B는 그 주택에 A가 모르는 흠이 있어도 B가 A에게 책임을 묻지 않기로 약정했다. 그런데 주택에는 흠이 있었다. 이러한 경우에 B는 주택에 흠이 있다는 것을 이유로 A에게 책임을 물을 수 있는가?

사례 2

C 소유의 산에 D가 C의 승낙을 얻어 D의 아버지의 묘를 설치했다. 그 후 C가 D에게 자신의 산에서 그 묘를 옮기라고 했다. D는 묘를 옮겨야 하는가?

1. 법의 의의

앞에서 언급한 바와 같이, 사회질서를 유지시켜주는 사회규범에는 법 · 관습 · 도덕 · 종교 등 여러 가지가 있다. 그리고 이들 가운데 법은 국가 권력에 의해 그 실현이 강제되는 점에서 다른 사회규범과 구별된다. 즉 오직 법만이 강제력에 의해 실현될 수 있는 것이다. 여기서 법을 「강제성으로 무장된 사회규범」이라고 한다.

법과 구별해야 하는 개념으로 「법률」이 있다. 사람들은 보통 국회의 의결을 거친 법률만이 법인 것으로 생각한다. 그런데 법률은 법에 포함되기는 하지만, 법률만이 법인 것은 아니다. 법은 법률을 포함한 넓은 의미의 것이다. 그것은 헌법을 정점으로 해서 어느 정도의 체계를 이루고 있는 여러 개의 규범들 전체를 가리킨다. 그리고 법에는 법률 외에도 명령 · 관습법 등 다른 것들도 있다. 그러므로 넓은 의미로 사용되는 「법」과 그중의 일부에 해당하는 「법률」은 구별되어야 한다. 그런데 간혹 「법률」의 의미로 「법」이라고 표현하는 경우도 있다.

2. 법의 분류

(1) 공법과 사법(私法)

일반적으로 법은 크게 공법과 사법으로 나누어진다. 이렇게 법을 공법과 사법으로 나누는 것은 로마법 시대부터 계속된 전통이다. 그런데 공법과 사법이 무엇인지, 그리고 어떤 표준에 의해 그것들을 구별할 것인지는 어려운 문제이며, 오늘날에도 학자들 사이에 여러 견해가 대립되고 있다. 여기서는 적절하다고 생각되는 하나의 견해(이른바 성질설)만을 소개하기로 한다. 성질설에 따르면, 불평등관계(권력 · 복종관계)를 규율하는 법이 공법이고, 평등 · 대등관계를 규율하는 법이 사법이다.

공법과 사법의 성격을 좀 더 분명히 알기 위해 두 법이 규율하는 생활관계의 예를 들어보기로 한다. 예컨대 범죄를 저지른 사람을 처벌하거나, 식당 영업을 하려고 하는 사람에게 영업허가를 내주는 것, 혹은 소득을 많이 올린 사람에게 세금을 부과하는 것은 불평등관계로서 공법(구체적으로 형법 · 행정법 · 세법)의 적용을 받는다. 그에 비해 어떤 사람이 자신의 토지를 팔거나, 다른 사람과 혼인을 하거나, 유언을 하는 경우는 평등 ·

대등관계로서 사법(구체적으로 민법)의 적용을 받는다.

그리고 방금 든 예들 가운데 사법의 적용을 받게 되는 뒤의 세 경우에는 당사자들이 자신이 원하는 대로 그들의 관계를 결정할 수 있다. 즉 토지를 파는 경우에는 파는 사람(매도인)과 사는 사람(매수인)이 모두 원할 때에만, 그리고 그들이 원하는 값으로만 팔게 되는 것이며 국가나 다른 사람은 그것에 간섭을 할 수 없다. 이러한 원리를 가리켜 「사적 자치」(私的 自治)라고 한다. 그런데 이와 같은 「사적 자치」는 앞의 세 경우에는 인정되지 않는다. 즉 「사적 자치」는 사법에서는 기본원칙인데 공법에서는 허용되지 않는 것이다. 이처럼 공법과 사법은 그것을 지배하는 법원리가 다르기 때문에 구별되어야 한다.

[사회법]

과거에는 법에 공법과 사법만 있었다. 그런데 자본주의가 발전하면서 여러 가지 폐단이 발생했고, 그러한 폐단을 없애기 위해 국가는 사법의 영역에 속하는 분야에 공법적으로 간섭을 하는 여러 입법을 했다. 노동법(근로기준법 등) · 경제법(독점금지 · 소비자보호에 관한 법 등) · 사회보장법(각종 연금법 등)이 그것이다. 이것들을 통틀어 사회법이라고 한다. 이러한 사회법은 공법과 사법 가운데 어디에도 속하지 않는 제3의 법 영역을 형성했다.

사법의 적용을 받는 생활관계, 즉 사법관계에는 재산관계와 가족관계(신분관계)가 있다. 그런데 이 책은 일반인의 재산과 가족생활에 적용되는 법을 다루는 것이므로 이 책이 설명 대상으로 하는 법은 바로 사법이다(다만 이 책의 제4장에서 설명하는 민사소송법 등은 공법에 속하는 것임).

(2) 일반법과 특별법

법은 일반법과 특별법으로 나누어진다. 일반법은 사람·사항·장소 등에 특별한 제한이 없이 일반적으로 적용되는 법이고, 특별법은 일정한 사람·사항·장소에 관해서만 적용되는 법이다.

법을 일반법과 특별법으로 구별하는 이유는 동일한 사항에 대해서는 특별법이 일반법에 우선해 적용되기 때문이다. 즉 「특별법 우선의 원칙」이 있어서이다. 그 결과, 예를 들면 주택의 소유자가 그의 주택을 다른 사람에게 임대한 경우에는 민법의 임대차에 관한 규정(제618조 이하)과 주택임대차보호법이 모두 적용될 수 있으나, 특별법인 후자가 민법에 앞서서 적용되고, 거기에 규정이 없는 사항에 대해서는 민법이 보충적으로 적용된다.

사법을 일반법과 특별법으로 나눈다면, 민법은 일반법(일반사법)이고 회사 등에 관한 상법은 특별법(특별사법)이다. 그런데 이 책은 일반인에게 적용되는 사법을 중심으로 해서 설명하려는 것이므로 민법을 그 주된 대상으로 한다.

[민법의 의의]

민법에는 두 가지의 뜻이 있다. 하나는 형식적으로 이해한 것이고, 다른 하나는 실질적으로 이해한 것이다. 민법을 형식적으로 이해하면(형식적 민법), 「민법」이라는 이름을 가진 법률을 가리킨다. 그에 비해 민법을 실질적으로 이해하면(실질적 민법), 사법 중에 일반법 즉 일반사법이라고 할 수 있다. 이 두 민법 가운데 이 책이 설명의 대상으로 삼는 민법은 뒤의 것 즉 실질적인 민법이다. 따라서 민법이라는 이름의 법률뿐만 아니라 명령 · 관습법 · 판례 등도 살펴보게 된다.

(3) 실체법과 절차법

예를 들어 갑이 을을 때려서 다치게 하는 바람에 을은 병원에 가서 오랜 기간 치료를 받았고 또 일을 하지 못해 수입 결손이 생겼다고 하자. 이 경우에 을에게 어떠한 권리가 생기고(형법상 범죄의 문제는 별개임), 그리고 그 권리를 어떻게 실현하게 되는지에 관해 법은 어떻게 정하고 있을까?

일반인들은 이러한 경우에 하나의 법률에서 을의 권리와 그 권리의 실현절차를 한꺼번에 정하고 있을 것으로 생각할 것이다. 그런데 현재의 우리의 법률은 누구에게 어떤 권리 · 의무가 생기는지와 그 권리 · 의무를 실현하는 절차를 따로 정하고 있다. 그러한 점은 근대 이후에는 우리나라뿐만 아니라 외국도 마찬가지이다. 그 결과 법을 권리 · 의무에 관해 직접 정하고 있는 것과 권리 · 의무를 실현하는 절차를 정하는 것으로 나눌 수 있다. 앞의 것을 실체법이라 하고, 뒤의 것을 절차법이라고 한다.

실체법과 절차법은 체계상 별개의 것으로 나누어져 있지만, 서로 밀접한 관계에 있다. 실체법이 정하는 내용이 지켜지지 않는 때에는, 절차법에 의해 실현되기 때문이다. 이와 같이 법을 실체법과 절차법으로 나눈다면, 민법(상법도 같음)은 실체법에 속한다. 그리고 민사에 관한 절차법으로 민사소송법 · 민사집행법 · 가사소송법 등이 있다. 이 책은 주로 실체법에 관해 설명하고, 제4장에서 절차법에 대해서도 꼭 필요한 내용을 소개할 것이다.

앞에 든 예의 경우에 을에게 어떤 권리가 생기는가는 실체법인 민법이 규정하고 있다. 그에 따르면 갑은 을에 대해 신체침해라는 불법행위를 한 것으로 되고, 그 결과 을은 갑에게 손해배상청구권(치료비 · 결손된 수입 · 신체적 및 정신적 고통 등에 대한 손해배상청구권)을 가지게 된다. 그런데 이때 갑이 을에게 손해배상을 해주지 않으면, 을은 민사소송법에 따라 갑을 상대로 소를 제기해 판결을 얻고, 나아가 그 판결을 바탕으로 민사집행법에 따라 갑의 재산을 경매에 부쳐 그로부터 배상을 받게 된다.

(4) 민법규정의 효력상 분류

일반인들은 보통 법률에 규정되어 있는 것은 모두 반드시 따라야 하고 당사자가 그것들과 다르게 약정을 하면 그 약정이 무효일 것으로 생각한다. 그런데 공법과 달리 사법인 민법에 있어서는 그 규정 모두가 당사자의 의사를 무시하고 강제적으로 적용되는 것이 아니다. 민법규정 가운데에는 당사자의 의사로 적용을 배제할 수 없는 규정이 있는가 하면, 당사자의 의사로 적용을 배제할 수 있는 규정도 있다. 앞의 것을 강행규정(강행법규)이라고 하고, 뒤의 것을 임의규정(임의법규)이라고 한다.

그러면 하나의 규정이 강행규정인지 임의규정인지를 어떻게 구별하는가? 때로는 민법 자체에서 어떤 규정이 강행규정이라고 명시적으로 규정하는 경우도 있다. 그러나 보통은 그렇지 않다. 그때에는 해석에 의해 강행규정인지 여부를 결정해야 한다. 그런데 강행규정인지를 결정하는 일반적인 원칙은 없으며, 구체적인 규정에 대해 그 규정의 종류 · 성질 · 입법목적 등을 고려해 판정하는 수밖에 없다(다툼이 생기면 최종적으로는 법원이 결정함). 일반적으로 말하면 민법이라는 이름의 법률(이를 「민법전」이라고 함) 중 물권편 · 친족편 · 상속편의 규정들은 대부분 강행규정이나, 채권편 특히 계약에 관한 규정에는 임의규정이 많다.

사례 1의 해결

〈사례 1〉의 경우에 민법 제580조에 의하면 B는 일정한 요건하에 A에게 책임을 물을 수 있다. 그러나 그 규정은 임의규정이기 때문에, A · B 사이의 약정에 의해 그 규정의 적용이 배제된다. 따라서 A는 책임을 지지 않게 된다(제580조). 다만 A가 주택에 흠이 있다는 것을 알면서 그러한 특약을 했으면 예외이다(제584조 참조).

[관련 규정]

●제580조(매도인의 하자담보책임) ① 매매의 목적물에 하자가 있는 때에는 제575조 제1항의 규정을 준용한다. 그러나 매수인이 하자 있는 것을 알았거나 과실로 인하여 이를 알지 못한 때에는 그러하지 아니하다.

② 전항의 규정은 경매의 경우에 적용하지 아니한다.

●제584조(담보책임면제의 특약) 매도인은 전15조에 의한 담보책임을 면하는 특약을 한 경우에도 매도인이 알고 고지하지 아니한 사실 및 제3자에게 권리를 설정 또는 양도한 행위에 대하여는 책임을 면하지 못한다.

3. 법의 구체적인 모습

(1) 법원(法源)의 개념

법은 책상이나 시계와 같은 물체가 아니어서 우리가 오감(五感)으로 느낄 수가 없다. 그렇지만 법이 적용되려면 그것의 존재를 인식할 수 있어야 한다. 그리하여 법이 어떤 모습으로 존재하는지를 탐구해야 한다. 그것을 학문적으로 「법원」(法源)의 문제라고 한다. 여기서의 법원은 법의 연원(淵源)을 줄인 말로서 재판기관인 법원(法院)과는 다른 개념이다.

「법원」(法源)은 곧 법이 존재하는 모습이기 때문에, 법원에 해당하는 것이 바로 법이 된다. 바꾸어 말하면 법은 아래에서 말하는 법원의 모습으로 존재해 사람들에게 인식될 수 있는 것이다.

법원에는 성문법과 불문법이 있다. 성문법은 문자로 표시되고 일정한 형식과 절차에 따라서 제정되는 법이며, 제정법이라고도 한다. 그리고 성문법이 아닌 법이 불문법이다. 각 나라는 성문법과 불문법 가운데 어느 것을 가장 중요한, 즉 제1차적인 법원으로 인정하느냐에 따라 성문법주의 국가와 불문법주의 국가로 나누어진다.

법원은 내용적으로 모든 법 분야에 관해 동일하지 않고 개별적인 세부

분야에 따라 차이가 있다. 가령 관습법은 민법에서는 중요한 법원(법)이 되나, 형법에서는 죄형법정주의 때문에 법원으로 되지 못한다. 이와 같이 법원이 되는지가 법 분야별로 차이가 있기 때문에 법원은 민법 · 상법 · 형법 등과 같은 개별적이고 세부적인 법 분야에 대해 구체적으로 살펴보게 된다. 이 책에서는 주로 민법을 다루게 되므로 아래에서는 민법의 법원에 관해 적기로 한다.

(2) 민법의 법원

앞에서 실질적 민법은 사법 중에 일반법, 즉 일반사법이라고 했다. 그 실질적 민법이 구체적으로 어떻게 존재하는지의 문제가 민법의 법원의 문제이다. 그 결과 민법의 법원으로 열거되는 것이 실질적인 민법에 해당하게 된다.

1) 성문민법

민사에 관해(다른 법 분야도 같음) 우리나라는 성문법을 제1차적인 법원으로 삼고 있다. 성문법에는 법률 · 명령 · 대법원규칙 · 조약 · 자치법 등이 있다.

• 제1조(법원) 민사에 관하여 법률에 규정이 없으면 관습법에 의하고 관습법이 없으면 조리에 의한다.

2) 불문민법

(가) 관습법　　관습법이란 사회에서 스스로 발생하는 관행(관습)이 법이라고까지 인식되어 대다수인에게 지켜질 정도가 된 것을 말한다.

관습법은 민법규정상 당연히 민법의 법원이 된다(제1조 참조). 그런데 민법은 관습법에 대해 성문법이 없는 부분에 관해서만 보충적으로 효력을 인정하고 있다(판례도 같음. 대판 1983. 6. 14, 80다3231 등).

사례 2의 해결

민법이라는 이름의 법률(민법전)이나 다른 특별법에는 타인의 산에 그 소유자의 승낙을 얻어 묘를 설치한 자가 가지는 권리에 대해 규정하고 있는 것이 전혀 없다. 즉 법률에는 규정이 없는 것이다. 그런데 판례에 따르면, 〈사례 2〉의 경우에 D는 「관습법상」 그 묘가 있는 토지를 사용할 수 있는 권리(물권)를 취득하게 된다. 그 결과 C는 D에게 묘를 옮기라고 청구할 수 없다. 관습법상 인정되는 D의 이 권리를 분묘기지권(墳墓基地權)이라고 한다. 분묘기지권이 인정되는 경우는 〈사례 2〉의 경우 외에 두 가지가 더 있다(자세한 내용은 송덕수, 『신민법입문』 [194] 2 참조).

(나) 조리　조리는 사물의 본질적 법칙 또는 사물의 도리를 가리킨다. 사회에서 "네 말은 조리에 맞지 않는다"고 할 때 그 조리와 같은 의미이다. 조리가 법원인지에 관해서는 학자들의 견해가 나뉘나, 어떻게 이해하든 결과에서는 차이가 없다.

(다) 판례　판례는 법원의 재판(판결 · 결정)을 통해 형성된 규범을 가리킨다. 그리고 판례를 법이라고 하면 판례법이라고 부를 수 있을 것이다.

판례는 영미법계 국가에서는 중요한 법원이다. 그러나 우리나라와 같은 대륙법계(프랑스 · 독일 · 스위스 등 유럽 대륙법의 계통) 국가에서는 법관은 헌법과 법률에 의해 재판할 의무가 있을 뿐(헌법 제103조 참조), 기존의 판례에 당연히 구속되어야 하는 것이 아니다. 결국 우리나라에서는 판례는 법원이 아니다(다른 견해도 있음).

판례는 법원이 아니어서 법적인 구속력은 없지만, 상급법원 특히 대법원의 판례는 사실상 구속력을 가진다. 그 결과로 판례는 실제에 있어서는 「살아 있는 법」으로 기능하게 된다.

IV 이 책에서 기술할 사항

"교수님! 「시민생활과 법」의 구체적인 세부 내용에 들어가기 전에 이 강의에서 가르쳐주실 내용을 개괄적으로 요약해서 알려주세요."

앞에서 언급한 바와 같이, 이 책에서는 일반인의 재산과 가족생활에 적용되는 법에 대해 설명하려고 한다.

그러한 법은, 법을 공법과 사법으로 나눈다면, 사법에 해당한다. 그런데 사법 전부를 다루려는 것은 아니다. 「보통 사람」에 적용되는 법을 목표로 하기 때문에 상기업을 중심으로 하는 특별사법은 제외할 것이다. 그리하여 일반사법, 즉 실질적인 민법을 주로 살펴볼 것이다.

이 실질적 민법은 실체법에 속한다. 따라서 그 법은 누구에게 어떠한 권리 · 의무가 생기는지를 정해준다. 법의 설명에 있어서 그것이 가장 중요함은 물론이다. 그렇지만 권리 · 의무의 존재에 관해서만 알고 그 권리 · 의무를 실현하는 절차를 알지 못한다면 법 공부의 실용성이 크지 않을 것이다. 그래서 이 책에서는 민사에 관한 절차법인 민사소송법과 민사집행법에 관해서도 간결하면서 알기 쉽게 설명하고자 한다.

한편 이 책에서 실질적 민법 전부를 기술하는 것은 사실상 불가능하다. 그리하여 여기서는 거의 모든 일반인에게 발생하는 중요한 법률문제들을 선별해 그 각각에 대해 좀 더 상세히 설명하려고 한다.

이 책에서 다룰 내용을 구체적으로 열거하면, 이 책의 제2장에서는 계약 · 채무불이행 · 할부거래 · 부동산매매 · 금전거래 · 주택의 임대차 등과 같은 일반인의 재산관계에 적용되는 법을 살펴볼 것이다. 그리고 나서

제3장에서는 혼인 · 이혼 · 친권 · 상속 · 유언과 같은 가족관계에 적용되는 법을 기술하려고 한다. 그리고 마지막으로 제4장에서는 민사소송법 · 민사집행법과 같은 권리구제에 관한 법에 대해 설명할 것이다.

제2장

재산관계법

제1절

계약의 성립 및 보통거래약관

I 계약의 성립

"교수님! 계약은 어떻게 해야 성립되나요? 계약을 성립시키는 방법이 여러 가지인가요?"

1. 계약성립의 모습

계약은 원칙적으로 계약당사자의 청약과 승낙의 일치에 의해 성립한다. 그런데 민법은 그 외에도 의사실현과 교차청약에 의해서도 계약이 성립할 수 있음을 규정하고 있다.

의사실현(意思實現)이란 「승낙의 의사표시로 인정되는 사실」을 말한다. 예를 들어 갑이 을에게 책을 보내면서 그 책을 3만 원에 사라고 했는데, 을은 갑에게 아무런 의사표시를 하지 않고 그 책에 자신의 이름을 쓰고 읽기 시작했다. 이 경우 을의 행위로부터 승낙의 의사를 추단할 수 있으며 이와 같이 「승낙의 의사표시로 인정되는 사실」이 바로 의사실현이다. 민법상 의사실현의 경우 계약이 성립한다(제532조).

교차청약(交叉請約)의 예로는 다음과 같은 경우를 들 수 있다. 갑이 을에게 편지로 자신의 X손목시계를 10만 원에 사라고 했다. 그런데 갑의 편지가 을에게 도착하기 전에 을은 평소 보아왔던 갑의 X시계를 사고 싶어서 역시 편지로 자신이 X시계를 10만 원에 사겠다고 했다. 이때 갑과 을의 의사표시는 청약과 승낙의 관계에 있지 않으며, 모두 청약에 지나지 않는다(교차청약). 그러나 민법은 교차청약의 경우 실질적인 합의가 존재하고 있는 점을 고려해 계약의 성립을 인정하고 있다(제533조).

아래에서 원칙적인 방법인 청약과 승낙에 의해 계약이 성립하는 경우에 대해 자세히 살펴보기로 한다.

2. 청약과 승낙에 의한 계약의 성립

(1) 계약의 성립요건으로서의 합의

계약은 둘 이상의 당사자의 의사표시의 일치에 의해 성립한다(낙성계약). 계약을 성립시키는 이러한 의사표시의 일치를 합의라고 한다.

계약이 성립하기 위해서는 계약 내용의 모든 사항에 대해 합의가 이루어져야 한다. 그리하여 계약의 본질적 구성부분, 즉 중요 사항뿐만 아니라 부수적 구성부분에 대해서도 합의가 있어야 한다.

계약의 본질적 구성부분, 가령 매매의 경우 매매의 객체와 대금(제563조 참조), 임대차의 경우 임차물과 차임(제618조 참조)에 대해서는 반드시 당사자가 개별적으로 합의를 해야 하며 합의가 없으면 계약이 성립할 수 없다. 그에 비해 계약의 부수적 구성부분, 가령 채무의 이행장소(제467조 참조)는 당사자가 합의가 필요함을 명시한 경우에는 합의가 있어야 하지만 그러지 않은 경우에는 합의가 없어도 계약이 성립하며, 그때에는 법률의 임의규정이나 법률행위의 해석에 의해 그 부분이 보충된다.

(2) 청약

1) 의의

청약은 그에 대응하는 승낙과 결합해 계약을 성립시킬 것을 목적으로 하는 일방적 · 확정적 의사표시이다.

청약은 하나의 의사표시이고 법률행위가 아니므로 그것만으로는 법률효과가 발생하지 않는다. 청약에 대해 승낙이 있고 청약과 승낙이 일치하면 비로소 계약이 성립해 법률효과가 생기게 된다.

청약은 다른 사람으로 하여금 청약을 하게 하려는 행위인 「청약의 유인」과 구별된다. 청약의 유인은 청약이 아니므로 상대방이 그에 대해 계약 체결을 원하는 의사표시를 하면 그것이 청약에 해당하게 되고 청약의 유인을 한 자는 그에 대해 승낙할 것인지를 자유롭게 정할 수 있다.

2) 효력

(가) **실질적 효력**(승낙적격) 청약은 그에 대해 승낙이 있으면 계약을 성립하게 하는 효력, 즉 승낙을 받을 수 있는 효력을 가진다. 이를 청약의 실질적 효력 또는 승낙적격(승낙능력)이라고 한다.

(나) **청약의 구속력**(비철회성) 청약은 이를 임의로 철회하지 못한다(제527조). 이를 청약의 구속력이라고 한다. 청약을 임의로 철회할 수 있다면 거래의 안전을 유지할 수 없고 상대방에게 부당한 손해를 줄 수 있게 된다. 청약을 임의로 철회할 수 없기 때문에 상대방은 그에 대해 승낙 또는 거절을 선택할 수 있는 유리한 지위에 있게 된다.

(3) 승낙

1) 의의

승낙은 청약에 응해 계약을 성립시킬 것을 목적으로 청약자에 대해 하는 의사표시이다.

2) 효력

(가) 계약을 성립시키는 효력　승낙은 청약과 결합해 계약을 성립하게 하는 효력이 있다. 계약을 성립시키려면 승낙의 의미가 청약과 일치해야 하며, 나아가 승낙이 일정한 기간 내에 행해져야 한다.

(나) 승낙의 도달 문제　청약에 승낙기간이 정해져 있는 경우에는 승낙이 그 기간 내에 청약자에게 도달해야 계약이 성립한다(제528조 제1항). 청약에 승낙기간이 정해져 있지 않은 경우에는 승낙이 상당한 기간 내에 청약자에게 도달해야 계약이 성립한다(제529조).

(다) 청약의 거절 등　청약자의 상대방이 청약을 거절하면 계약이 성립할 수 없다. 그리고 승낙자가 청약에 대해 조건을 붙이거나 변경을 가해 승낙한 때에는, 그 청약을 거절하고 새로 청약한 것으로 본다(제534조).

3) 승낙의 효력발생시기

민법상 의사표시의 효력발생시기에 관해서는 도달주의의 원칙이 적용되어 의사표시가 상대방에게 도달한 때에 그 효력이 발생한다(제111조 제1항). 그런데 격지자(隔地子) 사이의 계약은 예외적으로 승낙의 통지를 발송한 때 성립한다(제531조). 그리하여 격지자 사이의 계약에 있어서의 승낙은 발송한 때에 효력이 생기게 된다. 다른 한편 승낙은 승낙기간 또는 상당한 기간 내에 도달해야 한다(제528조 · 제529조). 그리하여 승낙은 승낙기간 또는 상당한 기간 내에 도달하지 못하는 것(부도달, 不到達)을 해제조건으로 해서 발송한 때 효력이 생긴다고 해석된다.

대화자 사이의 계약의 성립시기에 관해서는 도달주의의 원칙이 그대로 적용되어, 승낙은 도달한 때에 효력이 발생하고 계약도 그때 성립한다.

II 계약과 보통거래약관

"교수님! 제가 보험계약을 체결할 때 보험약관이라는 것을 보여줘서 본 적이 있는데, 약관이 무엇인가요? 약관은 왜 사용하며, 그것이 당연히 효력이 있는 것인가요?"

1. 서설

계약당사자는 서로 협의해 계약의 내용을 확정하는 것이 일반적이지만, 경우에 따라서는 계약당사자 일방이 계약 내용으로 삼을 사항(계약조건)을 미리 정해두고 계약 체결 시 이를 제시하기도 한다. 이때 상대방이 이를 받아들이면 그것은 계약의 내용으로 된다. 이와 같이 계약의 내용으로 삼기 위해 당사자 일방이 미리 준비한 계약조건을 「보통거래약관」(이를 줄여서 「약관」이라고도 함)이라고 한다.

은행과 예금거래를 할 때 사용하는 「예금거래기본약관」이나 보험계약을 체결할 때 사용하게 되는 「보험약관」이 그 예이다.

약관은 다수의 상대방과 계약을 체결해야 하는 경우 계약 내용을 일일이 협의해 정하는 번거로움을 피하고 신속하게 거래를 할 수 있게 하며, 계약 내용을 통일적으로 규율하게 되어 경영의 합리화를 달성할 수 있도록 하는 장점이 있는 반면, 당사자 일방이 미리 일방적으로 마련하는 것이므로 그 당사자에게만 유리한 내용으로 이루어질 가능성이 크다는 문제점도 있다.

그리하여 각국은 특별법을 제정해 약관에 의한 거래를 규제하고 있으며, 우리나라에서도 1986년 「약관의 규제에 관한 법률」(이하 약관규제법이라 함)이 제정되어 시행되고 있다.

예금거래기본약관

공정거래위원회

표준약관 제10012호
(2022.12.23. 개정)

이 예금거래기본약관(이하 "약관"이라 한다)은 ㅇㅇ 은행(이하 "은행"이라 한다)과 거래처(또는 예금주)가 서로 믿음을 바탕으로 예금거래를 빠르고 틀림 없이 처리하는 한편, 서로의 이해관계를 합리적으로 조정하기 위하여 기본적이고 일반적인 사항을 정한 것이다. 은행은 이 약관을 영업점에 놓아두고, 거래처는 영업시간 중 언제든지 이 약관을 볼 수 있고 또한 그 교부를 청구할 수 있다.

제1조(적용범위) 이 약관은 입출금이 자유로운 예금, 거치식예금 및 적립식예금 거래에 적용한다.

제2조(실명거래)

① 거래처는 실명으로 거래하여야 한다.

② 은행은 거래처의 실명확인을 위하여 주민등록증 · 사업자등록증 등 실명확인 증표 또는 그밖에 필요한 서류의 제시나 제출을 요구할 수 있고, 거래처는 이에 따라야 한다.

제3조(거래장소) 거래처는 예금계좌를 개설한 영업점(이하 "개설점"이라 한다)에서 모든 예금거래를 한다. 다만, 은행이 정하는 바에 따라 다른 영업점이나 다른 금융기관, 또는 현금자동지급기 · 현금자동입출금기 · 컴퓨터 · 전화기 등(이하 "전산통신기기")을 통하여 거래할 수 있다.

제4조(거래방법) 거래처는 은행에서 내준 통장(증서 · 전자통장을 포함한다. 이하 같

다.) 또는 수표 · 어음용지로 거래하여야 한다. 그러나 입금할 때, 자동이체약정 · 전산통신기기이용약정에 따라 거래하는 경우 및 기등록된 생체정보(이하"바이오정보"), 실명확인증표 등을 통해 본인확인된 경우에는 통장 없이(이하"무통장")도 거래할 수 있다.

제5조(인감, 비밀번호 등의 신고)

① 거래처는 거래를 시작할 때 인감 또는 서명, 비밀번호, 성명, 상호, 대표자명, 대리인명, 주소 등 거래에 필요한 사항을 신고하여야 한다. 다만, 비밀번호는 비밀번호 입력기(이하 "PIN-Pad기"라 한다)에 의하여 거래처가 직접 등록할 수 있으며, 거래처가 은행에 내점할 수 없는 경우 거래처는 개설된 예금의 첫거래 전에 은행이 정한 방법에 따라 전산통신기기를 이용하여 비밀번호를 등록하여야 한다.

② 제1항에 불구하고 거치식 · 적립식 예금은 비밀번호를 신고하지 않을 수 있다.

(중략)

제6조(입금)

① 거래처는 현금이나 즉시 추심할 수 있는 수표 · 어음, 기타 증권(이하 "증권"이라 한다) 등으로 입금할 수 있다.

② 거래처는 현금이나 증권으로 계좌송금(거래처가 개설점 이외에서 자기계좌에 입금하거나, 제3자가 개설점 또는 다른 영업점이나, 다른 금융기관에서 거래처 계좌에 입금하는 것)하거나, 계좌이체(다른 계좌에서 거래처계좌에 입금하는 것)할 수 있다.

(중략)

제7조(예금이 되는 시기)

① 제6조에 따라 입금한 경우 다음 각호의 시기에 예금이 된다.

1. 현금으로 입금한 경우: 은행이 이를 받아 확인하였을 때
2. 현금으로 계좌송금하거나 계좌이체한 경우: 예금원장에 입금의 기록이 된 때
3. 증권으로 입금하거나 계좌송금한 경우: 은행이 그 증권을 교환에 돌려 부도반환시한이 지나고 결제를 확인한 때. 다만, 개설점에서 지급하여야 할 증권은 그날 안에 결제를 확인한 때

② 제1항제3호에도 불구하고 증권이 자기앞수표이고 지급제시기간 안에, 사고신고가 없으며 결제될 것이 틀림없음을 은행이 확인하였을 때에는 예금원장에 입금의 기록이 된 때 예금이 된다.

(중략)

제9조의2 (휴면예금 및 출연)

① 은행은 예금이 다음 각 호에 해당할 때에는 예금채권의 소멸시효가 완성된 것(이하 "휴면예금"이라 한다)으로 본다.

가. 입출금이 자유로운 예금은 이자지급을 포함한 최종거래일로부터 5년 이상 경과한 예금

나. 거치식, 적립식 예금은 만기일 또는 이자지급을 포함한 최종거래일로부터 5년 이상 경과한 예금

② 제1항에 따른 휴면예금은 「서민의 금융생활 지원에 관한 법률」 제40조 따라 "서민금융진흥원"으로 출연될 수 있으며, 원권리자는 출연된 휴면예금을 동법 제45조에 따라 지급청구 할 수 있습니다.

③ 예금계약은 예금이 제1항 각호에 따라 휴면예금에 해당하게 된 시점에 자동 종료하며, 해당 계좌는 더 이상 이용이 불가하다. 잔액이 0원으로 된 예금이 제1항 각호에 해당하게 된 경우도 같다.

제10조(지급 · 해지청구)

① 거래처가 예금 · 이자를 찾거나 예금계약을 해지하고자 할 때에는 신고한 비밀번호 등 필요사항을 기재하거나 PIN-Pad기에 입력하고, 거래인감을 날인하거나 서명감과 일치되게 서명한 지급 또는 해지청구서를 제출하여야 한다.

② 거래처가 무통장으로 거래하고 실명확인증표 등에 의해 본인확인된 경우, 은행이 정하는 바에 따라 제①항에 따른 절차의 전부 또는 일부를 생략할 수 있다.

③ 거래처가 자동이체 · 전산통신기기 · 바이오정보 등을 이용하여 찾을 때는 그 약정에서 정한 바에 따른다.

(중략)

제12조(양도 및 질권설정)

① 거래처가 예금을 양도하거나 질권설정하려면 사전에 은행에 통지하고 동의를 받아야 한다. 다만, 법령에 의하여 금지되는 경우에는 양도나 질권설정을 할 수 없다.

② 입출금이 자유로운 예금은 질권설정할 수 없다.

(중략)

제16조(면책)

① 은행은 예금지급청구서, 증권 또는 신고서 등에 찍힌 인영(또는 서명)을 신고한 인감(또는 서명감)과 육안으로 주의 깊게 비교 · 대조하여 틀림없다고 여기고, 예금지급청구서 등에 적힌 비밀번호나 PIN-Pad기를 이용하여 입력된 비밀번호가 신고 또는 등록한 것과 같아서 예금을 지급하였거나 기타 거래처가 요구하는 업무를 처리하였을 때에는 인감이나 서명의 위조 · 변조 또는 도용이나 그밖의 다른 사고로 인하여 거래처에 손해가 생겨도 그 책임을 지지 않는다. 다만, 은행이 거래처의 인감이나 서명의 위조 · 변조 또는 도용 사실을 알았거나 알 수 있었을 때는 그러하지 아니하다.

② 전산통신기기 등을 이용하거나 거래정보 등의 제공 및 금융거래명세 등의 통보와 관련하여 은행이 책임질 수 없는 사유로 계좌번호, 비밀번호 등의 금융정보가 새어나가 거래처에 손해가 생겨도 은행은 그 책임을 지지 않는다.

③ 은행이 거래처의 실명확인증표 등으로 주의 깊게 본인확인하여 예금을 지급하

였거나 기타 거래처가 요구하는 업무를 처리하였을 때에는 위조 · 변조 또는 도용이나 그밖의 다른 사고로 인하여 거래처에 손해가 생겨도 그 책임을 지지 않는다. 다만, 은행의 고의 또는 과실로 인한 귀책사유가 있는 경우 은행은 그 책임의 일부 또는 전부를 부담한다.

(중략)

제20조(약관의 변경)

① 은행이 이 약관이나 입출금이 자유로운 예금약관, 거치식 · 적립식예금약관(이하 총칭하여 본조에서 "약관 등"이라 한다)을 변경하고자 하는 경우에는 변경되는 약관 등의 시행일 1개월 전에 그 내용을 영업점과 인터넷 홈페이지에 게시하여 거래처에 알린다. 다만, 법령의 개정이나 제도의 개선 등으로 인하여 긴급히 약관 등을 변경한 때에는 즉시 이를 게시 또는 공고하여야 한다.

② 은행은 약관 등을 변경하는 경우 제1항에 따른 게시와는 별도로 변경되는 약관 등의 시행일 1개월 전에 거래처에 변경 내용(신·구조문대비표 포함)을 다음 각 호 중 1개(거래처에 불리한 변경인 경우에는 3개) 이상의 방법으로 알리되, 제1호 내지 제3호의 방법이 포함되어야 한다. 다만, 법령의 개정이나 제도의 개선 등으로 인하여 긴급히 약관 등을 변경한 때에는 즉시 거래처에 알린다.

1. 거래처가 신고한 정보에 따른 우편 또는 전자우편(E-mail)에 의한 통지
2. 거래처가 신고한 휴대전화 문자메시지(SMS, MMS) 또는 이에 준하는 거래처가 사전 동의한 전자적 의사표시에 의한 통지
3. 거래처와 약정한 별도의 전자기기(앱푸쉬 등)에 의한 통지
4. 거래통장에 표기
5. 현금자동지급기/현금자동입출금기 설치장소에 게시(이 경우 큰 문자를 사용하고 알아보기 쉬운 위치에 게시한다)
6. 인터넷뱅킹 및 모바일뱅킹 초기화면에 게시

③ 제2항에도 불구하고, 내용의 실질적 변경을 수반하지 않는 오탈자나 자구 수정 등 단순한 문구 변경인 경우는 제2항을 적용하지 아니한다.

④ 제1항의 게시 또는 제2항의 통지를 할 경우 "예금주가 변경에 동의하지 아니한 경우 제1항의 게시일 또는 제2항의 통지를 받은 날로부터 1개월 이내에 계약을 해지할 수 있으며, 계약해지의 의사표시를 하지 아니한 경우에는 변경에 동의한 것으로 본다"라는 취지의 내용을 함께 게시 또는 통지한다.

⑤ 제4항의 게시일 또는 통지를 받은 날로부터 1개월 이내에 계약해지의 의사표시가 도달하지 않으면 거래처가 변경에 동의한 것으로 본다.

제21조(약관적용의 순서)

① 은행과 거래처 사이에 개별적으로 합의한 사항이 약관조항과 다를 때에는 그 합의사항을 약관에 우선하여 적용한다.

(이하 생략)

2. 약관이 상대방을 구속하기 위한 요건

약관은 계약당사자 일방이 일방적으로 준비한 계약조건에 지나지 않으므로 그것이 상대방을 구속하려면 일정한 요건을 갖추어야 한다.

약관규제법은 그러한 요건으로 ① 약관사용자(사업자)가 상대방(고객)에게 약관의 내용을 분명하게 밝히고, 고객이 요구할 경우 약관의 사본을 교부해 고객이 약관의 내용을 알 수 있게 할 것(같은 법 제3조 제2항 본문), ② 사업자가 약관에 정해져 있는 중요한 내용을 고객이 이해할 수 있도록 설명할 것(같은 법 제3조 제3항 본문)을 들고 있다.

위의 요건을 갖추지 못한 경우 사업자는 약관을 계약 내용으로 주장할 수 없다(같은 법 제3조 제4항).

3. 약관의 내용통제

(1) 의의

약관에 대해 위의 요건을 갖추어 사업자가 그것을 계약의 내용으로 주장할 수 있는 경우 약관 중에는 고객에게 대단히 불리한 조항이 포함되어 있을 수 있다. 그리하여 약관의 조항 중 타당성이 없는 것은 무효로 된다. 특히 약관의 조항이 고객에게 불리하게 임의규정을 일방적으로 배제하는 때에 그렇다. 이에 관해 약관규제법은 자세한 규정을 두고 있다(같은 법 제6조 내지 제14조 참조).

(2) 개별적인 금지규정

약관규제법은 한편으로 구체적 · 개별적인 약관조항이 무효로 되는 경우를 규정하고 있다(같은 법 제7조 내지 제14조).

약관규제법이 개별적인 약관조항에 대해 무효라고 규정하고 있는 경우의 예를 들면 다음과 같다.

① 사업자의 고의 또는 중대한 과실로 인한 법률상의 책임을 배제하는 조항(같은 법 제7조 제1호)

② 고객에게 부당하게 과중한 손해배상의무를 부담시키는 조항(같은 법 제8조)

③ 법률에 따른 고객의 해제권 또는 해지권을 배제하거나 그 행사를 제한하는 조항(같은 법 제9조 제1호)

④ 고객에게 주어진 기한의 이익을 상당한 이유 없이 박탈하는 조항(같은 법 제11조 제2호)

⑤ 고객의 이익에 중대한 영향을 미치는 사업자의 의사표시가 상당한 이유 없이 고객에게 도달된 것으로 보는 조항(같은 법 제12조 제3호)

(3) 일반규정

다른 한편으로 약관규제법은 일반규정의 형태로 약관조항이 무효인 경우를 규정하고 있다. 그에 의하면 신의성실의 원칙을 위반해 공정성을 잃은 약관조항은 무효이다(같은 법 제6조 제1항). 따라서 약관조항이 개별적인 금지규정에 해당하지 않는 경우에도 이 규정에 의해 무효로 될 수 있다.

또한 고객에게 부당하게 불리한 조항, 고객이 계약의 거래형태 등 관련된 모든 사정에 비추어 예상하기 어려운 조항, 계약의 목적을 달성할 수 없을 정도로 계약에 따르는 본질적 권리를 제한하는 조항은 공정성을 잃은 것으로 추정된다(같은 법 제6조 제2항). 그리하여 그에 해당하는 경우에는 사업자가 불공정하지 않다는 반대증명을 하지 않는 한 불공정한 것으로 인정되어 무효로 된다.

제2절

제한능력자제도

I 서설

"교수님! 어린이가 계약을 체결해도 되나요? 어린이와 같은 사람이 잘 모르고 계약을 체결할 경우에는 특별히 보호해주어야 하지 않을까요? 우리 법에 그런 사람을 보호해주는 제도는 없나요?"

1. 민법상의 제한능력자제도

초등학생이 혼자서 오토바이나 자동차를 구입하는 매매계약을 체결했다면 그 효력은 어떻게 될까?

미성년자나 장애 · 노령(老齡) 등으로 인한 정신적 제약으로 앞에서 살펴본 계약 체결과 같은 행위들을 혼자서는 할 수 없는 자들을 보호하기 위해 민법은 제한능력자제도를 두고 있다. 민법은 제한능력자로 미성년자(제4조) · 피성년후견인(제9조) · 피한정후견인(제12조) · 피특정후견인

(제14조의 2)의 네 가지를 규정하고 있다.

제한능력자제도를 이해하기 위해서는 먼저 사람의 의사능력과 행위능력에 관해 살펴보아야 한다.

2. 의사능력

어떤 자가 만취한 상태에서 술집 여종업원에게 그의 토지를 증여하겠다고 한 경우 또는 2세인 아이가 그의 부모가 끼워준 금반지를 다른 사람에게 준 경우 그 행위들의 효력은 어떠할까?

사람이 법률행위에 의해 권리를 취득하거나 의무를 부담하려면 적어도 자신의 행위가 어떤 의미를 가지고 있는지 이해하는 정도의 일정한 지적 수준에 이르고 있어야 한다. 이와 같이 「자기의 행위의 의미나 결과를 합리적으로 예견할 수 있는 정신적 능력 내지 지능」을 의사능력이라고 한다.

의사능력이 있는지 여부는 나이와 같은 객관적인 기준이 아니라 구체적인 행위에 대해 개별적으로 판단된다. 그리하여 동일한 행위에 대해 어떤 자는 의사능력이 있는데 같은 나이인 다른 자는 의사능력이 없을 수도 있고(가령 지적 발육이 늦은 자), 또 동일한 자라도 어떤 행위에 대해서는 의사능력이 있는데(가령 장난감의 구입) 다른 행위에 대해서는 의사능력이 없을 수도 있다(가령 주식의 매입).

의사능력이 없는 자의 법률행위는 무효이다. 따라서 위의 예에서 만취한 자나 2세 아이의 증여행위는 모두 무효이다.

3. 행위능력

민법은 의사능력 유무의 판정을 수월하게 하기 위해 일정한 획일적 기준을 정해 이 기준을 갖추는 때에는 의사능력이 없었던 것으로 다루고 있다. 가령 19세의 나이를 기준으로 정해 19세가 되지 않은 자가 혼자서 한 법률행위는 일률적으로 취소할 수 있도록 하고 있다(제4조 · 제5조 참조). 이와 같이 객관적 · 획일적 기준에 의해 의사능력을 객관적으로 획일화한 제도가 행위능력제도 또는 제한능력자제도이다. 따라서 행위능력은 「단독으로 완전하고 유효하게 법률행위를 할 수 있는 지위 또는 자격」이다.

II 미성년자

"교수님! 몇 살까지 미성년자인가요? 미성년자는 혼자서 계약을 체결할 수 없는 것인가요?"

1. 성년기(成年期)

민법상 19세로 성년에 이르게 된다(제4조). 여기서의 19세는 – 법률에서 언제나 그렇듯이 – 만 나이를 가리킨다. 민법은 미성년규정을 완화하는 제도로 혼인에 의한 성년의제제도를 두고 있다(제826조의 2). 그리하여 미성년자는 혼인을 하면(남녀 모두 18세 이상이어야 혼인할 수 있음) 성년자로 의제(간주)된다. 19세가 되지 않은 자가 미성년자이다.

2. 미성년자의 행위능력

미성년자는 원칙적으로 단독으로 법률행위를 하지 못하며, 미성년자가 법률행위를 하려면 법정대리인의 동의를 얻어야 한다(제5조 제1항). 미성년자가 법정대리인의 동의 없이 법률행위를 한 경우에는 미성년자나 법정대리인이 그 행위를 취소할 수 있으며(제5조 제2항 · 제140조), 법률행위가 취소되면 취소된 법률행위는 처음부터(소급해) 무효였던 것으로 된다(제141조).

그러나 미성년자라도 예외적으로 법정대리인의 동의 없이 단독으로 유효하게 법률행위를 할 수 있는 경우가 있다(자세한 내용은 제5조 제1항 단서 · 제6조 · 제8조 제1항 · 제117조 · 제1061조 · 제1062조 등 참조).

예를 들어 ① 부담이 없는 증여를 받는 행위와 같이 단순히 권리만을 얻는 행위, ② 채권자로부터 채무면제를 받는 것처럼 의무만을 면하는 행위, ③ 부모로부터 받은 용돈을 쓰는 것과 같이 법정대리인이 범위를 정해 처분을 허락한 재산의 처분행위 등이 그에 해당한다.

3. 법정대리인

미성년자의 법정대리인은 제1차로 친권자가 되고(제911조), 친권자가 없거나 친권자가 법률행위의 대리권과 재산관리권을 행사할 수 없는 경우에는 제2차로 미성년후견인이 된다(제928조). 누가 미성년후견인으로 되는지는 제931조 · 제932조에 규정되어 있다.

미성년자의 법정대리인은 미성년자가 법률행위를 하는 데 동의를 할 권리, 즉 동의권이 있고(제5조 제1항), 미성년자를 대리해 재산상의 법률행위를 할 권한인 대리권이 있으며(제920조 · 제949조), 미성년자가 동의 없이 한 법률행위를 취소할 수 있는 권리가 있다(제5조 제2항 · 제140조).

III 피성년후견인(被成年後見人)

"교수님! 피성년후견인이 도대체 무엇인가요? 그 말은 우리말 같지가 않아요. 어떤 사람이 피성년후견인이 되고, 그런 사람은 어떻게 계약을 체결하나요?"

1. 피성년후견인의 의의

피성년후견인은 질병 · 장애 · 노령 · 그 밖의 사유로 인한 정신적 제약으로 사무를 처리할 능력이 지속적으로 결여된 사람으로서 일정한 자의 청구에 의해 가정법원으로부터 성년후견개시의 심판을 받은 자이다(제9조 제1항).

2. 성년후견개시의 심판

성년후견개시의 심판을 청구할 수 있는 자는 본인 · 배우자 · 4촌 이내의 친족 · 미성년후견인 · 미성년후견감독인 · 한정후견인 · 한정후견감독인 · 특정후견인 · 특정후견감독인 · 검사 또는 지방자치단체의 장이다(제9조 제1항).

가정법원이 성견후견개시의 심판을 할 때에는 본인의 의사를 고려해야 한다(제9조 제2항).

3. 피성년후견인의 행위능력

(1) 피성년후견인은 원칙적으로 유효하게 법률행위를 할 수 없으며 그의 법률행위는 취소할 수 있다(제10조 제1항). 법정대리인인 성년후견인의 동의를 얻고서 한 행위도 취소할 수 있다.

이 원칙에는 재산행위에 관해 다음과 같은 두 가지 예외가 있다.

① 가정법원은 취소할 수 없는 피성년후견인의 법률행위의 범위를 정할 수 있다(제10조 제2항). 이 경우 그 범위에서는 피성년후견인의 법률행위라도 취소할 수 없다.

② 일용품의 구입 등 일상생활에 필요하고 그 대가가 과도하지 아니한 법률행위는 취소할 수 없다(제10조 제4항).

(2) 피성년후견인은 약혼(제802조) · 혼인(제808조 제2항) 등의 친족법상의 행위는 성년후견인의 동의를 얻어서 스스로 할 수 있으며, 17세가 되었으면 의사능력이 회복된 때에 단독으로 유언을 할 수 있다(제1062조 · 제1063조).

4. 법정대리인

피성년후견인에게는 보호자로 성년후견인을 두어야 한다(제929조). 성년후견인은 성년후견개시의 심판을 할 때 가정법원이 직권으로 선임한다(제936조 제1항). 성년후견인은 피성년후견인의 법정대리인이 된다(제938조 제1항).

성년후견인은 원칙적으로 동의권은 없고(제10조 제1항 참조), 대리권만 가진다(제940조). 그러나 예외적으로 일정한 친족법상의 행위에 관해서는 동의권도 가진다. 그 외에 취소권도 있다(제10조 제1항 · 제140조).

5. 성년후견사무

(1) 신분에 관한 임무

1) 피성년후견인은 자신의 신상에 관해 그의 상태가 허락하는 범위에서 단독으로 결정한다(제947조의 2 제1항). 그러나 피성년후견인이 스스로 신상결정을 할 수 없는 상태에 있는 경우에는 그를 갈음해 성년후견인이 보충적으로 결정을 할 수 있다(제938조 제3항 · 제2항 · 제4항 참조).

2) 성년후견인이 피성년후견인을 치료 등의 목적으로 정신병원이나 그 밖의 다른 장소에 격리하려는 경우에는 가정법원의 허가를 받아야 한다(제947조의 2 제2항). 또한 피성년후견인의 신체를 침해하는 의료행위에 대해서는 1차적으로 피성년후견인이 동의해야 하나, 그가 동의할 수 없는 경우에는 성년후견인이 그를 대신해 동의할 수 있도록 하고 있다(제947조의 2 제3항 · 제4항 참조).

3) 성년후견인은 약혼 · 혼인 · 협의이혼 등 일정한 행위에 관해 동의권을 가지며, 혼인 취소, 상속의 승인 등에 관해 대리권을 가진다.

(2) 재산에 관한 임무

1) 재산관리권 · 대리권 · 동의권

후견인은 피후견인의 법정대리인으로서(제938조 제1항), 피후견인의 재산을 관리하고 그 재산에 관한 법률행위에 대해 피후견인을 대리한다(제949조 제1항).

2) 후견인의 권한에 대한 제한

① 후견인이 피후견인의 행위를 목적으로 하는 채무를 부담할 경우에는 피후견인의 동의를 얻어야 한다(제949조 제2항 · 제920조 단서).

② 후견인이 피후견인을 대리해 영업에 관한 행위, 금전을 빌리는 행

위, 의무만을 부담하는 행위, 소송행위, 상속의 승인 · 한정승인 또는 포기 및 상속재산의 분할에 관한 협의(제950조 제1항 제1호-제6호)를 할 때에는, 후견감독인이 있으면 그의 동의를 받아야 한다(제950조 제1항).

6. 성년후견종료의 심판

성년후견개시의 원인이 소멸된 경우에는 가정법원은 본인 · 배우자 · 4촌 이내의 친족 · 성년후견인 · 성년후견감독인 · 검사 또는 지방자치단체의 장의 청구에 의해 성년후견종료의 심판을 한다(제11조).

성년후견종료의 심판이 있으면 피성년후견인은 그 심판이 내려진 때부터 행위능력을 회복한다.

IV 피한정후견인(被限定後見人)

"교수님! 피한정후견인은 피성년후견인과 비슷한 것인가요?"

1. 피한정후견인의 의의

피한정후견인은 질병 · 장애 · 노령 · 그 밖의 사유로 인한 정신적 제약으로 사무를 처리할 능력이 부족한 사람으로서 일정한 자의 청구에 의해 가정법원으로부터 한정후견개시의 심판을 받은 자이다(제12조 제1항).

성년후견의 경우에 비해 사무처리 능력이 지속적으로 결여된 것이 아니고 부족한 사람이라는 점에서 차이가 있을 뿐이다.

2. 한정후견개시의 심판

한정후견은 가정법원의 한정후견개시의 심판이 있는 경우에 개시된다(제959조의 2). 한정후견개시 심판의 청구권자는 본인 · 배우자 · 4촌 이내의 친족 · 미성년후견인 · 미성년후견감독인 · 성년후견인 · 성년후견감독인 · 특정후견인 · 특정후견감독인 · 검사 또는 지방자치단체의 장이다(제12조 제1항).

가정법원이 한정후견개시의 심판을 할 때에는 본인의 의사를 고려해야 한다(제12조 제2항 · 제9조 제2항).

3. 피한정후견인의 행위능력

피한정후견인은 원칙적으로 유효하게 법률행위를 할 수 있다. 즉 피한정후견인은 원칙적으로 행위능력을 가진다. 다만 가정법원은 피한정후견인이 한정후견인의 동의를 받아야 하는 행위의 범위를 정할 수 있다(제13조 제1항). 이를 한정후견인의 동의권의 유보 또는 동의유보라고 한다.

한정후견인의 동의가 필요한 법률행위를 피한정후견인이 한정후견인의 동의 없이 했을 때에는 그 법률행위는 취소할 수 있다(제13조 제4항 본문). 다만 일용품의 구입 등 일상생활에 필요하고 그 대가가 과도하지 않은 법률행위는 취소할 수 없다(제13조 제4항 단서).

4. 한정후견인

피한정후견인은 보호자로 한정후견인을 두어야 한다(제959조의 2). 한정후견인은 한정후견개시의 심판을 할 때 가정법원이 직권으로 선임한다(제959조의 3 제1항). 성년후견인에 관한 많은 규정들이 한정후견인에 준용된다.

5. 한정후견사무

한정후견인이 당연히 피한정후견인의 법정대리인으로 되는 것은 아니다. 가정법원은 한정후견인에게 대리권을 수여하는 심판을 할 수 있고(제959조의 4 제1항), 그러한 심판이 있는 경우에만—만일 가정법원이 법정대리권의 범위를 정한 때에는 그 범위에서—법정대리권을 가진다(제959조의 4 제2항 · 제938조 제4항).

한정후견인은 원칙적으로 법률행위의 동의권 · 취소권이 없으며, 동의유보의 경우에만 동의권과 취소권을 가진다. 그리고 대리권도 원칙적으로 없으며, 대리권을 수여하는 심판이 있는 경우에만 대리권을 가진다.

6. 한정후견종료의 심판

한정후견개시의 원인이 소멸된 경우에는 가정법원은 본인 · 배우자 · 4촌 이내의 친족 · 한정후견인 · 한정후견감독인 · 검사 또는 지방자치단체의 장의 청구에 의해 한정후견종료의 심판을 한다(제14조).

한정후견종료의 심판이 있으면 피한정후견인은 행위능력을 제한받고 있었더라도 그 심판이 내려진 때부터 행위능력을 회복한다.

V 피특정후견인

"교수님! 피특정후견인도 피성년후견인처럼 제한능력자인가요? 피특정후견인도 계약을 혼자서 체결하지 못하는 것인가요?"

1. 피특정후견인의 의의

피특정후견인은 질병 · 장애 · 노령 · 그 밖의 사유로 인한 정신적 제약으로 일시적 후원 또는 특정한 사무에 관한 후원이 필요한 사람으로서 일정한 자의 청구에 의해 가정법원으로부터 특정후견의 심판을 받은 자이다(제14조의 2 제1항). 피특정후견인은 1회적 · 특정적으로 보호를 받는 점에서 지속적 · 포괄적으로 보호를 받는 피성년후견인 · 피한정후견인과 차이가 있다.

2. 특정후견의 심판

특정후견심판의 청구권자는 본인 · 배우자 · 4촌 이내의 친족 · 미성년후견인 · 미성년후견감독인 · 검사 또는 지방자치단체의 장이다(제14조의 2 제1항).

특정후견은 본인의 의사에 반해 할 수 없다(제14조의 2 제2항). 가정법원이 특정후견의 심판을 하는 경우에는 특정후견의 기간 또는 사무의 범위를 정해야 한다(제14조의 2 제3항).

3. 특정후견에 따른 보호조치

(1) 가정법원의 처분

특정후견심판이 있는 경우 가정법원은 피특정후견인의 후원을 위해 필요한 처분을 명할 수 있다(제959조의 8). 그 처분은 피특정후견인의 재산관리에 관한 것일 수도 있고 신상보호에 관한 것일 수도 있다.

(2) 특정후견인의 선임

가정법원은 위의 처분으로 피특정후견인을 후원하거나 대리하기 위한 특정후견인을 선임할 수 있다(제959조의 9 제1항). 특정후견인의 선임은 –성년후견 · 한정후견의 경우와 달리(제929조 · 제959조의 2 참조)–필수적인 것이 아니다.

(3) 특정후견사무

피특정후견인의 후원을 위해 필요하다고 인정하면, 가정법원은 기간이나 범위를 정해 특정후견인에게 대리권을 수여하는 심판을 할 수 있다(제959조의 11 제1항). 그 경우에 특정후견인은–정해진 범위에서–피특정후견인의 법정대리인이 된다.

이와 같이 대리권을 수여하는 심판을 하는 경우 가정법원은 특정후견인의 대리권 행사에 가정법원이나 특정후견감독인의 동의를 받도록 명할 수 있다(제959조의 11 제2항).

4. 피특정후견인의 행위능력

특정후견의 심판이 있어도 피특정후견인의 행위능력은 전혀 영향을 받지 않는다. 특정한 법률행위를 위해 특정후견인이 선임되고 법정대리권이 부여된 경우에도 그 법률행위에 관해 피특정후견인의 행위능력은 제한되지 않으므로 그러한 행위를 특정후견인의 동의 없이 직접 할 수도 있다.

VI 후견계약(임의후견제도)

"교수님! 후견계약이 무엇인가요? 그리고 후견계약은 누가 누구와 체결하는 계약인가요? 거기에 국가는 전혀 관여하지 않는 것인가요?"

1. 후견계약의 의의

후견계약은 질병 · 장애 · 노령 · 그 밖의 사유로 인한 정신적 제약으로 사무를 처리할 능력이 부족한 상황에 있거나 부족하게 될 상황에 대비해 자신의 재산관리 및 신상보호에 관한 사무의 전부 또는 일부를 다른 자에게 위탁하고 그 위탁사무에 관해 대리권을 수여하는 것을 내용으로 하는 계약이다(제959조의 14 제1항).

2. 후견계약의 성립과 내용

(1) 후견계약의 성립

후견계약의 당사자는 임의후견을 받을 본인과 임의후견인이 될 상대방이다. 후견계약은 공정증서로 체결해야 하며(제959조의 14 제2항), 공정증서로 체결하지 않은 후견계약은 무효이다.

(2) 후견계약의 효력발생

후견계약은 가정법원이 임의후견감독인을 선임한 때부터 효력이 발생한다(제959조의 14 제3항). 당사자들이 후견계약의 효력발생시기를 정하고 있지 않은 때에는 임의후견감독인이 선임된 때에, 당사자들이 효력발생시기를 정하고 있는 때에는 가정법원이 그 시기가 되었음을 확인하고서 임의후견감독인을 선임한 때에 후견계약의 효력이 발생하게 된다.

(3) 임의후견의 내용

임의후견의 내용은 후견계약에서 정한 바에 따른다. 당사자는 본인의 신상보호의 영역을 정해 본인이 자신의 신상에 관해 중요한 결정을 할 수 없을 때 임의후견인이 대신해 결정하도록 할 수도 있다.

3. 임의후견감독인

(1) 임의후견감독인의 선임

가정법원은 후견계약이 등기되어 있고, 본인이 사무를 처리할 능력이 부족한 상황에 있다고 인정할 때에는 본인 · 배우자 · 4촌 이내의 친족 · 임의후견인 · 검사 또는 지방자치단체의 장의 청구에 의해 임의후견감독인을 선임한다(제959조의 15 제1항).

이 경우 본인이 아닌 자의 청구에 의해 가정법원이 임의후견감독인을 선임할 때에는 미리 본인의 동의를 받아야 한다. 다만 본인이 의사를 표시할 수 없는 때에는 그러하지 아니하다(제959조의 15 제2항).

(2) 임의후견감독인의 임무

임의후견감독인은 임의후견인의 사무를 감독하며 그 사무에 관해 가정법원에 정기적으로 보고해야 한다(제959조의 16 제1항). 또한 본인의 신상이나 재산에 대해 급박한 사정이 있는 경우 필요한 처분을 할 수 있고(제959조의 16 제3항 · 제940조의 6 제2항), 임의후견인과 본인 사이에 이해가 상반되는 행위에 대해 본인을 대리한다(제959조의 16 제3항 · 제940조의 6 제3항).

제3절

채무불이행

I 채권(債權)의 발생

"교수님! 채무불이행이라고 할 때 채무는 채권과 관계가 있는 것인가요? 그리고 채권은 어떤 경우에 생기는 것인가요?"

채권은 특정인(채권자)이 다른 특정인(채무자)에 대해 일정한 행위를 요구할 수 있는 권리이다. 이 채권은 상대방인 채무자의 입장에서 보면 채무가 된다.

채권(또는 채무)의 예를 들어본다. 토지의 매매계약이 성립하면 사는 사람, 즉 매수인은 파는 사람, 즉 매도인에 대해 소유권을 넘겨달라는 소유권이전채권(=소유권이전채무)을 가지게 되고, 매도인은 매수인에 대해 대금지급채권(=대금지급채무)을 가지게 된다.

1. 채권의 발생원인 개관

채권은 여러 가지 원인에 의해 발생한다. 그런데 민법은 제3편(채권)에서 다양한 채권의 발생원인 가운데 대표적인 네 가지인 계약 · 사무관리 · 부당이득 · 불법행위에 관해 규정하고 있다.

채권의 발생원인은 그 성질에 따라 「법률행위」와 「법률의 규정」의 두 가지가 있다. 민법 채권편에 규정되어 있는 채권의 발생원인 가운데 계약은 「법률행위」에 속하고, 사무관리 · 부당이득 · 불법행위는 「법률의 규정」에 속한다.

2. 법률행위에 의한 채권의 발생

법률행위에는 단독행위 · 계약 · 합동행위의 세 가지가 있다. 합동행위(예: 사단법인 설립행위)는 채권의 발생원인으로서 문제되지 않으며, 단독행위와 계약만이 채권을 발생시킨다.

(1) 단독행위에 의한 발생

채권이 단독행위에 의해 발생하는 경우가 있다. 그러한 경우로서 민법에 규정되어 있는 것으로는 유언과 재단법인 설립행위의 두 가지가 있다.

법률에 규정이 없는 때에도 단독행위에 의해 채권이 발생할 수 있는가가 문제이나, 이는 부정해야 한다. 단독행위 가운데 타인의 권리 · 의무에 영향을 미치는 것은 비록 그것이 타인에게 이익만을 주는 경우에도 법률이 허용하는 때에만 할 수 있다고 해야 하기 때문이다. 그 결과 법률규정이 없는 때에는 단독행위에 의해 행위자가 채권을 취득할 수 없음은 물론, 채무를 부담할 수도 없다.

(2) 계약에 의한 발생

계약(채권계약)이 성립하면 채권이 발생하며, 거기에는 – 단독행위에서와 달리 – 법률규정이 필요하지도 않다. 사적 자치의 원칙상 계약은 가장 중요한 채권발생원인이다.

민법은 제3편 제2장에서 계약에 관해 자세히 규정하고, 특히 증여 · 매매 · 교환 · 소비대차 · 사용대차 · 임대차 · 고용 · 도급 · 여행계약 · 현상광고 · 위임 · 임치 · 조합 · 종신정기금 · 화해 등 15가지에 대해서는 개별적인 규정도 두고 있다. 이들은 종래 사회에서 많이 행해지는 계약들을 유형별로 정리해둔 것이며, 계약자유의 원칙상 당사자는 이들과 다른 종류의 계약도 얼마든지 체결할 수 있고, 또 열거된 종류의 계약을 체결하는 경우에도 민법에 규정된 것과 다른 내용으로 체결할 수 있다. 이는 법률에 정해진 것 가운데 선택만 할 수 있는 물권의 경우와 다르다(제185조 참조).

3. 법률의 규정에 의한 채권의 발생

채권은 법률의 규정에 의해 발생하는 경우가 있다. 그러한 법률규정은 민법뿐만 아니라 각종의 특별법에도 있으나, 민법이 규정하고 있는 채권의 발생원인은 사무관리 · 부당이득 · 불법행위이다.

(1) 사무관리

사무관리는 의무(계약 또는 법률에 의한) 없이 타인을 위해 그의 사무를 처리하는 행위이다(제734조 참조). 옆집에 불이 나서 소화기로 불을 꺼준 것이 그 예이다.

사무관리가 있으면 민법규정에 의해 비용상환청구권, (일정한 경우의)

손해배상청구권, 관리계속의무 기타의 의무가 발생한다.

(2) 부당이득

부당이득이란 법률상 원인 없이 타인의 재산 또는 노무로 인해 얻은 이익을 가리킨다(제741조 참조). 채무자가 그의 채무를 변제했는데 그 사실을 잊어버리고 다시 변제한 경우 두 번째의 급부가 그에 해당한다.

부당이득이 있으면 민법규정에 의해 손실자는 이득자에 대해 부당이득반환청구권이라는 채권을 취득하게 된다.

(3) 불법행위

불법행위는 고의 또는 과실로 위법하게 타인에게 손해를 가하는 행위이다(제750조 참조). 타인을 때려 다치게 하거나 타인의 재산을 멸실시키는 것이 그에 해당한다.

불법행위가 있으면 민법규정에 의해 피해자는 가해자에 대해 손해배상청구권을 가지게 된다. 불법행위에 관한 규정은 그 수가 많지 않으나 각각의 불법행위를 일으키는 모습이 매우 다양하고 또 발생빈도도 매우 높아서 실제 사회에서의 중요성은 결코 계약에 뒤지지 않는다. 불법행위에 관해서는 이 장의 제8절에서 자세하게 살펴볼 것이다.

II 채무불이행의 의의와 유형

"교수님! 채무불이행이 무엇인가요? 그것의 모습이 여러 가지인가요? 채무불이행이 있으면 어떻게 되나요?"

채무불이행이란 채무자에게 책임 있는 사유로 채무의 내용에 좇은 이행이 이루어지지 않고 있는 상태를 말한다. 채무불이행의 경우에는 채권자의 손해배상청구권 등의 법률효과가 발생하게 된다.

다수설은 채무불이행의 유형으로 이행지체, 이행불능, 불완전이행의 세 가지를 인정하고 있다.

III 채무불이행의 유형별 검토

"교수님! 채무불이행의 유형들을 하나씩, 그것들이 무엇인지 그리고 어떤 경우에 그러한 채무불이행 유형이 성립하는지 설명해주세요."

1. 이행지체

(1) 의의

이행지체란 채무의 이행기가 되었고 그 이행이 가능함에도 불구하고 채무자의 책임 있는 사유(유책사유)로 이행을 하지 않고 있는 것을 말한다. 예를 들어 돈을 빌린 사람이 변제기가 지났는데도 이를 갚지 않고 있는 경우가 그에 해당된다.

(2) 요건

1) 이행기가 도래했을 것

이행지체가 성립하려면 우선 채무의 이행기가 도래했어야 한다. 채무의 이행에 관해 확정기한이 있는 경우에는 그 기한이 도래한 때부터

(제387조 제1항 제1문), 불확정기한이 있는 경우에는 채무자가 그 기한이 도래했음을 안 때부터 지체책임이 있다(제387조 제1항 제2문). 또한 채무 이행의 기한이 정해져 있지 않은 경우에는 채무자가 이행청구를 받은 때부터 지체책임이 있다(제387조 제2항).

다만 소비대차에 있어서 반환시기의 약정이 없는 때에는 대주(貸主)는 상당한 기간을 정해 반환을 최고해야 하고(제603조 제2항 본문), 그 기간이 경과해야 이행지체로 된다.

2) 이행이 가능할 것

이행이 불가능하면 이행불능으로 된다.

3) 이행이 없을 것

채무가 이행되었으면(이행의 제공이 있는 경우 포함) 이행지체로 되지 않는다.

4) 이행하지 않는 데 대해 채무자에게 책임 있는 사유(유책사유)가 있을 것

채무자의 유책사유(귀책사유)는 채무자의 고의 · 과실 외에 채무자의 법정대리인 또는 이행보조자의 고의 · 과실도 포함한다. 채무자의 법정대리인 또는 이행보조자(예: 조수)의 고의 · 과실은 채무자의 고의 · 과실로 보기 때문이다(제391조).

5) 이행하지 않는 것이 위법할 것

위법성은 위법성 조각사유가 없으면 당연히 인정되는 소극적인 요건이다. 이행지체의 위법성을 조각하는 사유로는 유치권 · 동시이행의 항변권 · 기한유예의 항변 등이 있다.

(3) 효과

이행지체의 경우 채무는 여전히 이행이 가능하므로 채권자는 본래의 채무의 이행을 청구할 수 있으며, 다음과 같은 효과가 발생한다.

1) 손해배상청구권의 발생

이행지체가 성립하면 채권자는 손해배상을 청구할 수 있다. 그 손해배상은 원칙적으로 이행의 지체로 인해 생긴 손해의 배상, 즉 지연배상이다. 금전채무의 경우의 지연이자가 그 예이다.

그러나 채권자가 상당한 기간을 정해 이행을 최고해도 그 기간 내에 이행하지 않거나 지체 후의 이행이 채권자에게 이익이 없는 때에는, 예외적으로 이행에 갈음하는 손해의 배상, 즉 전보배상(塡補賠償)을 청구할 수 있다(제395조).

2) 계약해제권의 발생

계약으로부터 발생한 채무가 이행지체로 된 경우에는 채권자는 일정한 요건하에 계약을 해제할 수 있게 된다(제544조 · 제545조 참조).

2. 이행불능

사례

A는 그의 X토지를 B에게 1억 원에 팔기로 하는 계약을 체결하고 중도금까지 받았다. 그 후 A는 X토지를 – A가 B에게 그 토지를 판 것을 모르는 – C에게 1억 2천만 원에 팔고 대금을 모두 받고 등기도 해주었다. 이 경우에 B는 A에게 어떤 권리를 행사할 수 있는가?

(1) 의의

이행불능이란 채권이 성립한 후에 채무자에게 책임 있는 사유로 이행할 수 없게 된 것을 말한다. 예를 들어 도자기의 매매계약 후에 매도인이 그 도자기를 과실로 깨뜨린 경우가 그에 해당된다.

(2) 요건

1) 채권의 성립 후에 이행이 불능으로 되었을 것

(가) 사회통념상 불능 민법상의 불능은 사회관념상 내지 거래관념상의 불능을 가리킨다. 따라서 자연적 · 물리적으로 이행이 불가능한 경우는 물론 물리적으로 가능하다 하더라도 지나치게 많은 비용과 노력이 드는 경우에도 역시 불능으로 된다.

한편 부동산을 2중으로 팔고 매도인이 그중 한 사람에게 소유권이전등기를 해준 경우에는 특별한 사정이 없는 한 다른 한 사람에 대한 소유권이전등기의무는 이행불능으로 된다.

(나) 후발적 불능 이행불능으로 되려면 채권이 성립한 후에 불능으로 되었어야 한다(후발적 불능). 채권의 성립 당시 이미 불능인 경우(원시적 불능)에는 채권은 성립하지 않으며 계약 체결상의 과실이 문제되는 경우가 있게 된다(제535조).

2) 채무자에게 책임 있는 사유로 불능으로 되었을 것

이행불능이 채무자의 유책사유 없이 발생한 경우 채무자는 채무를 면하게 된다(제390조 단서). 이 경우 불능으로 되어 소멸한 채무가 쌍무계약에 의해 발생한 것이라면 상대방의 채무도 소멸하는가가 문제되는데, 그것이 곧 위험부담의 문제이다(제537조 · 제538조 참조).

3) 이행불능이 위법할 것

이행불능이 되려면 위법성 조각사유가 없어야 한다. 이행불능에 있어서는 위법성 조각사유가 인정되는 경우는 거의 없다.

(3) 효과

이행불능의 경우에는 채무의 이행 자체가 불가능하기 때문에 본래의 채무의 이행청구는 할 수 없다. 이행불능의 효과는 다음과 같다.

1) 손해배상청구권의 발생

이행불능의 요건이 갖추어진 경우 채권자는 손해배상을 청구할 수 있다(제390조). 그 손해배상은 이행에 갈음하는 손해배상, 즉 전보배상이다.

2) 계약해제권의 발생

계약에 기해 발생한 채무가 채무자의 책임 있는 사유로 이행불능으로 된 때에는 채권자는 계약을 해제할 수 있다(제546조 참조).

3) 대상청구권(代償請求權)

대상청구권(대체이익청구권)은 채무의 이행을 불능으로 만드는 사정의 결과 채무자가 이행의 목적물에 대신하는 이익을 취득하는 경우에 채권자가 채무자에 대해 그 이익을 청구할 수 있는 권리이다.

예를 들면 매매의 목적물인 토지가 계약 후에 국가에 의해 수용된 경우 매도인의 소유권이전의무는 책임 없는 불능으로 되어 소멸하고, 다른 한편 그 불능을 일으키는 사정(수용)의 결과 매도인은 수용보상금청구권을 가지게 된다. 이때의 수용보상금청구권이 「목적물에 대신하는 이익」이다. 대상청구권을 인정하면 매수인은 매도인에게 수용보상금청구권(또는 이미 받은 수용보상금)의 이전을 청구할 수 있다.

민법은 대상청구권을 규정하고 있지 않으나, 통설 · 판례는 대상청구권을 인정하고 있다. 대상청구권을 인정하는 경우 불능이 후발적인 것인 한 그 불능에 대해 채무자에게 책임이 있는지 여부는 문제되지 않는다.

사례의 해결

〈사례〉의 경우 A는 의도적으로 X토지를 C에게 팔고 그 소유권을 C에게 이전해 주어 이제 B에게는 소유권이전을 해줄 수 없게 되었다. 그것은 A의 소유권이전채무의 이행불능에 해당한다. 그 결과 B는 A에 대해 손해배상청구권, 계약해제권, 대상청구권을 가진다.

3. 불완전이행

(1) 의의

불완전이행은 채무자가 이행행위를 했으나 그 이행에 하자(瑕疵. 흠)가 있는 것을 말한다. 닭을 매수했는데 병든 닭을 급부한 경우, 지붕을 수리했는데 비가 새는 경우가 그 예이다.

하자 있는 이행의 경우 그 흠 있는 이행의 결과 채권자의 다른 법익이 침해되는 경우가 있는데, 이때 그 늘어난 손해를 「확대손해」 또는 「부가적 손해」라고 한다. 앞의 예에서 병든 닭이 인도되었기 때문에 채권자의 다른 닭들이 병들어 죽는 경우 등이 그에 해당한다.

(2) 요건

1) 이행행위가 있었을 것

이행행위가 전혀 없을 때에는 이행지체나 이행불능으로 되며 불완전이행의 문제는 일어나지 않는다.

2) 이행이 불완전할 것

이행이 불완전하다는 것은 채무의 내용에 좇은 것이 되지 못한다는 것을 의미한다. 급부된 목적물 내지 급부된 행위의 내용에 흠이 있는 경우, 이행의 방법이 불완전한 경우, 급부할 때 필요한 주의를 게을리한 경우 등이 그에 해당한다.

3) 확대손해의 발생이 필요한지 여부

불완전이행의 결과 확대손해가 발생하는 경우가 많으나, 확대손해의 발생은 그 요건은 아니다. 따라서 확대손해가 없어도 불완전이행으로 될 수 있다.

4) 채무자의 유책사유

5) 불완전이행이 위법할 것

(3) 효과

다수설은 불완전이행이 있는 경우 완전이행이 가능하다면 채권자는 완전이행을 청구할 수 있고, 완전이행이 불가능하다면 이행불능이 생긴다고 한다.

또한 채권자는 손해배상을 청구할 수 있고, 불완전한 이행이 이루어진 채무가 계약에 기해 발생한 경우에는 계약해제권도 인정될 수 있다고 해석된다.

IV 손해배상

"교수님! 손해배상이 무엇인지 대강은 알 것 같은데 정확하게 모르겠습니다. 손해배상이 무엇인지부터 손해배상에 관한 중요한 문제를 모두 가르쳐주세요."

1. 서설

채무불이행이 있으면 채권자는 손해배상을 청구할 수 있다(제390조). 민법은 손해배상에 관해 그 범위 및 방법(제393조), 배상액의 예정(제398조), 과실상계(제396조), 배상자대위(제399조) 등에 관해 규정하고 있다. 채무불이행으로 인한 손해배상에 대한 대부분의 규정들은 불법행위로 인한 손해배상에도 준용된다(제763조).

2. 손해배상의 의의

(1) 손해의 의의

손해는 채무불이행 · 불법행위 등 일정한 원인에 의해 피해자가 입는 불이익을 말한다.

(2) 손해의 종류

1) 재산적 손해 · 비재산적 손해

침해행위의 결과 발생하는 불이익이 재산적인 것인가 비재산적인 것인가에 따라 손해는 재산적 손해와 비재산적 손해로 나누어진다. 비재산적 손해는 정신적 손해라고도 하며, 비재산적인 손해에 대한 배상을 위자료(慰藉料)라고 한다.

2) 이행이익 · 신뢰이익

이행이익은 계약이 이행되지 않음으로써 생긴 손해이고 신뢰이익은 계약의 유효를 믿음으로써 생긴 손해이다.

이행이익(예: 매매목적물의 가치)은 계약이 이행되었으면 있었을 채권자의 재산상태에서 현재의 재산상태를 빼는 방법으로 계산한다. 신뢰이익(예: 계약서 작성비 기타 계약체결비용)은 채권자가 문제의 계약에 관해 아무것도 듣지 않았으면 있었을 재산상태에서 현재의 재산상태를 빼는 방법으로 계산한다.

3) 직접적 손해 · 간접적 손해

직접적 손해는 침해된 법익 자체에 대한 손해이고 간접적 손해는 법익침해의 결과 생기는 손해이다. 가령 신체침해의 경우 신체침해 자체는 직접적 손해에 해당하고 신체침해로 인한 노동수입 결손은 간접적 손해에 해당한다.

(3) 손해의 「배상」

불법한 원인으로 발생한 손해를 피해자 이외의 자가 「전보」(塡補)하는 것이 손해의 배상이다. 민법은 적법한 원인으로 인해 생긴 손실을 전보하는 것은 배상이라고 하지 않고 보상(補償)이라고 한다(예를 들어 제216조 제2항 · 제218조 제1항).

3. 손해배상의 방법

손해는 금전으로 배상한다(제394조. 금전배상주의). 다만 다른 의사표시(이는 양 당사자의 합의를 가리킴)가 있거나 법률에 다른 규정(예를 들어 제764조)이 있는 때에는 예외이다.

4. 손해배상의 범위

(1) 통상손해(通常損害)

채무불이행으로 인한 손해배상은 통상의 손해를 그 한도로 한다(제393조 제1항).

통상의 손해란 그 종류의 채무불이행(또는 불법행위)이 있으면 보통 일반적으로 발생한다고 생각되는 손해, 즉 가해행위와 상당인과관계에 있는 손해이다. 가령 이행지체의 경우 이행이 늦어서 이용하지 못한 것, 신체침해의 경우 수입을 올리지 못한 것이 그에 해당한다. 통상손해에는 가령 특정물채무(특정물의 인도를 목적으로 하는 채무)에 있어서 채무자의 과실로 목적물이 멸실된 경우 목적물의 가치와 같은 직접적 손해도 포함된다.

통상손해로 인정되려면 A라는 채무불이행에 의해 B라는 손해가 생긴 경우 ① A라는 채무불이행이 없었으면 B라는 손해가 생기지 않았어야 하고(구체적 관계), ② 일반적으로도 A라는 채무불이행이 있으면 보통 B라는 손해가 발생해야 한다(일반적 관계).

이러한 통상손해에 관해서는 채권자는 채무자의 예견 유무를 묻지 않고 당연히 그 배상을 청구할 수 있다.

(2) 특별손해

특별한 사정으로 인한 손해, 즉 통상손해와 달리 구체적 관계만 있고 일반적 관계는 없는 경우의 손해가 특별손해이다. 가령 물건의 매수인이 자기가 산 가격보다 비싼 가격으로 다시 파는 계약을 체결했는데 목적물에 흠이 있어 판매할 수 없게 된 경우에 얻지 못한 전매이익은 특별손해에 해당한다.

특별손해는 채무자가 그 사정을 알았거나 알 수 있었을 때에 한해 배상책임이 있다(제393조 제2항).

5. 손해배상의 범위에 관한 특수문제

(1) 과실상계(過失相計)

과실상계는 손해의 발생 또는 확대에 관해 피해자에게도 과실이 있는 경우에 손해배상의 범위를 정함에 있어서 그 과실을 참작하는 제도이다. 가령 택시의 난폭운전으로 사고가 난 경우 승객이 과속을 요구했거나 또는 교통사고의 피해자가 치료를 게을리해 상처가 악화된 때가 여기에 해당된다.

(2) 손해배상액의 예정

1) 의의

손해배상액의 예정은 채무불이행의 경우에 채무자가 지급해야 할 손해배상액을 당사자가 미리 계약으로 정해두는 것이다(제398조 제1항).

2) 효과

손해배상액의 예정이 있는 경우 채권자는 채무불이행 사실만 증명하면 손해의 발생 및 손해액을 증명하지 않고 예정배상액을 청구할 수 있다. 손해배상의 예정액이 부당히 과다한 경우에는 법원은 적당히 감액할 수 있으나(제398조 제2항), 부당히 과소하다고 해서 증액을 할 수는 없다.

3) 위약금(違約金)

위약금은 채무불이행의 경우에 채무자가 채권자에게 지급할 것을 약속한 금전이다. 위약금에는 위약벌의 성질을 가지는 것과 손해배상액의 예정의 성질을 가지는 것이 있는데, 민법은 손해배상액의 예정으로 추정한다(제398조 제4항).

6. 손해배상자의 대위(代位)

채권자가 채권의 목적인 물건 또는 권리의 가액 전부를 손해배상으로 받은 때에는 채무자는 그 물건 또는 권리에 관해 당연히 채권자를 대위한다(제399조). 「채권자를 대위한다」는 것은 채권의 목적인 물건이나 권리가 법률상 당연히 채권자로부터 채무자에게 이전된다는 의미이다. 예를 들어 수치인이 과실로 임치물을 도난당해 그가 임치인에게 물건의 가액을 변상하면 수치인은 물건의 소유권을 취득하게 된다.

V 강제이행(현실적 이행의 강제)

"교수님! 강제이행은 채무를 강제로 이행하게 하는 것인가요? 구체적으로 어떻게 하는 것인지요? 그리고 그렇게 해도 되는 건지 말씀해주세요."

1. 서설

강제이행은 채무자가 채무를 임의로 이행하지 않는 경우에 채권자가 국가 권력에 의해 강제로 채권의 내용을 실현하는 것을 말한다. 강제이행에 관해서는 민법과 민사집행법에서 규율하고 있다. 강제이행의 방법에는 직접강제 · 대체집행 · 간접강제가 있다.

강제이행의 청구는 손해배상의 청구에 영향이 없다(제389조 제4항). 따라서 채무자에게 유책사유가 있는 경우에는 강제이행을 청구하면서 채무불이행을 이유로 손해배상(예: 지연배상)을 청구할 수도 있다.

2. 직접강제

직접강제는 국가기관이 채무자의 의사를 묻지 않고 채권의 내용을 그대로 실현하는 방법이다. 동산인도채무에 있어서 동산의 교부가 그 예이다. 직접강제는 「주는 채무」에 관해서만 허용되며(제389조 제1항), 직접강제가 인정되는 경우에는 대체집행이나 간접강제는 허용되지 않는다.

3. 대체집행(代替執行)

대체집행은 채무자로부터 비용을 추심하여 그 비용으로 채권자 또는 제3자로 하여금 채무자에 갈음해 채권의 내용을 실현하게 하는 방법이다. 건물철거채무에 있어서 타인으로 하여금 철거하게 하고 그 비용을 채무자에게 추심하는 것이 그 예이다.

대체집행은 「하는 채무」 중 제3자가 이행해도 무방한 채무, 즉 대체적 작위를 목적으로 하는 채무에 관해 허용되며(제389조 제2항 후단, 민사집행법 제260조), 대체집행이 인정되는 경우 간접강제는 허용되지 않는다.

4. 간접강제

간접강제는 손해배상을 명하거나 벌금을 과하거나 채무자를 구금하는 등의 수단을 써서 채무자를 심리적으로 압박해 채권의 내용을 실현시키는 방법이다. 현행법상 간접강제의 구체적인 수단으로는 지연배상만 인정된다(민사집행법 제261조 제1항 제2문).

간접강제는 「하는 채무」 가운데 대체집행이 허용되지 않는 것, 즉 부대체적 작위를 목적으로 하는 채무에 한해 허용된다(제389조 제2항 후단 참조, 민사집행법 제261조). 그러나 가령 부부의 동거의무와 같이 채무자의 자유의사 또는 인격존중에 반하는 경우에는 허용되지 않는다.

제4절

할부거래 등 특수거래와 소비자보호

I 일반거래와 특수거래

"교수님! 특수거래가 무엇인가요? 특수거래에는 여러 가지가 있나요? 그리고 특수거래도 민법에서 규정하고 있는 것인가요?"

일반적인 경우에 소비자와 사업자 사이의 거래계약은 소비자가 재화 등을 구매하겠다는 청약을 하고 이에 대해 사업자가 승낙을 하는 방식으로 성립된다. 그런데 대금지급방법이나 계약의 이행방법 등에서 일반거래와 다른 특성을 가진 거래들이 있는데 이를 통틀어서 「특수거래」라고 한다. 특수거래에는 할부거래, 방문판매 및 전화권유판매, 다단계판매, 계속거래 및 사업권유거래, 전자상거래, 통신판매 등이 있다.

일반거래에서의 계약에 관한 사항은 민법이 적용되지만, 특수거래의 경우에는 사업자에 비해 상대적으로 열악한 지위에 있는 소비자를 보호하기 위해 거래의 특수성을 고려해 특별법으로 이를 규율하고 있다. 할부거래에 관한 사항은 「할부거래에 관한 법률」, 방문판매 · 전화권유판매 · 다단계판매 · 계속거래 · 사업권유거래에 관한 사항은 「방문판매 등에 관한 법률」, 전자상거래 · 통신판매에 관한 사항은 「전자상거래 등에서의 소비자보호에 관한 법률」로 규제하고 있다.

II 할부거래

"교수님! 제 친구가 물건을 할부로 구입했다가 피해를 당한 적이 있는데요, 할부거래에 대해 전반적으로 알고 싶어요. 특히 할부로 계약을 할 때 저희와 같은 소비자가 피해를 보지 않는 방법에 대해 잘 알았으면 합니다."

사례

A는 전자제품 대리점에서 B로부터 신형 LED TV 1대를 그 대금 300만 원에 10개월 할부로 구입하고 일정한 사항이 적힌 계약서도 받았다. 그런데 집에 와서 자신이 조금 비싸게 샀음을 알았다. 그래서 A는 TV 구입을 없었던 일로 하고 싶었다. 그것이 가능한가?

1. 할부거래의 의의

할부거래는 보통의 매매와 달리 「매매대금을 일정 기간 동안 분할해 일정 기간마다 계속해 지급할 특약이 붙은 매매」이다.

(1) 직접할부계약

직접할부계약은 소비자가 사업자에게 재화의 대금이나 용역의 대가(이하 '재화 등의 대금'이라 함)를 2개월 이상의 기간에 걸쳐 3회 이상 나누어 지급하고, 재화 등의 대금을 완납하기 전에 재화의 공급이나 용역의 제공(이하 '재화 등의 공급'이라 함)을 받기로 하는 계약이다.

자동차를 사면서 그 대금을 24개월 할부로 납입하기로 하는 계약이 그 예이다.

(2) 간접할부계약

간접할부계약은 소비자가 신용제공자에게 재화 등의 대금을 2개월 이상의 기간에 걸쳐 3회 이상 나누어 지급하고, 재화 등의 대금을 완납하기 전에 사업자로부터 재화 등의 공급을 받기로 하는 계약이다.

예를 들어 물건을 사면서 신용카드를 이용해 할부로 결제하는 계약이 여기에 해당된다.

(3) 선불식 할부계약

선불식 할부계약은 장례 또는 혼례를 위한 용역 및 이에 부수한 재화 등과 이에 준하는 소비자 피해가 발생하는 재화 등으로서 소비자의 피해를 방지하기 위해 대통령령으로 정하는 재화 등의 대금을 2개월 이상의 기간에 걸쳐 2회 이상 나누어 지급함과 동시에 또는 지급한 후에 재화 등의 공급을 받는 것을 내용으로 하는 계약을 말한다.

예를 들어 상조 서비스에 가입해 매달 일정액을 납입하는 거래가 여기에 해당된다.

2. 할부거래업자의 권리 · 의무

(1) 할부거래업자의 의무

1) 계약 체결 전 정보제공의무

할부거래업자는 할부계약을 체결하기 전에 소비자가 할부계약의 내용을 이해할 수 있도록 ① 재화 등의 종류 및 내용, ② 현금가격(할부계약에 의하지 않을 경우의 대금 전액을 말함), ③ 할부가격(계약금과 할부금의 총합계액을 말함), ④ 각 할부금의 금액 · 지급횟수 및 지급시기 등을 표시해야 한다(「할부거래에 관한 법률」(이하 '법'이라 함) 제5조 참조).

2) 계약서의 작성 및 발급의무

할부거래업자는 ① 할부거래업자 · 소비자의 성명 및 주소, ② 재화 등의 종류 · 내용 및 재화 등의 공급시기, ③ 현금가격 및 할부가격, ④ 할부금의 금액 · 지급횟수 · 지급기간 및 지급시기, ⑤ 할부수수료의 실제연간 요율, ⑥ 청약철회의 기한 · 행사방법 · 효과에 관한 사항 등의 내용이 포함된 계약서를 작성해 할부계약을 체결해야 하며(법 제6조 제1항 참조), 이를 소비자에게 발급해야 한다(법 제6조 제2항 참조).

(2) 할부거래업자의 해제권 및 손해배상청구금액의 제한

할부거래업자는 소비자가 할부금 지급의무를 이행하지 아니하는 경우 할부계약을 해제할 수 있으며, 다만 계약을 해제하기 전에 14일 이상의 기간을 정해 그 이행을 서면으로 최고(催告)해야 한다(법 제11조 제1항).

한편 할부거래업자는 소비자가 할부금 지급의무를 이행하지 아니하는 경우 손해배상을 청구할 수 있으며, 이 경우의 손해배상청구금액은 일정 한도로 제한된다(법 제12조 제1항 · 제2항, 법 시행령 제9조 참조).

3. 소비자의 권리 · 의무

(1) 청약철회권

1) 철회권의 행사기간

소비자는 계약서를 받은 날(계약서를 받은 날보다 재화 등의 공급이 늦게 이루어진 경우에는 재화 등을 공급받은 날)부터 7일 이내에 할부계약에 관한 청약을 철회할 수 있다(법 제8조 제1항 제1호).

소비자가 계약서를 받지 아니한 경우, 계약서에 청약의 철회에 관한 사항이 적혀 있지 아니한 경우, 할부거래업자가 청약의 철회를 방해한 경우의 철회권의 행사기간에 관해서는 법 제8조 제1항 제2호 내지 제4호를 참조하라.

사례의 해결

A는 계약서를 받은 날(TV를 늦게 받았으면 TV를 받은 날)부터 7일 이내에는 TV 구입계약을 철회해서 계약이 체결되지 않았던 상태로 되돌릴 수 있다. 철회의 방법과 철회할 수 없는 경우에 대해서는 아래 부분을 참조하라.

2) 철회권의 행사방법

철회권의 행사기간 이내에 할부거래업자에게 청약철회 의사표시가 적힌 서면을 발송해야 하며, 청약의 철회는 그 서면을 발송한 날 효력이 발생한다(법 제8조 제3항 · 제4항).

간접할부계약에 관한 청약을 철회한 경우 소비자는 신용제공자에게 청약철회 의사표시가 적힌 서면을 발송하지 아니하면 원칙적으로 신용제공자의 할부금지급청구를 거절할 수 없다(법 제9조 제1항 · 제2항 참조).

3) 철회권 행사의 효과

소비자는 청약을 철회한 경우 이미 공급받은 재화 등을 반환해야 하며(법 제10조 제1항), 할부거래업자는 일정한 영업일 이내에 이미 지급받은 계약금 및 할부금을 환급해야 한다(법 제10조 제2항 참조).

간접할부계약의 경우 할부거래업자가 청약을 철회하는 서면을 수령한 때에는 지체 없이 신용제공자에게 할부금 청구를 중지 또는 취소하도록 요청해야 하며, 신용제공자로부터 대금을 이미 지급받은 때에는 이를 신용제공자에게 환급해야 한다(법 제10조 제4항). 그 밖의 철회권 행사의 효과에 관해서는 법 제10조 제3항 · 제5항 - 제10항을 참조하라.

4) 철회권 행사의 제한

소비자는 ① 소비자에게 책임 있는 사유로 재화 등이 멸실되거나 훼손된 경우(재화 등의 내용을 확인하기 위해 포장 등을 훼손한 경우 제외), ② 사용 또는 소비에 의해 그 가치가 현저히 낮아질 우려가 있는 재화 등을 사용 또는 소비한 경우, ③ 할부가격이 10만 원(신용카드를 사용해 할부거래를 하는 경우에는 20만 원) 미만인 할부계약 또는 소비자의 주문에 따라 개별적으로 제조되는 재화 등의 공급을 목적으로 하는 할부계약 등 일정한 경우에는 청약을 철회할 수 없다(법 제8조 제2항 참조).

할부거래업자는 위와 같이 청약을 철회할 수 없는 재화 등에 대해서는 그 사실을 재화 등의 포장이나 그 밖에 소비자가 쉽게 알 수 있는 곳에 분명하게 표시하거나 시용(試用) 상품을 제공하는 등의 방법으로 소비자가 청약을 철회하는 것이 방해받지 않도록 조치해야 한다(법 제8조 제6항).

(2) 소비자의 기한이익 상실

소비자는 할부금을 다음 지급기일까지 연속해서 2회 이상 지급하지 아니하고 그 지급하지 아니한 금액이 할부가격의 100분의 10을 초과하는 경우 등 일정한 사유가 있으면 할부금의 지급에 대한 기한의 이익을 주장하지 못한다(법 제13조 참조).

(3) 기한 전 할부금의 지급

소비자는 기한이 되기 전이라도 나머지 할부금을 한꺼번에 지급할 수 있으며, 이때 소비자가 지급하는 금액은 나머지 할부금에서 나머지 기간에 대한 할부수수료를 공제한 금액으로 한다(법 제14조 참조).

(4) 소비자의 항변권: 할부금의 지급 거절

소비자는 ① 할부계약이 불성립 · 무효, 취소 · 해제 · 해지된 경우, ② 재화 등의 전부 또는 일부가 공급되지 아니한 경우, ③ 할부거래업자가 하자담보책임을 이행하지 아니한 경우 ④ 할부거래업자의 채무불이행으로 인해 할부계약의 목적을 달성할 수 없는 경우 등의 사유가 있는 때에는 할부금의 지급을 거절할 수 있다(법 제16조 참조).

(5) 할부대금채권의 소멸시효

할부대금채권은 3년간 행사하지 아니하면 소멸시효가 완성한다(법 제15조).

III 방문판매 및 전화권유판매

"교수님! 방문판매와 전화권유판매의 경우에도 소비자가 피해를 입는 일이 자주 생기는 것 같은데, 피해를 입지 않으려면 어떻게 해야 하는지 알려주세요."

1. 개념 정의

(1) 방문판매

방문판매란 재화 또는 용역의 판매를 업으로 하는 자가 방문의 방법으로 사업장 이외의 장소에서 소비자에게 권유해 계약의 청약을 받거나 계약을 체결해 재화 또는 용역을 판매하는 것을 말한다. 일정한 시설을 이용하는 권리 또는 용역의 제공을 받을 수 있는 권리도 방문판매의 대상이 될 수 있다(「방문판매 등에 관한 법률」(이하 '법'이라 함) 제2조 제1호).

가령 사업자가 소비자의 가정을 방문해서 학습지 등의 구매를 권유해 계약을 체결하는 것이 그 예이다.

(2) 방문판매자

방문판매업자란 방문판매를 업으로 하기 위해 방문판매조직을 개설하거나 관리·운영하는 자를 가리키고, 방문판매원은 방문판매업자를 대신해 방문판매업무를 수행하는 자를 가리킨다. 방문판매업자와 방문판매원을 방문판매자라 한다(법 제2조 제2호).

(3) 전화권유판매(텔레마케팅)

1) 의의

전화권유판매란 전화를 이용해 소비자에게 권유를 하거나 전화회신을 유도하는 방법으로 재화 등을 판매하는 것을 말한다(법 제2조 제3호). 예를 들어 사업자가 소비자에게 전화를 걸어 보험상품 등을 소개하고 소비자와 대화를 해서 소비자의 청약을 받는 행위가 여기에 해당된다.

2) 전화권유판매와 통신판매의 구별(「특수판매에서의 소비자보호 지침」, 공정거래위원회 예규 제235호, Ⅲ. 1. 나. (2))

전화권유판매와 「전자상거래 등에서의 소비자보호에 관한 법률」 제2조 제2호에 의한 통신판매의 구별 기준은 소비자의 구매 의사가 당초 존재했는지 아니면 사업자의 권유에 의해 구매가 유도된 것인지 여부이다. 즉 통신판매에 있어서 전화는 단지 상품 정보를 제공하는 수단에 지나지 않지만, 전화권유판매에 있어서 전화는 정보제공은 물론 소비자에게 접근해 계약 체결을 하는 데 적극적으로 사용되는 매체이다.

예를 들어 "경품에 당첨되었습니다. 000-0000으로 확인해주세요" 등의 문자 메시지를 보고 해당 업체에 그 사실을 확인하고자 소비자가 먼저 전화를 걸고, 정수기 · 비데 등 상품을 구입할 것을 권유받아 이를 구매하게 된 경우, 소비자는 상품을 구매할 의사가 없이 경품 당첨 등 사실을 확인하고자 전화를 한 것이고 판매자의 권유에 의해 상품을 구매한 것이므로 전화권유판매에 해당한다.

(4) 전화권유판매자

전화권유판매업자란 전화권유를 업으로 하기 위해 전화권유판매조직을 개설하거나 관리 · 운영하는 자를 가리키고, 전화권유판매원은 전화권유판매업자를 대신해 전화권유판매업무를 수행하는 자를 가리킨다. 전화권유판매업자와 전화권유판매원을 전화권유판매자라고 한다(법 제2조 제4호).

2. 방문판매업자 등의 의무

(1) 방문판매 사실의 명시

방문판매자 또는 전화권유판매자(이하 '방문판매자 등'이라 함)가 재화 등을 판매하려는 경우에는 소비자에게 미리 해당 방문 또는 전화가 판매를 권유하기 위한 것이라는 점과 방문판매자 등의 성명 또는 명칭, 판매하는 재화 등의 종류 및 내용을 밝혀야 한다(법 제6조 제3항).

(2) 계약 체결 전 정보제공 및 계약서 발급의무

방문판매자 등은 계약을 체결하기 전에 방문판매자 등의 성명을 포함한 일정한 사항을 미리 설명해야 하고(법 제7조 제1항 참조), 계약을 체결할 때에는 일정한 사항을 기재한 계약서를 소비자에게 발급해야 한다(법 제7조 제2항 참조).

(3) 미성년자와 계약을 체결하는 경우

방문판매자 등은 재화 등의 계약을 미성년자와 체결하려는 경우에는 법정대리인의 동의를 받아야 하며, 이 경우 법정대리인의 동의를 받지 못하면 미성년자 본인 또는 법정대리인이 계약을 취소할 수 있음을 알려야 한다(법 제7조 제3항).

(4) 방문판매자 등의 금지행위

방문판매자 등은 ① 계약 체결을 강요하거나 청약철회 등을 방해할 목적으로 소비자를 위협하는 행위, ② 소비자의 청약 없이 일방적으로 재화 등을 공급하고 대금을 청구하는 행위, ③ 소비자가 재화나 용역을 구매할 의사가 없음을 밝혔음에도 불구하고 전화 · 컴퓨터통신 등을 통해 계약 체결을 강요하는 행위 등 법이 정하고 있는 일정한 행위를 해서는 안 된다(법 제11조 제1항 참조).

3. 소비자의 청약철회권 및 계약해제권

방문판매 등의 방법으로 계약을 맺은 소비자는 일정한 기간 내에 그 청약철회 및 계약해제(이하 '청약철회 등'이라 함)를 할 수 있다(법 제8조 제2항 · 제3항. 청약철회 등의 제한에 관해서는 법 제8조 제2항 참조).

청약철회 등의 자세한 효과에 관해서는 법 제9조를 참조하라.

IV 다단계판매

"교수님! 얼마 전 다단계판매 사기 사건에 관한 보도를 인터넷뉴스에서 보았습니다. 다단계판매는 모두 불법이 아닌가요? 불법이 아닌 것도 있나요?"

1. 개념 정의

(1) 다단계판매

1) 의의

다단계판매란 다단계판매조직을 통해 재화 등을 판매하는 것을 말한다. 다단계판매조직이란 ① 판매업자에 속한 판매원이 특정인을 해당 판매원의 하위판매원으로 가입하도록 권유하는 모집방식이 있고, ② 이러한 모집방식에 따른 판매원의 가입이 3단계(다른 판매원의 권유를 통하지 아니하고 가입한 판매원을 1단계 판매원으로 함) 이상 단계적으로 이루어지

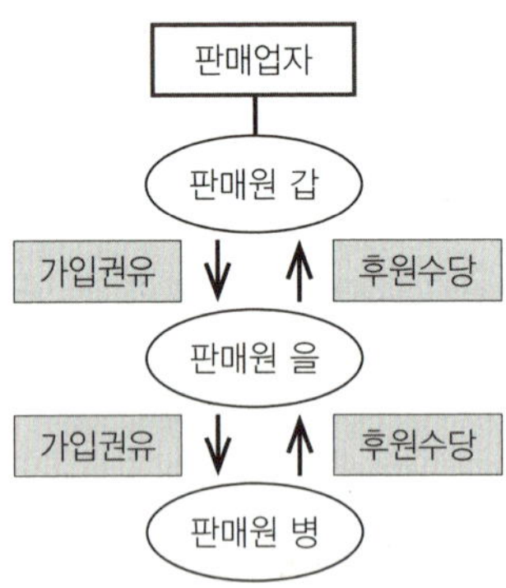

〈그림 1〉(「특수판매에서의 소비자보호 지침」, 공정거래위원회 예규 제235호, Ⅲ. 1. 다)

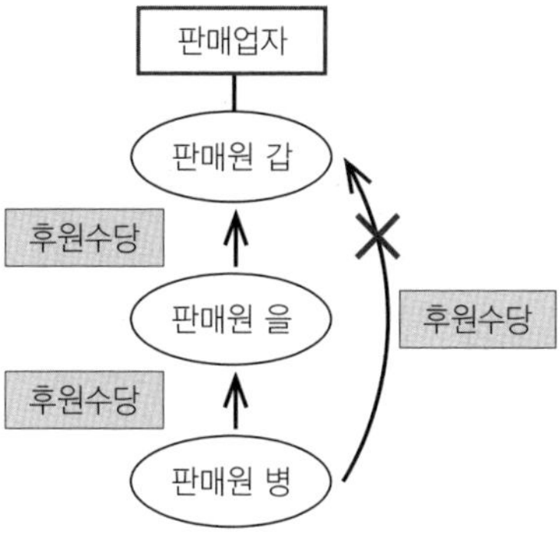

〈그림 2〉

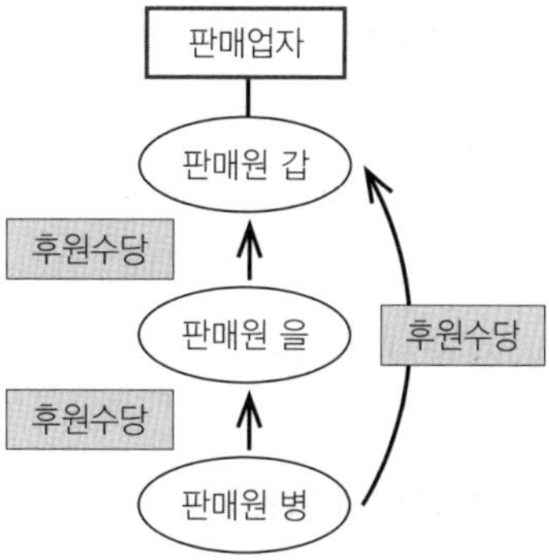

〈그림 3〉

※ 〈그림 1〉, 〈그림 2〉, 〈그림 3〉의 각 '후원수당' 흐름도는 판매업자가 판매원에게 지급하는 후원수당이 다단계판매원 자신의 판매실적에 따라 받는 것 외에도 자신의 직근 하위판매원 또는 차직근 하위판매원의 판매실적에 따라 지급받을 수 있음을 설명하는 것이다.

며(다만 판매원의 단계가 2단계 이하라고 하더라도 사실상 3단계 이상으로 관리·운영되는 경우를 포함함), ③ 위와 같이 판매원을 단계적으로 가입하도록 권유하는 데 있어 다른 판매원들의 재화 등의 거래실적, 조직관리 및 교육훈련 실적에 따른 경제적 이익(이를 후원수당이라고 함)의 부여가 유인(誘引)으로 활용되는 방식을 가지고 있는 판매조직을 말한다(「방문판매 등에 관한 법률」(이하 '법'이라 함) 제2조 제5호).

2) 예시(「특수판매에서의 소비자보호 지침」, 공정거래위원회 예규 제179호, Ⅲ. 1. 다. (1))

판매업자에 속한 판매원이 특정인을 해당 판매원의 하위판매원으로 가입하도록 권유하고 그와 동일한 과정이 반복되어 가입한 판매원의 단계가 3단계 이상이고, ① 다단계판매업자가 다단계판매원(그림 2의 '갑')에게 지급하는 후원수당의 지급방식이 직근 하위판매원(그림 2의 '을')이 아닌 하위판매원(그림 2의 '병')의 판매실적에 영향을 받지 않는 것으로 정해져 있는 경우(그림 2) 및 ② 다단계판매업자가 다단계판매원(그림 3의 '갑')

에게 지급하는 후원수당의 지급방식이 직근 하위판매원(그림 3의 '을')과 그 차하위판매원(그림 3의 '병')의 판매실적에 영향을 받는 것으로 정해져 있는 경우(그림 3) 모두 다단계판매조직에 해당한다. 다단계판매조직에 해당하기 위해 후원수당의 지급방식에 있어서 판매원의 단계가 반드시 3단계 이상이어야 하는 것은 아니기 때문이다.

(2) 다단계판매자

다단계판매업자란 다단계판매를 업으로 하기 위해 다단계판매조직을 개설 또는 관리 · 운영하는 자를 가리키고, 다단계판매원은 다단계판매조직에 판매원으로 가입한 자를 가리킨다. 다단계판매업자와 다단계판매원을 합쳐 다단계판매자라고 한다(법 제2조 제6호).

(3) 후원수당

후원수당이란 판매수당, 장려금, 후원금 등 그 명칭 및 지급 형태와 상관없이 판매업자가 ① 판매원 자신의 재화 등의 거래실적, ② 판매원의 수당에 영향을 미치는 다른 판매원들의 재화 등의 거래실적, ③ 판매원의 수당에 영향을 미치는 다른 판매원들의 조직관리 및 교육훈련 실적과 관련해 소속 판매원에게 지급하는 경제적 이익 및 ④ 그 밖에 판매원들의 판매활동을 장려하거나 보상하기 위해 지급되는 일체의 경제적 이익을 말한다(법 제2조 제9호).

2. 다단계판매자의 의무

다단계판매조직에 다단계판매원으로 가입하려는 자는 그 조직을 관리 · 운영하는 다단계판매업자에게 등록해야 한다(법 제15조 제1항). 그리고 다단계판매원은 언제든지 다단계판매업자에게 탈퇴 의사를 표시하고 탈퇴할 수 있으며, 다단계판매업자는 다단계판매원의 탈퇴에 조건을 붙여서는 안 된다(법 제22조 제4항).

방문판매법은 다단계판매자 등의 계약 체결 전 정보제공의무(법 제16조 · 제7조 제1항), 계약 체결 시 계약서 발급의무(법 제16조 · 제7조 제2항), 미성년자와 계약을 체결하는 경우의 고지의무(법 제16조 · 제7조 제3항), 다단계판매자 등의 금지행위 등에 관해 자세히 규정하고 있다.

3. 소비자의 청약철회권 및 계약해제권

다단계판매 등의 방법으로 재화 등의 구매에 관한 계약을 체결한 소비자는 일정한 기간 내에 그 청약철회 및 계약해제(이하 '청약철회 등'이라 함)를 할 수 있다(법 제17조 제1항 본문 · 제8조 제1항 참조).

소비자가 다단계판매원과 재화 등의 구매에 관한 계약을 체결한 경우에는 다단계판매원에 대해 우선적으로 청약철회 등을 하고, 다단계판매원의 소재 불명 등의 사유로 다단계판매원에 대해 청약철회 등을 하는 것이 어려운 경우에만 그 재화 등을 공급한 다단계판매업자에 대해 청약철회 등을 할 수 있다(법 제17조 제1항 단서).

다단계판매의 방법으로 재화 등의 구매에 관한 계약을 체결한 다단계판매원은 원칙적으로 계약을 체결한 날부터 3개월 이내에 서면으로 그 계약에 관한 청약철회 등을 할 수 있다(법 제17조 제2항, 시행령 제25조 참조).

청약철회 등의 효과에 관해서는 법 제18조를 참조하라.

V 계속거래 및 사업권유거래

"교수님! 계속거래나 사업권유거래도 일반인들이 많이 이용하는 것인가요? 만약 그렇다면 저희가 알아야 하는 것도 참 많네요."

1. 의의

(1) 계속거래

계속거래란 1개월 이상에 걸쳐 계속적으로 또는 부정기적으로 재화 등을 공급하는 계약으로 중도에 해지할 경우 대금 환급의 제한 또는 위약금에 관한 약정이 있는 거래를 말한다(「방문판매 등에 관한 법률」(이하 '법'이라 함) 제2조 제10호). 가령 스포츠센터를 1개월 이상 기간 동안 이용하기로 하고 중도 해지 시 대금 환급의 제한에 관한 약정을 두는 행위가 이에 해당한다.

(2) 사업권유거래

사업권유거래란 사업자가 소득 기회를 알선 · 제공하는 방법으로 거래 상대방을 유인해 금품을 수수하거나 재화 등을 구입하게 하는 거래를 말한다(법 제2조 제11호). 가령 번역이나 교정 등 아르바이트 기회를 제공하면서 교재를 구입하거나 강의를 수강하도록 하는 행위가 그 예이다.

2. 계속거래업자 등의 의무

(1) 계약 체결 전 정보제공 및 계약서 발급의무

계속거래 또는 사업권유거래(이하 '계속거래 등'이라 함)를 업으로 하는 자(이하 '계속거래업자 등'이라 함)는, 계속거래의 경우에는 10만 원 및 3개월 이상을, 사업권유거래의 경우에는 기간에 관계없이 30만 원 이상을 거래 조건으로 하는 계속거래 등에 관한 계약을 체결하는 때(법 시행령 제37조)에는 계약을 체결하기 전에 계속거래업자 등의 성명을 포함한 일정한 사항을 미리 설명해야 하고(법 제30조 제1항 참조), 계약을 체결할 때에는 일정한 사항을 기재한 계약서를 소비자에게 발급해야 한다(제30조 제2항).

(2) 계약 종료 전 통지의무

계속거래업자 등은 용역의 공급계약으로서 소비자의 별도 의사표시가 없는 한 자동으로 갱신되는 계약을 체결한 경우에는 그 계약 종료일 50일 전부터 20일 전까지의 기간에 소비자에게 종료일이 다가오고 있음을 서면이나 전자우편으로 통지해야 한다. 다만 거래기간이 2개월 이내의 계약인 경우나 소비자가 재계약 체결 또는 계약 갱신의 의사를 표시한 경우에는 그 통지를 생략할 수 있다(법 제30조 제3항).

(3) 기타

그 밖에도 방문판매법은 계속거래업자 등이 미성년자와 계약을 체결하는 경우의 고지의무(제30조 제4항 · 제7조 제3항), 계속거래업자 등의 금지행위 등(법 제34조 제1항 참조)에 관해 자세한 규정을 두고 있다.

3. 소비자의 계약해지권

(1) 계약의 해지

계속거래 등의 계약을 체결한 소비자는 계약기간 중 원칙적으로 언제든지 계약을 해지할 수 있다(법 제31조 참조).

(2) 계약해지 또는 해제의 효과

1) 부당한 위약금 청구 및 대금 환급 거부 금지

계속거래업자 등은 자신의 책임이 없는 사유로 계약이 해지 또는 해제된 경우 소비자에게 해지 또는 해제로 발생하는 손실을 현저하게 초과하는 위약금을 청구해서는 아니 되고, 가입비나 그 밖에 명칭에 상관없이 실제 공급된 재화 등의 대가를 초과해 수령한 대금의 환급을 부당하게 거부해서는 아니 된다(법 제32조 제1항).

2) 재화 등의 반환에 따른 대금 환급

계약이 해지 또는 해제된 경우 소비자는 반환할 수 있는 재화 등을 계속거래업자 등에게 반환할 수 있으며, 계속거래업자 등은 대금 환급 또는 위약금 경감 등의 조치를 해야 한다(법 제32조 제2항).

3) 차액환급의무

계속거래업자 등은 자신의 책임이 없는 사유로 계약이 해지 또는 해제된 경우 소비자로부터 받은 재화 등의 대금(재화 등이 반환된 경우 환급해야 할 금액을 포함)이 이미 공급한 재화 등의 대금에 위약금을 더한 금액보다 많으면 그 차액을 소비자에게 환급해야 한다(법 제32조 제3항 제1문).

VI 전자상거래 및 통신판매

"교수님! 전자상거래는 저도 여러 번 이용해본 적이 있습니다. 전자상거래와 통신판매에 대해 자세히 알려주시겠어요?"

1. 의의

(1) 전자상거래

전자상거래란 전자거래의 방법으로 상행위(商行爲)를 하는 것을 말한다(「전자상거래 등에서의 소비자보호에 관한 법률」(이하 '법'이라 함) 제2조 제1호).

전자거래란 재화나 용역을 거래할 때 그 전부 또는 일부가 전자문서에 의해 처리되는 거래를 말한다(「전자문서 및 전자거래 기본법」 제2조 제5호).

(2) 통신판매

통신판매란 우편 · 전기통신 등의 방법으로 재화 또는 용역(일정한 시설을 이용하거나 용역을 제공받을 수 있는 권리를 포함)의 판매에 관한 정보를 제공하고 소비자의 청약을 받아 재화 또는 용역(이하 '재화 등'이라 함)을 판매하는 것을 말한다. 다만 「방문판매 등에 관한 법률」 제2조 제3호에 따른 전화권유판매는 통신판매의 범위에서 제외한다(법 제2조 제2호).

2. 사업자의 의무

(1) 전자상거래 및 통신판매 사업자 일반의 의무

1) 전자적 대금지급의 신뢰확보의무

(가) 정보의 보안유지에 필요한 조치를 취할 의무 사업자(물품을 제조 · 수입 · 판매하거나 용역을 제공하는 자를 말함)가 전자적 대금지급방법을 이용하는 경우 사업자와 전자결제업자 등은 관련 정보의 보안유지에 필요한 조치를 해야 한다(법 제8조 제1항).

전자적 대금지급이란 전자문서의 형태로 이루어지는 대금결제를 말하며(법 시행령 제7조), 전자결제업자 등은 은행 · 신용카드업자 등 전자결제수단의 발행자, 전자결제서비스 제공자 및 전자결제수단을 통한 전자결제서비스의 이행을 보조하거나 중개하는 자를 말한다(법 시행령 제8조).

(나) **소비자의 진정한 의사표시 여부 확인** 사업자와 전자결제업자 등은 전자적 대금지급이 이루어지는 경우 소비자의 청약의사가 진정한 의사표시에 의한 것인지를 확인하기 위해 재화 등의 내용 · 종류 및 가격, 용역의 제공기간 등에 대해 명확히 고지해야 하고, 고지한 사항에 대해 소비자가 확인하고 동의 여부를 선택할 수 있도록 전자적 대금 결제창을 제공해야 한다(법 제8조 제2항, 시행령 제9조 참조).

(다) **소비자에의 통지 및 자료열람** 사업자와 전자결제업자 등은 전자적 대금지급이 이루어진 경우에는 전자문서의 송신 등으로 소비자에게 그 사실을 알리고, 소비자가 전자적 대금지급과 관련한 자료를 열람할 수 있게 해야 한다(법 제8조 제3항).

(라) **전자적 대금지급 관련 분쟁해결을 위한 협조의무** 사업자와 소비자 사이에 전자적 대금지급과 관련해 다툼이 있는 경우 전자결제업자 등은 사업자나 소비자가 분쟁발생 사실을 소명해 요청하는 때에는 분쟁해결에 필요한 범위에서 ① 분쟁의 원인이 된 대금지급과 관련된 정보(고객인증 관련 정보를 포함)의 열람 · 복사, ② 분쟁의 원인이 된 대금지급에 대한 전자결제업자 등의 보안유지 조치 관련 정보의 열람 · 복사 등에 대해 지체 없이 협조해야 한다(법 제8조 제5항, 시행령 제10조 참조).

2) **배송사업자 등의 분쟁해결 협조의무**

(가) 전자상거래나 통신판매에 따라 재화 등을 배송하는 사업자는 배송 사고나 배송 장애 등으로 분쟁이 발생하는 경우에 소비자가 분쟁의 발생 사실을 소명해 요청하는 때에는 분쟁해결에 필요한 범위에서 ① 배

송 관련 기록의 열람 · 제공, ② 사고 또는 장애 관련 사실의 확인을 위한 기록열람에 대해 지체 없이 협조해야 한다(법 제9조 제1항, 시행령 제11조 참조).

(나) 호스팅서비스(사업자가 전자상거래를 할 수 있도록 사이버몰 구축 및 서버 관리 등을 해주는 서비스를 말함)를 제공하는 자는 사업자와 소비자 사이에 분쟁이 발생하는 경우 공정거래위원회, 시 · 도지사 또는 시장 · 군수 · 구청장, 수사기관, 분쟁의 당사자인 소비자 등의 요청에 따라, 사업자의 성명, 주민등록번호 및 상호 등 사업자의 신원정보를 제공함으로써 그 분쟁해결에 협조해야 한다(법 제9조 제2항 · 제3항, 시행령 제11조의 2 참조).

3) 사이버몰 운영자의 표시의무

전자상거래를 하는 사이버몰의 운영자는 사업자의 상호 · 주소 · 전화번호 · 전자우편주소 · 사업자등록번호 등을 표시해 소비자가 사업자의 신원 등을 쉽게 알 수 있도록 해야 한다(법 제10조 제1항, 시행령 제11조의 3, 시행규칙 제7조 참조).

(2) 통신판매업자의 의무

1) 계약 체결 전 표시의무 및 계약서 교부의무 등

통신판매업자는 소비자가 계약 체결 전에 거래조건을 정확하게 이해하고 실수나 착오 없이 거래할 수 있도록 재화 등의 공급자 및 판매자의 상호를 포함한 일정한 사항을 표시해야 하며, 계약이 체결되면 계약자에게 일정한 사항이 기재된 계약서를 교부해야 한다(법 제13조 제2항 참조). 한편 통신판매업자가 미성년자와 거래하는 경우 일정한 고지의무를 부담한다(법 제13조 제3항 참조).

2) 청약확인 등의 의무

통신판매업자는 소비자로부터 재화 등의 거래에 관한 청약을 받으면 청약 의사표시의 수신 확인 및 판매 가능 여부에 관한 정보를 소비자에게 신속하게 알려야 하며(법 제14조 제1항), 계약 체결 전에 소비자가 청약 내용을 확인하고 정정하거나 취소할 수 있도록 적절한 절차를 갖추어야 한다(법 제14조 제2항).

3) 재화 등의 공급의무

(가) 공급시기　통신판매업자는 소비자가 청약을 한 날부터 7일 이내에 재화 등의 공급에 필요한 조치를 해야 하고, 소비자가 재화 등을 공급받기 전에 미리 대금을 전부 또는 일부 지급하는 통신판매('선지급식 통신판매'라 함)의 경우에는 그 대금지급일부터 3영업일 이내에 공급을 위해 필요한 조치를 해야 한다(법 제15조 제1항).

(나) 공급곤란의 경우　통신판매업자는 청약을 받은 재화 등을 공급하기 곤란하다는 것을 알았을 때에는 지체 없이 그 사유를 소비자에게 알려야 하고, 선지급식 통신판매의 경우에는 소비자가 그 대금의 전부 또는 일부를 지급한 날부터 3영업일 이내에 환급하거나 환급에 필요한 조치를 해야 한다(법 제15조 제2항).

(다) 공급절차 등에 관한 확인　통신판매업자는 소비자가 재화 등의 공급절차 및 진행상황을 확인할 수 있도록 적절한 조치를 해야 한다(법 제15조 제3항 제1문).

3. 소비자의 청약철회권

소비자는 일정한 기간 내에 계약의 청약을 철회할 수 있다(법 제17조 제1항 참조. 철회권의 제한에 관해서는 법 제17조 제2항 참조).

철회권 행사의 효과에 관해서는 법 제18조를 참조하라.

4. 통신판매중개자 및 통신판매중개업자의 의무

(1) 고지의무

통신판매중개자는 자신이 통신판매의 당사자가 아니라는 사실을 소비자가 쉽게 알 수 있도록 미리 고지해야 한다(법 제20조 제1항).

(2) 통신판매중개의뢰자에 관한 정보제공의무

통신판매중개업자는 통신판매중개의뢰자가 사업자인 경우에는 그 성명 · 주소 · 전화번호 등을 확인해 청약이 이루어지기 전까지 소비자에게 제공해야 하고, 통신판매중개의뢰자가 사업자가 아닌 경우에는 그 성명 · 전화번호 등을 확인해 거래의 당사자들에게 상대방에 관한 정보를 열람할 수 있는 방법을 제공해야 한다(법 제20조 제2항).

(3) 사이버몰 등의 이용으로 인한 불만 · 분쟁해결의무

통신판매중개자는 사이버몰 등을 이용함으로써 발생하는 불만이나 분쟁의 해결을 위해 그 원인 및 피해의 파악 등 필요한 조치를 신속히 시행해야 한다(법 제20조 제3항, 법 시행령 제25조의 2 참조).

제5절

부동산매매와 등기

I 서설

"교수님! 먼저 부동산매매와 등기 부분에 관해 강의하실 내용을 전반적으로 말씀해주시겠어요?"

우리는 살면서 수없이 많은 계약을 체결하고 이행한다. 그러한 계약 가운데 가장 빈번하게 체결되고 또 법적으로도 제일 중요한 것이 매매계약이다. 매매계약은 실제 사회에서 재화를 이동시키는 대동맥 같은 존재이다.

매매계약은 연필 · 시계와 같이 다소 가치가 적은 물건에 대해 체결되기도 하지만 토지 · 주택과 같이 중요한 물건에 대해 체결되기도 한다. 그런데 뒤의 것, 즉 토지 · 주택은 가치가 크기도 하지만 아울러 개인의 생활기반을 이루고 있다. 그리하여 사람들은 그것들의 매매계약을 체결할 때 매우 신중하게 하려고 노력한다. 이 책에서는 그러한 실제 사회에서의 필요성에 부응하기 위해 토지 · 주택 등의 매매계약에 대해 자세히 설명하려고 한다.

토지 · 주택 등은 법적으로 특별히 다루어지는가? 위에서 언급한 것 가운데 연필 · 시계는 동산에 해당하고, 토지 · 주택은 부동산에 해당한다. 그리고 우리 법은 부동산과 동산을 다르게 다루고 있다. 특히 차이가 있는 것은, 부동산에 관해 소유권을 취득하려면 등기부에 등기까지 해야 하는데, 동산의 경우에는 등기라는 제도가 없고 물건을 넘겨받으면(이를 인도라고 함) 된다는 점이다. 여기서 매매에 의해 부동산의 소유권을 취득하는 방법을 온전하게 이해하려면, 부동산이 무엇인지, 매매는 어떻게 체결되어야 하는지, 그리고 등기는 무엇이고 어떻게 하는 것인지를 모두 살펴보아야 함을 알 수 있다.

II 무엇이 부동산인가

"교수님! 이번 주에는 부동산매매에 대해 강의한다고 하셨는데, 부동산에는 어떤 것이 있습니까? 토지와 주택만이 부동산인지요, 아니면 다른 것도 있는지요? 그리고 토지 위에 주택이 서 있을 경우에 토지와 주택은 하나의 부동산인가요?"

사례

A는 자신의 토지에 사과 과수원을 만들어 사과 농사를 짓고 있다. A는 과수원에서 사과를 수확하기 직전에 사과나무와는 별도로 사과만을 나무에 열린 채로 B

에게 팔려고 한다. 그것이 가능한가? 그것이 가능할 경우 어떻게 해야 B가 사과의 소유권을 취득하는가?

1. 물건의 의의 및 종류

일반인들은 일정한 형체가 있는 물질(고체 · 액체 · 기체)인 유체물(有體物)만을 물건이라고 생각한다. 그런데 유체물만을 물건으로 다룰 것인지는 법률이 정하기 나름이다. 그리하여 국가에 따라서는 유체물만을 물건으로 규정하기도 한다(예: 독일 민법 · 일본 민법). 그런데 우리 민법은 그렇지 않다. 우리 민법은 「유체물과 전기 기타 관리할 수 있는 자연력」을 물건으로 규정한다(제98조). 그리하여 전기와 같은 자연력(自然力)은 무체물이지만 관리(배타적 지배)할 수 있다면 물건에 해당한다.

물건은 법률이나 학자들에 의해 여러 가지 방법으로 분류되고 있다. 그중에 가장 중요한 것이 부동산과 동산의 분류이다(민법은 그 밖에 주물 · 종물, 원물 · 과실의 분류도 규정하고 있음).

2. 부동산과 동산

물건은 부동산과 동산으로 나누어진다.

(1) 부동산

토지 및 그 정착물(定着物)이 부동산이다(제99조 제1항). 국가에 따라서는 토지만을 부동산으로 규정하고 토지 위에 서 있는 건물 등은 토지의 구성부분으로 다루기도 한다(예: 독일 민법). 그런데 우리 민법은 토지의 정착물도 부동산으로 규정하고 있다.

1) 토지

물건으로서의 토지는 지적공부(地籍公簿. 토지대장 · 임야대장)에 하나의 토지로 등록되어 있는 육지의 일부분이다. 본래 육지는 연속되어 있으나, 편의상 인위적으로 구분해 각 구역마다 번호(토지번호, 즉 지번)를 붙이고, 그것을 지적공부에 등록한다(「공간정보의 구축 및 관리 등에 관한 법률」 제64조 · 제66조 · 제71조). 이렇게 등록이 되면 토지는 독립성이 인정된다.

독립한 토지의 개수는 「필」(筆)로 표시한다(예: 2필의 토지).

2) 토지의 정착물

토지의 정착물이란 토지에 고정적으로 부착되어 쉽게 이동할 수 없는 물건을 말한다. 건물 · 수목 · 다리 · 돌담 · 도로의 포장 등이 그렇다. 토지의 정착물은 모두 부동산이지만, 그 가운데에는 토지와는 별개의 부동산이 되는 것도 있고(예: 건물), 토지의 일부분에 불과한 것도 있다(예: 다리 · 돌담 · 도로의 포장).

토지와는 별개의 독립한 부동산으로 되는 정착물들을 살펴보면 다음과 같다.

(가) 건물　　우리 법상 건물은 토지와는 별개의 부동산이다. 그리하여 토지등기부와 별도로 건물등기부를 두고 있다. 건물은 건축물대장에 등록되나(건축법 제38조 참조), 그것은 등록에 의해 독립성을 갖는 것이 아니며, 사회통념상 건물로 인정되는 때에 바로 하나의 물건으로 된다.

가옥(집)이 건물의 일종임은 물론이다. 한편 아파트 · 연립주택과 같이 하나의 건물을 여러 부분으로 나누어 그 각각을 소유하는 것이 인정된다. 그러한 소유를 건물의 구분소유라고 하는데, 그것을 합리적으로 규율하기 위해 「집합건물의 소유 및 관리에 관한 법률」이 제정되어 있다.

독립한 건물의 개수는 「동」(棟)으로 표시한다(예: 2동의 건물).

(나) 수목의 집단　토지에서 자라고 있는 수목은 본래 토지의 정착물로서 토지의 일부에 지나지 않는다. 그런데 그러한 수목이 특별법이나 판례에 의해 독립한 부동산으로 다루어지기도 한다.

「입목(立木)에 관한 법률」은 그 법에 의해 소유권보존등기를 받은 수목의 집단을 「입목」이라고 하면서(같은 법 제2조 제1항), 그것을 토지와는 별개의 부동산으로 다룬다(같은 법 제3조 제1항).

그리고 판례에 의하면, 「입목에 관한 법률」의 적용을 받지 않는 수목의 집단도 명인방법(明認方法)을 갖추면 독립한 부동산으로서 거래의 목적이 된다.

[명인방법]

명인방법은 수목의 집단 또는 - 바로 다음에 보는 - 미분리의 과실의 소유권이 누구에게 속하고 있는지를 제3자가 명백하게 인식할 수 있도록 하는 관습법상의 공시방법이다. 나무껍질을 깎아 거기에 소유자의 이름을 먹물로 써놓는 것, 과수원의 주변에 새끼줄을 치고 소유자의 이름을 기재한 표찰을 붙여놓는 것 등이 그 예이다.

(다) 미분리(未分離)의 과실(果實)　과일 · 잎담배 · 뽕잎 · 서 있는 벼(입도. 立稻)와 같은 미분리의 과실은 수목의 일부에 지나지 않는다. 그런데 판례는 이것도 명인방법을 갖춘 때에는 독립한 물건으로서 거래의 목적으로 될 수 있다고 한다.

사례의 해결

〈사례〉의 경우 사과나무에 달려 있는 사과는 미분리의 과실로서 수목의 일부에 지나지 않으며, 그것만을 따로 거래하지 못한다. 그런데 판례에 따르면, 사과에 대해 명인방법을 갖추면 사과나무와는 별개로 사과만을 거래할 수 있게 된다. 그리하여 그 경우에 B가 A로부터 사과를 매수한 뒤, 가령 A의 과수원 주변에 새끼줄을 치고 새끼줄 곳곳에 '과수원 사과의 소유자 B'라고 적은 표찰을 붙여놓으면 B가 사과의 소유권을 취득할 수 있게 된다.

(라) 농작물 관례에 의하면, 농작물은 타인의 토지에서 소유자의 승낙을 얻어 경작하는 때는 물론이고 남의 땅에서 아무런 권원 없이 위법하게 경작하는 때에도 그 소유권은 경작자에게 있다고 한다. 이러한 판례는 부당하다고 생각한다(타당하다는 견해도 있음).

(2) 동산

부동산 이외의 물건이 동산이다(제99조 제2항). 토지에 부착하고 있는 물건이라도 정착물이 아니면 동산에 속한다(예: 임시로 심어놓은 나무). 그리고 전기 기타 관리할 수 있는 자연력도 동산이다.

III 부동산매매에 의한 소유권 취득

"교수님! 부동산매매계약은 구두로 체결하면 안 되는 것인가요? 그리고 아버지의 부동산을 제가 아버지 대신 파는 계약을 체결할 수는 없는지요? 그 외에 부동산매매계약에 의해 부동산의 소유권을 취득하게 되는 과정을 설명해주시고, 혹시 각 단계에서 주의할 점은 없는지 알려주시기 바랍니다."

사례 1

A는 그의 주택(X주택이라고 함)을 B에게 1억 원에 팔기로 하는 매매계약을 체결했다. 그러면서 A는 B로부터 계약금으로 1,000만 원을 받았다. 그런데 그 직후 부동산 가격이 크게 하락해 X주택의 시가가 7,000만 원이 되었다. 그러자 B는 A에게 계약금 1,000만 원을 포기하면서 A와 체결한 X주택 매매계약을 해제하겠다고 했다. 이 경우에 B의 해제는 유효한가?

사례 2

C는 D로부터 토지(Y토지라고 함)를 매수해 대금을 모두 치르고 그 토지를 인도받아 사용하고 있다. 그러나 아직 자신의 명의로 등기를 하지는 않았다. 그 후 D에게 금전을 빌려준 E가 D에 대해 이행판결을 받아서 법원에 Y토지에 대해 강제집행을 신청했다. 이 경우에 C는 E에게 Y토지가 자신의 소유라고 주장해 강제집행을 막을 수 있는가?

사례 3

F는 어느 지역에 임야(Z임야라고 함)를 소유하고 있다. 그런데 G는 마치 F로부터 자신이 Z임야를 매수한 것처럼 매매계약서와 그 밖의 등기서류를 위조해 등기한 뒤에 그것이 자신의 소유라고 속여 그 사실을 모르는 H에게 팔고 등기까지 넘겨주었다. 그 후 F가 그 사실을 알고 G에게 Z임야는 자신의 소유이니 G 명의의 등기를 말소하라고 청구했다. G는 Z임야에 관한 자신의 등기를 말소해야 하는가?

1. 부동산매매의 의의

일반 사회에서 「매매」라고 하면 물건을 사고파는 사실 자체를 가리킨다. 그런데 민법에서는 「매매」가 물건이나 그 밖의 객체를 사고팔기로 하는 계약을 의미한다. 그런데 매매 · 증여와 같은 계약은 그것이 있으면 장차 이행해야 할 채권을 발생시킨다. 그리하여 그런 계약을 채권계약이라고 한다. 매매도 채권계약에 해당하기 때문에 그것이 있으면 채권이 발생하게 된다. 매매의 경우에 발생하는 채권(이것은 상대방의 입장에서는 채무(의무)임)이 어떤 모습의 것인지는 뒤에 설명하기로 한다(이 절 III. 5 참조).

매매계약은 물건에 관해 체결되는 것이 보통이다. 그러나 물건이 아닌 것, 가령 권리(예: 채권)에 관해 매매계약이 체결될 수도 있다(권리는 물건이 아님을 주의할 것). 그리고 물건에 관해 매매계약이 체결되는 경우에 그 물건은 부동산일 수도 있고 동산일 수도 있다. 그런데 앞에서 언급한 바와 같이(이 절 I 참조), 객체가 부동산인지 동산인지에 따라 매매에 의한 소유권취득의 방법 내지 과정이 다르다. 아래에서는 실제에서 중요한 부동산매매를 중심으로 살펴볼 것이다.

매매는 당사자 일방(매도인)이 재산권을 상대방(매수인)에게 이전할 것을 약정하고 상대방이 그 대금을 지급할 것을 약정함으로써 성립하는 계약이다(제563조). 매매의 당사자는 매도인과 매수인이다. 그리고 이 매매의 객체인 재산권이 부동산에 관한 물권(예: 소유권)인 경우가 부동산매매이다.

2. 부동산매매의 성립

매매는—부동산매매도 마찬가지로—당사자 쌍방의 합의(의사표시의 일치)만 있으면 성립한다. 그리고 그 합의는 구두의 것이어도 무방하므로 반드시 서면으로 해야 할 필요가 없다. 다만 구두로만 체결한 경우에는 나중에 당사자 중 한쪽이 계약을 체결한 적이 없다거나 다른 쪽이 말하는 내용으로 체결한 적이 없다고 주장할 때에 증명을 하지 못해 보호되지 못할 가능성이 있다. 그래서 부동산매매의 경우 실제 사회에서는 서면으로 계약을 체결하는 것이 보통이다.

위에서 매매가 성립하려면 당사자 쌍방의 합의가 있어야 한다고 했는데, 그 합의는 우선 매매의 중요 부분인 매매의 객체와 대금에 관해 이루어져야 한다. 그에 비해 매매계약비용 · 채무의 이행시기 및 이행장소 등과 같이 덜 중요한 부분에 대해서는 합의가 없어도 상관없다. 그 사항들에 대해 합의가 없는 때에는 법률규정이나 해석에 의해 보충된다.

다음 페이지에 우리나라의 부동산중개업자들이 공통적으로 사용하는 부동산 매매계약서 서식을 소개한다(출처: 한국공인중개사협회 홈페이지).

3. 대리인에 의한 부동산매매계약 체결

우리 민법상 매매계약을 비롯한 계약은 반드시 계약을 체결하려는 자가 스스로 체결해야만 하는 것은 아니다. 그 자를 대신해 타인이 계약을 체결할 수도 있다. 그러한 제도를 대리라고 한다.

대리란 타인(대리인)이 본인의 이름으로 의사표시를 하거나 또는 의사표시를 받음으로써 그 법률효과가 직접 본인에게 생기는 제도이다. 예를 들어 갑(본인)이 을(대리인)에게 갑의 토지를 팔도록 한 경우에 그에 기초해 을이 병과 그 토지의 매매계약을 체결할 수 있으며, 그때 토지의 매매계약은 을과 병이 체결하지만 그 효과는 직접 갑과 병 사이에 생기게 된다.

이와 같은 대리가 유효하려면 대리인이 대리권을 가지고 있어야 한다. 그리고 대리인이 본인을 밝혀서, 즉 본인의 이름으로 계약을 체결해야 한다. 이러한 것을 현명(顯名)이라고 한다. 현명은 보통 본인이 누구인지를 쓰고 그 아래에 대리인을 표시하는 방식(예: 갑의 대리인 을)으로 하나, 반드시 그래야 하는 것은 아니다. 그리고 만약 대리인으로 행동하는 자에게

부동산 매매 계약서

매도인과 매수인 쌍방은 아래 표시 부동산에 관하여 다음 계약 내용과 같이 매매계약을 체결한다.

1. 부동산의 표시

소재지							
토지	지목		면적	㎡	대지권종류		대지권비율	
건물	구조		용도		면적	㎡

2. 계약내용

제1조 [목적] 위 부동산의 매매에 대하여 매도인과 매수인은 합의에 의하여 매매대금을 아래와 같이 지불하기로 한다.

매매대금	금 (₩)
계약금	금
중도금	금 은 년 월 일에 지불한다
잔금	금 은 년 월 일에 지불한다

제2조 [소유권 이전 등] 매도인은 매매대금의 잔금 수령과 동시에 매수인에게 소유권 이전등기에 필요한 모든 서류를 교부하고 등기절차에 협력 하여야 하며, 위 부동산의 인도일은 년 월 일 로 한다.

제3조 [제한물권 등의 소멸] 매도인은 위 부동산에 설정된 저당권, 지상권, 임차권 등 소유권의 행사를 제한하는 사유가 있거나 제세공과금 기타 부담금의 미납 등이 있을 때에는 잔금 수수일까지 그 권리의 하자 및 부담 등을 제거하여 완전한 소유권을 매수인에게 이전한다. 다만, 승계하기로 합의하는 권리 및 금액은 그러하지 아니하다.

제4조 [지방세 등] 위 부동산에 관하여 발생한 수익의 귀속과 제세공과금 등의 부담은 위 부동산의 인도일을 기준으로 하되, 지방세의 납부의무 및 납부책임은 지방세법의 규정에 의한다.

제5조 [계약의 해제] 매수인이 매도인에게 중도금(중도금이 없을때에는 잔금)을 지불하기전 까지 매도인은 계약금의 배액을 상환하고, 매수인은 계약금을 포기하고 본 계약을 해제할 수있다.

제6조 [채무불이행과 손해배상의 예정] 매도인 또는 매수인은 본 계약상의 내용에 대하여 불이행이 있을 경우, 그 상대방은 불이행 한 자에 대하여 서면으로 최고하고 계약을 해제할 수 있다. 그리고 계약 당사자는 계약해제에 따른 손해배상을 각각 상대방에게 청구할 수 있으며, 손해배상에 대하여 별도의 약정이 없는 한 계약금을 손해배상의 기준으로 본다.

제7조 [중개보수] 개업공인중개사는 매도인 또는 매수인의 본 계약 불이행에 대하여 책임을 지지 않는다. 또한 중개보수는 본 계약 체결에 따라 계약 당사자 쌍방이 각각 지불하며, 개업공인중개사의 고의나 과실없이 본 계약이 무효, 취소 또는 해제 되어도 중개보수는 지급한다. 공동중개인 경우에 매도인과 매수인은 자신이 중개 의뢰한 개업공인중개사에게 각각 중개보수를 지급한다.

제8조 [중개보수 외] 매도인 또는 매수인이 본 계약 이외의 업무를 의뢰한 경우, 이에 관한 보수는 중개보수와는 별도로 지급하며 그 금액은 합의에 의한다.

제9조 [중개대상물확인설명서교부 등] 개업공인중개사는 중개대상물확인설명서를 작성하고 업무보증관계증서 (공제증서 등) 사본을 첨부하여 거래당사자 쌍방에게 교부한다. (교부일자 : 년 월 일)

[특약사항]

본 계약을 증명하기 위하여 계약 당사자가 이의 없음을 확인하고 각각 서명 또는 날인한다. 년 월 일

매도인	주소					(인)
	주민등록번호		전화		성명	
매수인	주소					(인)
	주민등록번호		전화		성명	
개업공인중개사	사무소 소재지					
	사무소 명칭			대표자명	서명및날인	(인)
	전화번호		등록번호	소속공인중개사	서명및날인	(인)

KAR 한국공인중개사협회

대리권이 없는 경우에는 그가 체결한 계약의 효력이 본인에게 생기지 않는다(이때 본인이 인정(추인)하겠다고 해 효과를 받을 수는 있음. 제130조 참조). 한편 대리권은 있었지만 대리인이 현명을 하지 않고서 한 의사표시는 원칙적으로 대리인 자신을 위해 한 것으로 본다(제115조).

대리권은 법률에서 규정하고 있는 특수한 경우도 있다(예: 미성년자의 친권자. 제911조 참조). 그런데 일반인 사이에서는 본인이 대리인에게 대리권을 수여하는 행위, 즉 대리권 수여행위(수권행위)에 의해 대리권이 발생한다. 그러한 경우의 대리권을 임의대리권이라고 한다. 이 임의대리권은 보통 위임계약을 하면서 수여된다. 갑이 을에게 그의 집을 팔아달라고 위임하면서 매매에 관한 대리권을 수여하는 경우가 그렇다.

다음 페이지에 위임장의 예(특별히 정해진 양식이 없어서 저자가 만든 것임)와 인감증명서 서식을 소개한다. 본인이 대리인에게 대리권을 수여할 때에는 위임장에 필요사항을 기재하고 인감도장을 날인한 뒤 인감증명서를 첨부해 대리인에게 교부하게 된다.

앞에서 적은 바와 같이, 대리인이 본인을 대리하는 방법으로 부동산매매계약을 체결하는 경우에 대리인에게 대리권이 없으면 그 계약의 효력이 본인에게 생기지 않기 때문에, 타인의 대리인과 계약을 체결할 때에는 그 대리인에게 대리권이 있는지를 분명하게 확인해야 한다. 그리하여 대리권이 있는지가 의심스러운 때에는 계약을 체결하지 않는 것이 안전하다. 그리고 대리권이 있는 대리인과 계약을 체결할 때에도 대리인이 본인을 표시하는지를 유심히 살펴보아야 한다.

4. 계약금

계약금은 계약의 체결 시에(계약성립 후도 무방함) 당사자 한쪽이 상대방

위 임 장

(수임인) 성명:
주민등록번호:
주소:
전화번호:

위 사람을 수임인 겸 대리인으로 정하고 그에게 다음 사항을 위임합니다.

(위임사항) 아래 부동산에 관한 매매계약 체결 및 매매대금 수령
부동산의 표시:

(붙임) 인감증명서

OO년 O월 O일

(위임인) 주소:
주민등록번호:
전화번호:
성명: (인)

■ 인감증명법 시행령 [별지 제14호서식] <개정 2016. 7. 5.>

인감증명서 발급사실 확인용 번호	- -
신청인: (생년월일:), 담당자: (전화:)	

※ 이 용지는 위조식별표시가 되어 있음

주민등록번호	-	**인감증명서**	본인	대리인

성명 (한자)	( )	인감	
국적			
주소			

용도					
	매도용	[ ] 부동산 매수자, [ ] 자동차 매수자			
		성 명 (법인명)		주민등록번호 (법인등록번호)	-
		주 소 (법인·사업장 소재지)			
		위의 기재사항을 확인합니다. (발급신청자) (서명)			
	일반용				
비고					

1. **인감증명서 발급사실통보서비스를 신청하면 발급 사실을 휴대폰 문자로 즉시 통보받을 수 있습니다.**
2. 인감증명서 발급 신청인이 본인인 경우에는 본인란에, 대리인이 신청하는 경우에는 대리인란에 ○표시됩니다.
3. 주민등록번호란에는 미주민등록 재외국민의 경우 여권번호, 국내거소신고자의 경우에는 국내거소신고번호, 외국인의 경우에는 외국인등록번호를 기재하며, 주민등록번호가 있는 경우 그 아래에 ( )를 하고 주민등록번호를 기재할 수 있습니다.
4. 민원인이 요청하는 경우 주소이동사항을 포함하여 발급합니다.
5. 부동산 또는 자동차(「자동차관리법」 제5조에 따라 등록된 자동차를 말합니다) 매도용으로 인감증명서를 발급받으려면 매수자의 성명, 주민등록번호, 주소를 확인하고 서명하여야 합니다. 다만, 부동산 또는 자동차 매도용 외의 경우에는 "빈칸"으로 표시됩니다.
6. 용도의 일반용란은 '은행제출용', '○○은행의 대출용으로만 사용' 등 자유롭게 기재할 수 있습니다. 다만, 피한정후견인의 인감증명서를 발급하는 경우에는 담당 공무원이 신청인에게 구체적인 용도를 확인하여 직접 기재하여 발급하여야 합니다.
7. 매수자가 개인사업자인 경우 대표자의 성명, 주민등록번호를 작성하되, 주소는 사업장소재지를 기재합니다.
8. 미성년자, 피한정후견인, 피성년후견인의 표시와 미성년자의 법정대리인, 한정후견인, 성년후견인의 성명 및 주민등록번호의 기재는 비고란에 합니다.
   비고란은 개명한 사람인 경우 개명 전 성명 등 민원인 요청사항을 기재하면 됩니다.
9. 인감증명서의 발급사실은 전자민원창구(www.minwon.go.kr)를 통하여 「발급일, 인감증명 발급사실 확인용 번호, 주민등록번호, 발급기관」으로 확인할 수 있습니다.
10. 인감증명서와 동일한 효력이 있는 본인서명사실확인서는 미리 신고해야 하는 불편없이 전국 읍면사무소 및 동주민센터에서 바로 발급이 가능한 편리한 제도입니다.

발급번호		위 인감은 신고되어 있는 인감임을 증명합니다.

년 월 일

○○시·군·구·읍·면·동장 또는 출장소장 직인

발급기관 고유코드: 주소지 증명청: ○○○

210㎜×297㎜[특수용지(80g/㎡)]

에 대해 교부하는 금전 기타의 유가물(有價物)이다. 매매의 경우 계약금은 보통 매수인이 매도인에게 교부한다. 그리고 실제 사회에서 부동산매매를 하는 경우에는 매매대금의 10퍼센트 정도를 계약금으로 교부하는 때가 많다. 그러나 계약을 체결하면서 반드시 계약금을 교부해야 하는 것은 아니다. 계약금이 교부되지 않아도 계약이 성립하는 데는 지장이 없다.

계약금을 교부하면서 계약의 당사자가 계약금의 성질을 분명하게 약정할 수 있다. 그리하여 가령 계약금을 교부한 자가 채무를 이행하지 않으면 교부자는 계약금을 몰수당하고 교부받은 자가 채무를 이행하지 않으면 계약금의 배액(2배)을 상환해야 한다고 약정할 수도 있다(이것이 손해배상액의 예정으로서의 성질을 가지는 위약계약금 특약임). 당사자들이 그와 같이 약정했으면 그 약정이 유효하다.

그런데 민법은 계약금을 교부한 경우에는 특별한 약정이 없으면 당사자 한쪽이 이행에 착수할 때까지 교부자는 계약금을 포기하면서 계약을 해제할 수 있고 수령자는 그 배액을 상환하면서 계약을 해제할 수 있다고 규정한다(제565조 제1항). 이 경우의 계약금을 해약금이라고 한다. 계약이 해약금에 기초해 해제되면 계약은 처음부터 무효였던 것으로 된다. 다만 이 규정을 적용하지 않기로 약정한 때에는 이 규정이 적용되지 않으며(대판 2009. 4. 23, 2008다50615), 따라서 그러한 때에는 해약금을 이유로 계약을 해제하지는 못한다.

사례 1의 해결

〈사례 1〉의 경우에는 계약금을 교부하면서 특별히 약정을 한 것이 없다. 따라서 제565조 제1항에 따라 계약금이 해약금으로 인정(추정)되고, B가 자신이 교부한 계약금을 포기하면서 계약을 해제한 것은 유효하다.

5. 부동산매매의 효력

(1) 매도인의 재산권이전의무

매매계약이 성립하면 매도인은 매수인에게 매매의 목적이 된 재산권을 이전해야 할 의무가 있다(제568조 제1항). 매도인은 목적재산권 자체를 이전해야 하므로 권리 이전에 필요한 모든 요건을 갖추어주어야 한다. 즉 부동산을 매매하는 경우에는 등기도, 동산을 매매하는 경우에는 인도(점유의 이전)도 해야 한다.

그리고 목적재산권이 부동산을 점유하는 내용의 것일 때에는(예: 토지소유권), 그 부동산의 점유도 이전(인도)해야 한다. 본래 부동산소유권을 이전하는 경우에 부동산의 인도는 그 요건이 아니지만 매도인은 인도를 해줄 의무가 있는 것이다.

(2) 매도인의 담보책임

가령 갑이 을에게 특정 토지를 매도했는데 그 토지가 병에게 속해 이전해주지 못한 경우, 정이 무에게 한옥을 매도했는데 그 한옥의 대들보가 썩어 있는 경우에, 매수인인 을이나 무는 각각 매도인인 갑이나 정에게 일정한 책임을 물을 수 있어야 한다. 이와 같이 매매의 목적인 재산권(위 첫 번째 예의 경우) 또는 그 재산권의 객체인 물건(위 두 번째 예의 경우)에 하자(흠)가 있는 경우에 매도인이 매수인에 대해 지는 책임을 통틀어서 매도인의 담보책임이라고 한다.

민법은 제570조 내지 제584조에서 – 위에서 든 두 경우를 포함해 – 매도인의 담보책임을 규정하고 있다.

(3) 매수인의 대금지급의무

매수인은 대금지급의무를 부담한다(제568조 제1항). 대금의 지급시기 등은 보통 당사자의 특약에 의해 정해지는데, 특약이 없는 경우를 위해 민법은 보충규정을 두고 있다(제585조 이하 참조).

6. 부동산매수인이 부동산소유권을 취득하기 위한 요건

(1) 서설

부동산을 매수하는 사람은 해당 부동산의 소유권을 취득하기 위해 매매계약을 체결하고 이행한다. 그러면 그는 언제 부동산소유권을 취득하게 될까?

실제 사회에서 부동산이 매매되는 통상적인 사례를 들어 살펴보기로 한다. 갑은 자기 토지 위에 세워져 있는 단독주택을 소유하고 있다. 어느 해의 2월 15일 을은 갑과의 사이에, 을이 갑으로부터 갑의 토지와 그 토지 위의 주택을 2억 원에 사기로 하는 매매계약을 체결했다. 그러면서 계약 당일에 을은 갑에게 2,000만 원을 계약금으로 지급했다. 그리고 3월 15일에 을이 8,000만 원을 중도금으로 지급하기로 했고, 4월 15일에 을이 잔금 1억 원을 지급하면서 갑으로부터 갑의 토지 · 주택의 소유권이전등기에 필요한 모든 서류를 넘겨받고 아울러 집도 인도받기로 했다.

이러한 사례에서 갑과 을이 계약을 약정한 대로 모두 이행했다고 하자. 그렇다면 을은 ① 계약 당시, ② 중도금 지급 시, ③ 잔금을 지급하면서 등기서류를 받은 때, ④ 집을 인도받은 때 가운데 어느 하나의 시점에서 토지 · 주택의 소유권을 취득하게 되는가? 일반인들은 이 중 ④의 시점에 을이 소유권을 취득한다고 생각할 가능성이 있다. 사실 실질적으로는 그 시점에 을이 토지와 주택을 소유자처럼 사용할 수 있으니 그렇게 생각해도 무리가 아니다. 그러나 우리 법상 ④의 단계에서는「법적으로는」아직 을이 토지 · 주택의 소유권을 취득하지 못한다. 여기서 결론을 먼저 적는다면, 그 토지 · 주택에 관해 을 명의로 소유권이전등기까지 된 때에 갑으로부터 을로 소유권이 넘어가게 된다.

아래에서 우리의 법이 왜 그렇게 정하고 있는지, 그리고 그 구체적인 내용이 어떠한지를 설명하기로 한다.

(2) 물권과 공시(公示)

부동산매수인이 취득하려고 하는 권리는 부동산의 소유권인데 그것은 물권에 해당한다. 물권이란 물건(또는 그 밖의 객체)을 직접 지배해서 이익을 얻는 배타적인 권리이다. 물권은 물건을 직접 지배할 수 있는 권리이어서 다른 사람이 물권자의 지배를 방해하고 있으면 그 사람을 밀어내면서 물건을 이용할 수 있다(물론 법원에 청구해서 하는 것임). 그리고 물권은 배타성(排他性)이 있어서 서로 병존할 수 없는 내용의 권리가 동시에 둘 이상 성립할 수 없다. 그리하여 가령 하나의 토지 위에 두 사람의 완전한 소유권이 성립할 수 없는 것이다(공유는 1개의 소유권이 양적으로 나누어진 경우임).

이와 같이 물권은 효력이 강력하고 또 배타성도 있기 때문에, 누구에게 어떤 물권이 있는지를 일반인에게 널리 알려서(즉 공시해서) 물권을 취득하려는 사람에게 예측하지 못한 손해를 주지 않게 해야 할 필요가 있다. 가령 특정한 토지의 소유자가 갑이라고 공시해두면, 그 토지의 소유권을 취득하려는 을은 갑에게서 그 토지를 살 것이고, 그 토지의 소유자라고 사칭하는 엉뚱한 사람에게서 사지 않게 될 것이다.

이러한 목적으로 우리 법은 물권이 누구에게 속하는지, 그리고 그 내용이 무엇인지를 널리 일반에게 알리는 방법(즉 공시방법)을 마련해두고 있다. 그 공시방법으로 마련된 것이 부동산의 경우에는 등기제도이고, 동산의 경우에는 점유(물건에 대한 사실상의 지배) 내지 인도(점유의 이전)제도이다. 그 외에 판례에 의한 관습법상의 공시방법으로 전술한 명인방법이 있다(이 절의 II. 2. (1). 2). (나) 참조).

[권리의 분류]

법을 공법과 사법으로 구별하게 되면, 그 법에 기초해 발생하는 권리도 공법상의 권리 즉 공권과 사법상의 권리 즉 사권으로 나누어진다. 이들 중 이 책에서 주로 살펴보게 되는 사권은 여러 가지 표준에 의해서 종류를 나눌 수 있다. 그 가운데 가장 기본적인 것이 재산권과 비재산권의 분류이다. 권리(사권의 의미임)를 이 둘로 나눈다면, 재산권은 경제적 가치가 있는 이익을 누리는 것을 목적으로 하는 권리이고, 비재산권은 비경제적 이익을 누리는 것을 목적으로 하는 권리이다. 그리고 재산권에는 물권 · 채권 · 지식재산권이 있고(그 외에 사원권을 별도로 구분함), 비재산권에는 친족권(가족권) · 인격권이 있다(상속권이 재산권인지 가족권인지는 논란이 되고 있음).

- 권리(사권)
  - 재산권
    - 물권(예: 소유권 · 지상권 · 저당권)
    - 채권(예: 매도인의 대금지급채권, 임차권)
    - 지식재산권(예: 특허권 · 실용신안권 · 저작권)
  - 비재산권
    - 친족권(가족권)(예: 친권 · 후견권 · 부양청구권)
    - 인격권(예: 생명권 · 신체권 · 성명권 · 초상권)
  - 사원권(예: 사단법인의 사원의 권리, 주식회사의 주주의 권리)

(3) 물권취득(물권변동)의 요건으로서 공시방법 구비

우리 법에서는 매매나 증여와 같은 계약에 기초해 물건의 소유권을 취득하려고 할 경우에 그 요건을 어떻게 규정하고 있을까? 민법은 이 문제에 관해 부동산과 동산을 동일한 원리에 입각해서 규정하고 있다. 즉 계약에 기초해 물권을 취득하려면(취득 외에 상실 · 변경도 같음), 부동산의 경우에는 등기를 해야 하고(제186조), 동산의 경우에는 인도를 받아야 한다(제188조 제1항). 이러한 태도를 학문적으로는 성립요건주의(또는 형식주의)라고 부른다. 그 결과 가령 부동산매매계약이 모두 이행되어 매도인이 대금을 전부 지급받고 매수인이 등기신청에 필요한 서류를 모두 넘겨받았을 뿐만 아니라 그 부동산을 인도받았다고 하더라도, 그 부동산에 관해 매수인 명의로 등기를 하지 않았으면 매수인은 소유권을 취득하지 못하게 된다. 한편 부동산의 인도는 「부동산소유권 취득」의 요건은 아니다. 그 결과 등기를 하면 인도를 받지 않았어도 소유권을 취득하게 된다. 그러나 매도인은 마땅히 매수인에게 부동산을 인도해주어야 할 의무가 있다.

사례 2의 해결

〈사례 2〉의 경우에 C는 Y토지에 관해 자신의 명의로 등기를 하지 않았기 때문에 그 토지의 소유자가 아니다. 즉 그 경우에 Y토지의 소유자는 「법적으로는」 D인 것이다. 따라서 C는 D의 채권자인 E가 Y토지에 대해 강제집행을 하는 것을 막을 수 없다. 이와 같은 일이 생기지 않도록 부동산을 매수하는 때에는 즉시 소유권이전등기를 해야 한다.

(4) 등기나 점유를 믿고 매수한 자의 보호 가능성 문제

가령 등기부에 특정 토지에 관해 갑 앞으로 소유권등기가 되어 있어서 을이 그 등기를 믿고 갑으로부터 그 토지를 매수했는데 갑이 소유자가 아니었던 경우에 을이 보호되는가? 또 다른 예로 남의 시계를 빌려 쓰고 있는 병이 그 시계의 소유자인 줄 알고 정이 병으로부터 그 시계를 산 경우에 정이 보호되는가? 이 두 경우에 을과 정은 모두 공시방법인 토지의 등기나 시계의 점유를 믿고 거래한 사람이다. 이러한 예에서의 을 · 정과 같이 공시방법에 의해 공시된 내용을 믿고 거래한 자가 있는 경우에, 그 공시방법이 진실한 권리관계와 일치하고 있지 않더라도 그 사람의 신뢰(믿음)를 보호해야 한다는 것이 공신(公信)의 원칙이다. 따라서 만약 부동산 · 동산거래에 관해 공신의 원칙이 인정되고 있으면, 을과 정은 토지나 시계의 소유권을 취득하게 된다.

그런데 우리 민법은 공신의 원칙을 부동산거래에 관해서는 인정하지 않으며, 동산거래에 관해서만 인정하고 있다(제249조 참조). 따라서 위의 예에서 을은 토지의 소유권을 취득하지 못한다. 그에 비해 정은 시계의 소유권을 취득하게 된다(무과실과 같은 제249조가 정하는 다른 요건도 갖추어야 함).

사례 3의 해결

〈사례 3〉의 경우 G가 등기서류를 위조해 자신의 명의로 등기했더라도 그 등기는 무효이다. 그리고 H가 G의 소유권등기를 믿고 G로부터 Z임야를 매수해 등기까지 마쳤더라도—우리 법상 부동산거래에는 공신의 원칙이 인정되지 않아서—H는 Z임야의 소유권을 취득하지 못한다. 그 경우 Z임야는 여전히 본래의 소유자인 F의 소유에 속하는 것이다. 따라서 F가 G에게 등기말소를 청구한 것은 정당하고, G는 등기를 말소해야 한다.

여기서 등기부에 소유자로 등기되어 있는 사람과 계약을 체결하면 안전하다고 생각해서는 안 됨을 알 수 있다. 등기명의인이 실제로 소유권을 가지고 있는지를 가능한 한 여러 방법으로 확인해보아야 하는 것이다.

IV 부동산등기

"교수님! 부동산등기가 무엇인가요? 그리고 등기부는 어떤 항목으로 구성되어 있고, 등기는 어떤 절차를 거쳐 하게 되나요? 또 등기부를 열람하려면 어떻게 해야 하는지 설명해주시겠어요?"

사례

A는 B로부터 X토지를 매수하는 계약을 체결했다. 그런데 A는 자신이 외부에 노출되지 않게 하기 위해 그 토지의 등기는 누나인 C 이름으로 하기로 C와 합의했고, 그 사실을 B에게 알렸다. 그 뒤 B는 A의 요청에 따라 C의 이름으로 등기를 할 수 있도록 등기서류를 만들어주었다. 그리고 그 서류를 제출해 X토지에 관해 C의 이름으로 소유권이전등기가 되었다. 이 경우에 A가 X토지의 소유권을 취득하는가?

1. 서설

앞에서 부동산매매에 의해 부동산의 소유권을 취득하려면 매수인 이름으로 등기를 해야 한다고 했다. 여기서는 그러한 부동산등기에 관해 의의, 종류, 절차, 효력과 등기부의 구성 · 열람 등을 설명하려고 한다. 그런데 기술 순서는 먼저 부동산등기의 의의를 적고, 그 뒤에 부동산등기부에 관해 기술하고자 한다. 그리고 나서 부동산등기의 종류와 절차, 효력에 대해 설명할 것이다.

2. 부동산등기의 의의

부동산등기(이하 등기라 함)란 부동산등기부라고 하는 공적 기록에 부동산에 관한 권리관계와 부동산의 표시에 관한 사항을 기록하는 것을 말한다. 등기사무는 부동산 소재지를 관할하는 지방법원, 그 지원 또는 등기소가 담당한다(부동산등기법(이하 부등법이라 함) 제7조).

[2011년의 부동산등기법의 개정]

2011년 4월 12일 부동산등기법이 전면적으로 개정되었다. 이는 무엇보다도 오랫동안 벌여온 부동산등기부 전산화사업이 완료되어 종이등기부를 전제로 한 종래의 규정을 정비할 필요가 있었기 때문이다.

이 개정에서 종이등기부를 전제로 한 용어인 등기용지 · 기재라는 용어를 등기기록 · 기록으로 바꾸었고, 「날인」은 삭제했다.

3. 부동산등기부

(1) 의의와 종류

부동산등기부(이하 등기부라 함)는 부동산에 관한 권리관계와 부동산의 표시(모습)에 관한 사항을 기재하는 공적 기록이다. 그리고 그 종류로는 토지등기부와 건물등기부의 두 가지가 있다(부등법 제14조 제1항).

(2) 등기부의 편성방법

등기부에는 1필의 토지 또는 1동의 건물에 대해 1개의 등기기록(과거의 등기용지에 해당함)을 사용한다(부등법 제15조 제1항 본문). 이를 물적(物的) 편성주의 또는 「1부동산 1등기기록」의 원칙이라고 한다.

(3) 등기부의 구성

등기기록은 표제부 · 갑구 · 을구로 이루어져 있다(부동산등기규칙(이하 부등규칙이라 함) 제13조 · 제14조 참조). 그런데 그것 외에 부동산 고유번호도 부여된다. 그런가 하면 각 등기기록에는 해당 부동산의 소재지가 기록되어 있다.

1) 부동산 고유번호

등기기록을 개설할 때에는 1필의 토지 또는 1개의 건물마다, 그리고 구분건물(1동의 건물을 여러 부분으로 나누어 각 부분을 따로 소유하는, 즉 구분소유하는 건물)에 대해서는 전유부분(이는 구분소유권의 목적인 건물부분임. 그 외의 건물부분은 공용부분임)마다 부동산 고유번호를 부여하고 그것을 등기기록에 기록해야 한다(부등규칙 제12조 제1항 · 제2항).

2) 표제부

표제부는 토지나 건물의 표시와 그 변경에 관한 사항을 기록하는 곳이다. 이곳을 보면 해당 부동산이 가령 토지인지 임야인지, 그 면적이 어떻게 되는지 등을 알 수 있다.

표제부의 모습은 그것이 토지 · 건물 · 구분건물 중 어느 것의 표제부인지에 따라 차이가 있다.

표제부에는 표시번호란이 있는데, 거기에는 표제부에 등기한 순서를 적는다.

3) 갑구

갑구는 소유권에 관한 사항을 기록하는 곳이며, 순위번호란, 등기목적란, 접수란, 등기원인란, 권리자 및 기타사항란으로 이루어져 있다(부등규칙 제13조 제2항). 갑구의 순위번호란에는 갑구에 등기한 순서를 적는다.

4) 을구

을구는 소유권 이외의 권리, 가령 지상권 · 저당권 · 부동산임차권 등에 관한 사항을 기록하는 곳이며, 을구도 갑구와 마찬가지로 순위번호란, 등기목적란, 접수란, 등기원인란, 권리자 및 기타사항란으로 이루어져 있다(부등규칙 제13조 제2항). 그리고 을구의 순위번호란에는 을구에 등기한 순서를 적는다. 물권의 효력은 강력한데 그 권리는 원칙적으로 먼저 성립한 것이 우선하므로(가령 저당권이 여럿 있는 경우 순위는 등기 순서에 따름), 어느 물권이 먼저 성립했는지, 그리하여 어느 물권의 순위번호가 더 앞서는지가 중요하게 된다.

(4) 등기부의 열람과 등기사항증명서의 발급

사람들은 누구든지 수수료를 내고 등기기록에 기록되어 있는 사항의 전부 또는 일부를 열람할 수 있고 또 그것을 증명할 수 있는 등기사항증명서(과거의 등기부등본에 해당함)의 발급을 청구할 수 있다(부등법 제19조 제1항 본문). 그리고 이러한 등기기록의 열람 및 등기사항증명서의 발급 청구는 관할등기소가 아닌 등기소에서도 할 수 있다(부등법 제19조 제2항). 만약 대리인이 열람을 신청할 때에는 대리권한을 증명하는 서면을 첨부해야 한다(부등규칙 제26조 제2항).

한편 등기기록의 열람이나 등기사항증명서의 발급은 대법원 홈페이지 인터넷등기소에서 인터넷으로도 할 수 있다(부등규칙 제28조). 그리고 무인발급기가 설치되어 있는 경우에는 무인발급기에서 등기사항증명서를 발급받을 수도 있다(부등규칙 제27조).

이해를 돕기 위해 다음 페이지에 부동산의 등기사항증명서 견본을 싣기로 한다. 그 증명서는 각각 토지, 건물, 집합건물에 관한 것이다. 그리고 그 부동산은 실제로 존재하는 것이나, 구체적인 기재사항은 실제와 비슷하게 인위적으로 만든 것이다.

등기사항전부증명서(말소사항 포함) - 토지

[토지] 서울특별시 서대문구 북아현동 1-824 고유번호 1145-1996-023115

【 표 제 부 】 (토지의 표시)					
표시번호	접 수	소 재 지 번	지목	면 적	등기원인 및 기타사항
1 (전3)	2000년 10월 24일	서울특별시 서대문구 북아현동 1-824	대	278㎡	부동산등기법 제177조의6 제1항의 규정에 의하여 2001년 10월 16일 전산이기

【 갑 구 】 (소유권에 관한 사항)				
순위번호	등 기 목 적	접 수	등 기 원 인	권 리 자 및 기 타 사 항
1 (전2)	소유권이전	2001년1월18일 제1978호	2000년12월28일 매매	소유자 김이화 700503-******* 서울특별시 서대문구 대현동 11-1
2	소유권이전청구권 가등기	20012년7월12일 제8500호	2012년7월10일 매매예약	가등기권자 이선미 641015-******* 서울특별시 서초구 강남대로 121 (서초동)

문서 하단의 바코드를 스캐너로 확인하거나, **인터넷등기소(http://www.iros.go.kr)의 발급확인 메뉴**에서 **발급확인번호**를 입력하여 **위·변조 여부를 확인할 수 있습니다. 발급확인번호**를 통한 확인은 발행일부터 3개월까지 5회에 한하여 가능합니다.

발행번호 123456789A123456789B123456789C123456789D123456789 1/2

발급확인번호 ABCD-0000-ABCD 발행일 2019/07/12

대법원

[토지] 서울특별시 서대문구 북아현동 1-824 고유번호 1145-1996-023115

【 을 구 】				(소유권 이외의 권리에 관한 사항)
순위번호	등 기 목 적	접 수	등 기 원 인	권 리 자 및 기 타 사 항
1	근저당권설정	2012년8월25일 제8972호	2012년8월24일 설정계약	채권최고액 금60,000,000원 채무자 강일남 서울특별시 종로구 율곡로 216(원서동) 근저당권자 중소기업은행 110135-0000903 서울특별시 중구 을지로 79(을지로2가) 공동담보 건물 서울특별시 서대문구 북아현동 1-824

-- 이 하 여 백 --

수수료 000원 영수함

관할등기소 서울서부지방법원 서대문등기소 / 발행등기소 서울서부지방법원 서대문등기소

이 증명서는 등기기록의 내용과 틀림없음을 증명합니다.

서기 2015년 8월 7일

법원행정처 등기정보중앙관리소

전산운영책임관

* 실선으로 그어진 부분은 말소사항을 표시함.

문서 하단의 바코드를 스캐너로 확인하거나, **인터넷등기소(http://www.iros.go.kr)의 발급확인 메뉴**에서 **발급확인번호**를 입력하여 **위·변조 여부를 확인할 수 있습니다. 발급확인번호**를 통한 확인은 발행일부터 3개월까지 5회에 한하여 가능합니다.

발행번호 123456789A123456789B123456789C123456789D123456789

발급확인번호 ABCD-0000-ABCD 발행일 2019/07/12

대법원

등기사항전부증명서(말소사항 포함) - 건물

[건물] 서울특별시 서대문구 북아현동 1-824　　　　고유번호 1145-1996-023116

【 표 제 부 】	(토지의 표시)			
표시번호	접 수	소 재 지 번	건 물 내 역	등기원인 및 기타사항
1 (전1)	2000년 10월 24일	서울특별시 서대문구 북아현동 1-824	석조및연와조 도단지붕 3층 주택지1 111.47㎡ 1층 160.03㎡ 2층 161.98㎡	부동산등기법 제177조의6 제1항의 규정에 의하여 2001년 10월 16일 전산이기

【 갑 구 】	(소유권에 관한 사항)			
순위번호	등 기 목 적	접 수	등 기 원 인	권 리 자 및 기 타 사 항
1 (전2)	소유권이전	2001년1월18일 제1978호	2000년12월28일 매매	소유자 김이화 700503-******* 서울특별시 서대문구 대현동 11-1
2	소유권이전 청구권가등기	20012년7월12일 제8500호	2012년7월10일 매매예약	가등기권자 이선미 641015-******* 서울특별시 서초구 강남대로 121 (서초동)

문서 하단의 바코드를 스캐너로 확인하거나, **인터넷등기소(http://www.iros.go.kr)의 발급확인 메뉴**에서 **발급확인번호**를 입력하여 **위·변조 여부를 확인할 수 있습니다. 발급확인번호**를 통한 확인은 발행일부터 3개월까지 5회에 한하여 가능합니다.

발행번호 123456789A123456789B123456789C123456789D123456789　　　　1/2

발급확인번호 ABCD-0000-ABCD　　　　발행일 2019/07/12

대법원

[건물] 서울특별시 서대문구 북아현동 1-824 고유번호 1145-1996-023116

【 을 구 】 (소유권 이외의 권리에 관한 사항)				
순위번호	등기목적	접수	등기원인	권리자 및 기타사항
1	근저당권설정	2012년8월25일 제8972호	2012년8월24일 설정계약	채권최고액 금60,000,000원 채무자 강일남 서울특별시 종로구 율곡로 216(원서동) 근저당권자 중소기업은행 110135-0000903 서울특별시 중구 을지로 79(을지로2가) 공동담보 토지 서울특별시 서대문구 북아현동 1-824

-- 이 하 여 백 --

수수료 000원 영수함

관할등기소 서울서부지방법원 서대문등기소 / 발행등기소 서울서부지방법원 서대문등기소

이 증명서는 등기기록의 내용과 틀림없음을 증명합니다.

서기 2015년 8월 7일

법원행정처 등기정보중앙관리소

전산운영책임관 등기정보중앙관리소전산운영책임관인

* 실선으로 그어진 부분은 말소사항을 표시함.

문서 하단의 바코드를 스캐너로 확인하거나, **인터넷등기소**(http://www.iros.go.kr)의 **발급확인메뉴**에서 **발급확인번호**를 입력하여 **위·변조 여부를 확인할 수 있습니다. 발급확인번호**를 통한 확인은 발행일부터 3개월까지 5회에 한하여 가능합니다.

발행번호 123456789A123456789B123456789C123456789D123456789

발급확인번호 ABCD-0000-ABCD

발행일 2019/07/12

대법원

등기사항전부증명서(말소사항 포함) - 집합건물

[집합건물] 서울특별시 서대문구 북아현동 1-1153 외 1필지 이화아파트 제203동 제1층 제101호

고유번호 1145-2012-037450

【 표 제 부 】 (1동의 건물의 표시)

표시번호	접 수	소재지번,건물명칭 및 번호	건 물 내 역	등기원인 및 기타사항
1	2012년 11월 12일	서울특별시 서대문구 북아현동 1-1153, 1-1154 제203동 [도로명주소] 서울특별시 서대문구 이화여대길 53	5층아파트 철근콘크리트조 슬래브지붕 1층 2,000㎡ 2층 2,000㎡ 3층 2,000㎡ 4층 2,000㎡ 5층 2,000㎡ 옥탑 100㎡	도면 제2012-121호

(대지권의 목적인 토지의 표시)

표시번호	소재지번	지목	면 적	등기원인 및 기타사항
1	1. 서울특별시 서대문구 북아현동 1-1153 2. 서울특별시 서대문구 북아현동 1-1154	대 대	27000㎡ 3000㎡	2012년 11월 12일 등기

문서 하단의 바코드를 스캐너로 확인하거나, **인터넷등기소(http://www.iros.go.kr)의 발급확인 메뉴**에서 **발급확인번호**를 입력하여 **위·변조 여부를 확인할 수 있습니다. 발급확인번호**를 통한 확인은 발행일부터 3개월까지 5회에 한하여 가능합니다.

발행번호 123456789A123456789B123456789C123456789D123456789 1/3

발급확인번호 ABCD-0000-ABCD 발행일 2019/07/12

대법원

[집합건물] 서울특별시 서대문구 북아현동 1-1153 외 1필지 이화아파트 제203동 제1층 제101호

고유번호 1145-2012-037450

【 표 제 부 】 (전유부분의 건물의 표시)				
표시번호	접 수	건물번호	건물내역	등기원인 및 기타사항
1	2012년11월12일	제1층 제101호	철근콘크리트조 87㎡	도면 제2012-121호

(대지권의 표시)			
표시번호	대지권의 종류	대지권의 비율	등기원인 및 기타사항
1	1. 2 소유권대지권	30000분의 35.234	2012년10월22일 대지권 2012년11월12일 등기

【 갑 구 】 (소유권에 관한 사항)				
순위번호	등기목적	접 수	등 기 원 인	권 리 자 및 기 타 사 항
1	소유권 보존	2012년11월12일 제54321호		소유자 현대건설주식회사 110111-0007909 서울특별시 종로구 율곡로 75(계동)
2	소유권 이전	2012년12월3일 제63155호	2012년11월2일 매매	소유자 김이화 700503-******* 서울특별시 서대문구 이화여대길 53 매매목록 제2012-312호
3	가압류	2013년7월5일 제25776호	2013년7월1일 서울서부지방법원의 가압류결정(2013카단123)	청구금액 금 50,000,000원 채권자 홍길동 360317-******* 서울특별시 서초구 강남대로 21(서초동)

[집합건물] 서울특별시 서대문구 북아현동 1-1153 외 1필지 이화아파트 제203동 제1층 제101호

고유번호 1145-2012-037450

【 을 구 】		(소유권 이외의 권리에 관한 사항)		
순위번호	등기목적	접 수	등기원인	권리자 및 기타사항
1	전세권설정	2013년6월3일 제21391호	2013년6월1일 설정계약	전세금 금350,000,000원 범위 건물 전부 존속기간 2013년6월3일부터 2015년6월2일까지 전세권자 이수일 750815-******* 서울특별시 종로구 창덕궁길 123(계동)
1-1				1번등기는 건물만에 관한 것임 2013년6월3일 부기

-- 이 하 여 백 --

수수료 000원 영수함

관할등기소 서울서부지방법원 서대문등기소 / 발행등기소 서울서부지방법원 서대문등기소

이 증명서는 등기기록의 내용과 틀림없음을 증명합니다.

서기 0000년 00월 00일

법원행정처 등기정보중앙관리소

전산운영책임관

* 실선으로 그어진 부분은 말소사항을 표시함.

문서 하단의 바코드를 스캐너로 확인하거나, **인터넷등기소(http://www.iros.go.kr)의 발급확인 메뉴**에서 **발급확인번호**를 입력하여 **위·변조 여부를 확인할 수 있습니다. 발급확인번호**를 통한 확인은 발행일부터 3개월까지 5회에 한하여 가능합니다.

발행번호 123456789A123456789B123456789C123456789D123456789

발급확인번호 ABCD-0000-ABCD

발행일 2019/07/12

대법원

4. 등기의 종류

등기는 여러 가지 표준에 의해 종류를 나눌 수 있는데, 여기서는 중요한 두 가지만 설명하기로 한다.

(1) 보존등기와 권리변동의 등기

보존등기(保存登記)는 등기가 되어 있지 않은 부동산(미등기의 부동산. 예: 토지를 매립하거나 건물이 신축된 경우에 매립된 토지나 신축된 건물)에 관해 그 소유자의 신청으로 맨 처음 행해지는 소유권의 등기이다. 보존등기가 신청되면 등기기록이 새로 마련되어 표제부에 표시의 등기를 하고 갑구에 소유권자의 등기를 한다. 그리고 그 후의 그 부동산에 관한 등기는 모두 이 보존등기를 기초로 행해진다.

권리변동의 등기는 보존등기를 기초로 해서 그 후에 행해지는 권리변동(예: 소유권이전 · 저당권설정)에 관한 등기이다.

(2) 종국등기(본등기)와 가등기

종국등기는 등기의 본래의 효력, 즉 물권변동의 효력을 발생하게 하는 등기이며, 보통의 등기는 종국등기이다. 종국등기는 가등기(假登記)에 대해 본등기(本登記)라고도 한다.

가등기는 부동산 물권변동(권리의 발생 · 변경 · 소멸을 통틀어서 변동이라 함)을 목적으로 하는 청구권을 보전(保全)하기 위해 인정되는 등기이다. 예를 들면 갑이 을로부터 X토지를 장차 사기로 예약을 한 경우에 갑은 장차 가지게 될 X토지의 소유권이전청구권을 지키기 위해 가등기를 할 수 있는 것이다.

5. 등기의 절차

등기는 원칙적으로 당사자의 신청 또는 관공서의 촉탁에 의해서만 할 수 있고, 그 밖에는 법률의 규정이 있는 때에만 할 수 있다(부등법 제22조 제1항). 이들 가운데 당사자의 신청에 의한 경우만을 살펴보기로 한다.

(1) 공동신청의 원칙

등기의 신청은 등기권리자와 등기의무자가 공동으로 하는 것이 원칙이다(부등법 제23조 제1항). 여기서 등기권리자란 신청된 등기가 행해짐으로써 권리를 취득하게 되는 자이고, 등기의무자는 등기가 행해짐으로써 권리를 상실하게 되는 자이다. 부동산매수인이 전자의 예이고, 부동산매도인이 후자의 예이다. 따라서 부동산매매를 원인으로 소유권이전등기를 할 때에는 매도인과 매수인이 공동으로 신청해야 한다. 그런데 실제 사회에서는 보통 매도인이 등기에 필요한 모든 서류를 매수인에게 주어서 매수인이 신청하거나, 제3자(가령 변호사나 법무사)가 매도인과 매수인 쌍방을 대리해 그가 혼자서 등기를 신청하고 있다(이들의 경우도 공동신청주의에 따른 것임).

(2) 단독신청이 인정되는 경우

미등기 부동산의 소유권보존등기, 판결에 의한 등기 등은 예외적으로 등기권리자가 단독으로 등기를 신청할 수 있다.

(3) 부동산매매의 경우 등기신청의 강제

「부동산등기 특별조치법」은 부동산매매계약을 체결한 자에 대해서는 일정한 기간 내에 등기신청을 하도록 강제하고 있다(같은 법 제2조). 그에 따르면, 매수인이 잔금을 지급한 날부터 60일 이내에 소유권이전등기를 신청해야 한다(같은 법 제2조 제1항).

(4) 대리인에 의한 신청

등기신청은 등기권리자 · 등기의무자의 대리인에 의해서도 할 수 있다(부등법 제24조). 그때에는 당사자 한쪽이 다른 쪽을 대리하는 것(이른바 자기계약)도 허용되고, 또 제3자가 양 당사자를 대리하는 것(쌍방대리)도 허용된다(제124조 참조). 그리하여 실제 사회에서는 법무사나 변호사가 양 당사자를 대리해 신청하는 경우가 많다.

(5) 등기신청의 방법

1) 두 가지 방법

등기는 다음 두 가지 중 어느 하나의 방법으로 신청한다.

하나는 방문신청으로, 신청인 또는 그 대리인이 등기소에 출석해 신청정보 및 첨부정보를 적은 서면을 제출하는 방법이다(부등법 제24조 제1항 제1호).

다른 하나는 전자신청으로, 대법원규칙이 정하는 바에 따라 전산정보처리조직을 이용해 신청정보 및 첨부정보를 보내는 방법이다(부등법 제24조 제1항 제2호). 그런데 이 방법으로 할 수 있는 것은 법원행정처장이 지정하는 등기 유형에 한정된다.

2) 신청정보 및 첨부정보

등기신청인이 제공해야 하는 신청정보 및 첨부정보는 대법원규칙, 즉 부동산등기규칙이 정한다(부등법 제24조 제2항). 그에 따르면, 이들 두 정보의 내용은 방문신청이나 전자신청이나 동일하며, 단지 정보를 제공하는 방식에서 차이가 있을 뿐이다.

3) 첨부정보 중 특별한 사항

등기를 신청할 때 제공해야 하는 첨부정보 가운데 특별한 것 두 가지를 설명하기로 한다.

(가) 등기원인을 증명하는 정보 먼저 등기원인을 증명하는 정보가 있다(부등규칙 제46조 제1항 제1호). 여기서 등기원인이란 등기를 정당화하는 법률상의 원인이다. 그리고 그러한 등기원인을 증명하는 정보가 등기신청 시에 제출해야 하는 「등기원인을 증명하는 정보」이다. 예를 들면 매매·증여에 의한 소유권이전등기를 신청하는 경우에는 매매계약서·증여계약서, 저당권설정등기의 경우에는 저당권설정계약서 또는 저당권부(抵當權附) 소비대차계약서가 그에 해당한다.

다만 「부동산등기 특별조치법」에 의하면, 「계약을 원인으로 소유권이전등기를 신청할 때」에는 일정한 사항(같은 법 제3조 제1항 참조)이 기재된 계약서에 검인신청인을 표시해 부동산 소재지를 관할하는 시장·구청장·군수 등의 검인(檢印)을 받아서 제출해야 한다(같은 법 제3조). 이것이 이른바 검인계약서제도이다. 그런데 2005년에 부동산거래 신고제도가 신설되어 부동산매매계약을 원인으로 소유권이전등기를 신청할 때에는 검인계약서가 아니고 부동산매매계약서가 등기원인증명정보로 된다. 그러나 매매계약 이외의 경우(예: 증여계약)에는 여전히 검인계약서가 등기원인증명정보이다.

[부동산거래 신고제도]

「부동산거래신고 등에 관한 법률」에 의하면, 토지·건축물 등의 부동산 또는 부동산을 취득할 수 있는 권리(분양을 받은 자의 지위, 즉 수분양권)에 관한 매매계약을 체결한 경우 부동산 등의 실제 매매가격 등을 거래계약의 체결일부터 30일 이내에 그 부동산 소재지의 시장·군수·구청장에게 공동으로 신고해야 한다(같은 법 제3조 제1항 본문). 만약 거래당사자 중 일방이 신고를 거부하는 경우에는 단독으로 신고할 수 있다(같은 법 제3조 제2항). 그런데 개업공인중개사가 거래계약서를 작성·교부한 경우에는 해당 개업공인중개사가 신고해야 한다(같은 법 제3조 제3항). 그리고 거래신고를 받은 등록관청은 그 신고 내용을 확인한 후 신고인에게 신고필증을 지체 없이 발급해야 한다(같은 법 제3조 제5항). 한편 부동산 등의 매수인은 신고인이 신고필증을 발급받은 때에 「부동산등기 특별조치법」 제3조 제1항에 따른 검인을 받은 것으로 본다(같은 법 제3조 제6항).

다음 페이지에 부동산거래계약 신고서와 부동산거래계약 신고필증을 소개한다(「부동산거래신고 등에 관한 법률 시행규칙」 별지 제1호, 제2호 서식).

(나) 등기의무자의 등기필(登記畢)정보 등기관이 새로운 권리에 관한 등기를 마쳤을 때에는–일정한 경우(부등법 제50조 제1항 제1호-제3호 참조)를 제외하고는–등기필정보를 작성해 통지하도록 되어 있다(부등법 제50조 제1항). 그런데 등기권리자와 등기의무자가 공동으로 권리에 관한 등기를 신청하는 경우에 신청인은 그 신청정보와 함께 위의 규정에 따라 통지받은 등기의무자의 등기필정보를 등기소에 제공해야 한다(부등법 제50조 제2항 제1문).

등기신청을 위해 등기의무자의 등기필정보를 등기소에 제공해야 하는 경우에 그 등기필정보가 없는 때에는(등기필정보 서면이 멸실된 경우뿐만 아니라 분실된 경우도 포함함) 등기의무자 또는 그 법정대리인이 원칙적으로 등기소에 출석해 등기의무자(또는 그 법정대리인)임을 확인받아야 한다(부등법 제51조 본문. 예외에 관해서는 제51조 단서 참조).

■ 부동산 거래신고 등에 관한 법률 시행규칙 [별지 제1호서식] <개정 2022. 2. 28.>

부동산거래관리시스템(rtms.molit.go.kr)에서도 신청할 수 있습니다.

부동산거래계약 신고서

※ 뒤쪽의 유의사항・작성방법을 읽고 작성하시기 바라며, [ ]에는 해당하는 곳에 √표를 합니다. (앞쪽)

접수번호	접수일시	처리기간	지체없이

① 매도인	성명(법인명)	주민등록번호(법인・외국인등록번호)	국적
	주소(법인소재지)		거래지분 비율 (분의)
	전화번호	휴대전화번호	
② 매수인	성명(법인명)	주민등록번호(법인・외국인등록번호)	국적
	주소(법인소재지)		거래지분 비율 (분의)
	전화번호	휴대전화번호	
	③ 법인신고서등	[ ]제출 [ ]별도 제출 [ ]해당 없음	
	외국인의 부동산등 매수용도	[ ]주거용(아파트) [ ]주거용(단독주택) [ ]주거용(그 밖의 주택) [ ]레저용 [ ]상업용 [ ]공업용 [ ]그 밖의 용도	
개업 공인중개사	성명(법인명)	주민등록번호(법인・외국인등록번호)	
	전화번호	휴대전화번호	
	상호	등록번호	
	사무소 소재지		

거래대상	종류	④ [ ]토지 [ ]건축물 ( ) [ ]토지 및 건축물 ( )		
		⑤ [ ]공급계약 [ ]전매	[ ]분양권 [ ]입주권	[ ]준공 전 [ ]준공 후 [ ]임대주택 분양전환
	⑥ 소재지/지목/면적	소재지		
		지목	토지면적 ㎡	토지 거래지분 (분의)
		대지권비율 (분의)	건축물면적 ㎡	건축물 거래지분 (분의)
	⑦ 계약대상 면적	토지 ㎡	건축물 ㎡	
	⑧ 물건별 거래가격	원		
		공급계약 또는 전매 / 분양가격 원	발코니 확장 등 선택비용 원	추가 지급액 등 원
⑨ 총 실제 거래가격 (전체)	합계 원	계약금 원	계약 체결일	
		중도금 원	중도금 지급일	
		잔금 원	잔금 지급일	
⑩ 종전 부동산	소재지/지목/면적	소재지		
		지목	토지면적 ㎡	토지 거래지분 (분의)
		대지권비율 (분의)	건축물면적 ㎡	건축물 거래지분 (분의)
	계약대상 면적	토지 ㎡	건축물 ㎡	건축물 유형( )
	거래금액	합계 원	추가 지급액 등 원	권리가격 원
		계약금 원	중도금 원	잔금 원
⑪ 계약의 조건 및 참고사항				

「부동산 거래신고 등에 관한 법률」 제3조제1항부터 제4항까지 및 같은 법 시행규칙 제2조제1항부터 제4항까지의 규정에 따라 위와 같이 부동산거래계약 내용을 신고합니다.

년 월 일

신고인
매도인 : (서명 또는 인)
매수인 : (서명 또는 인)
개업공인중개사 : (서명 또는 인)
(개업공인중개사 중개 시)

시장・군수・구청장 귀하

210mm×297mm[백상지(80g/㎡) 또는 중질지(80g/㎡)]

(뒤쪽)

첨부서류	1. 부동산 거래계약서 사본(「부동산 거래신고 등에 관한 법률」 제3조제2항 또는 제4항에 따라 단독으로 부동산거래의 신고를 하는 경우에만 해당합니다) 2. 단독신고사유서(「부동산 거래신고 등에 관한 법률」 제3조제2항 또는 제4항에 따라 단독으로 부동산거래의 신고를 하는 경우에만 해당합니다)

유의사항

1. 「부동산 거래신고 등에 관한 법률」 제3조 및 같은 법 시행령 제3조의 실제 거래가격은 매수인이 매수한 부동산을 양도하는 경우 「소득세법」 제97조제1항·제7항 및 같은 법 시행령 제163조제11항제2호에 따라 취득 당시의 실제 거래가격으로 보아 양도차익이 계산될 수 있음을 유의하시기 바랍니다.
2. 거래당사자 간 직접거래의 경우에는 공동으로 신고서에 서명 또는 날인을 하여 거래당사자 중 일방이 신고서를 제출하고, 중개거래의 경우에는 개업공인중개사가 신고서를 제출해야 하며, 거래당사자 중 일방이 국가 및 지자체, 공공기관인 경우(국가등)에는 국가등이 신고해야 합니다.
3. 부동산거래계약 내용을 기간 내에 신고하지 않거나, 거짓으로 신고하는 경우 「부동산 거래신고 등에 관한 법률」 제28조제1항 부터 제3항까지의 규정에 따라 과태료가 부과되며, 신고한 계약이 해제, 무효 또는 취소가 된 경우 거래당사자는 해제 등이 확정된 날로부터 30일 이내에 같은 법 제3조의2에 따라 신고를 해야 합니다.
4. 담당 공무원은 「부동산 거래신고 등에 관한 법률」 제6조에 따라 거래당사자 또는 개업공인중개사에게 거래계약서, 거래대금지급 증명 자료 등 관련 자료의 제출을 요구할 수 있으며, 이 경우 자료를 제출하지 않거나, 거짓으로 자료를 제출하거나, 그 밖의 필요한 조치를 이행하지 않으면 같은 법 제28조제1항 또는 제2항에 따라 과태료가 부과됩니다.
5. 거래대상의 종류가 공급계약(분양) 또는 전매계약(분양권, 입주권)인 경우 ⑧ 물건별 거래가격 및 ⑨ 총 실제거래가격에 부가가치세를 포함한 금액을 적고, 그 외의 거래대상의 경우 부가가치세를 제외한 금액을 적습니다.

작성방법

1. ①·② 거래당사자가 다수인 경우 매도인 또는 매수인의 주소란에 ⑥의 거래대상별 거래지분을 기준으로 각자의 거래 지분 비율(매도인과 매수인의 거래지분 비율은 일치해야 합니다)을 표시하고, 거래당사자가 외국인인 경우 거래당사자의 국적을 반드시 적어야 하며, 외국인이 부동산등을 매수하는 경우 매수용도란의 주거용(아파트), 주거용(단독주택), 주거용(그 밖의 주택), 레저용, 상업용, 공장용, 그 밖의 용도 중 하나에 √표시를 합니다.
2. ③ "법인신고서등"란은 별지 제1호의2서식의 법인 주택 거래계약 신고서, 별지 제1호의3서식의 주택취득자금 조달 및 입주계획서, 제2조제7항 각 호의 구분에 따른 서류, 같은 항 후단에 따른 사유서 및 별지 제1호의4서식의 토지취득자금 조달 및 토지이용계획서를 이 신고서와 함께 제출하는지 또는 별도로 제출하는지를 √표시하고, 그 밖의 경우에는 해당 없음에 √표시를 합니다.
3. ④ 부동산 매매의 경우 "종류"란에는 토지, 건축물 또는 토지 및 건축물(복합부동산의 경우)에 √표시를 하고, 해당 부동산이 "건축물" 또는 "토지 및 건축물"인 경우에는 ( )에 건축물의 종류를 "아파트, 연립, 다세대, 단독, 다가구, 오피스텔, 근린생활시설, 사무소, 공장" 등 「건축법 시행령」 별표 1에 따른 용도별 건축물의 종류를 적습니다.
4. ⑤ 공급계약은 시행사 또는 건축주 등이 최초로 부동산을 공급(분양)하는 계약을 말하며, 준공 전과 준공 후 계약 여부에 따라 √표시하고, "임대주택 분양전환"은 임대주택사업자 (법인으로 한정)가 임대기한이 완료되어 분양전환하는 주택인 경우에 √표시합니다. 전매는 부동산을 취득할 수 있는 권리의 매매로서, "분양권" 또는 "입주권"에 √표시를 합니다.
5. ⑥ 소재지는 지번(아파트 등 집합건축물의 경우에는 동·호수)까지, 지목/면적은 토지대장상의 지목·면적, 건축물대장상의 건축물 면적(집합건축물의 경우 호수별 전용면적, 그 밖의 건축물의 경우 연면적), 등기사항증명서상의 대지권 비율, 각 거래대상의 토지와 건축물에 대한 거래 지분을 정확하게 적습니다.
6. ⑦ "계약대상 면적"란에는 실제 거래면적을 계산하여 적되, 건축물 면적은 집합건축물의 경우 전용면적을 적고, 그 밖의 건축물의 경우 연면적을 적습니다.
7. ⑧ "물건별 거래가격"란에는 각각의 부동산별 거래가격을 적습니다. 최초 공급계약(분양) 또는 전매계약(분양권, 입주권)의 경우 분양가격, 발코니 확장 등 선택비용 및 추가 지급액 등(프리미엄 등 분양가격을 초과 또는 미달하는 금액)을 각각 적습니다. 이 경우 각각의 비용에 부가가치세가 있는 경우 부가가치세를 포함한 금액으로 적습니다.
8. ⑨ "총 실제 거래가격"란에는 전체 거래가격(둘 이상의 부동산을 함께 거래하는 경우 각각의 부동산별 거래가격의 합계 금액)을 적고, 계약금/중도금/잔금 및 그 지급일을 적습니다.
9. ⑩ "종전 부동산"란은 입주권 매매의 경우에만 작성하고, 거래금액란에는 추가 지급액 등(프리미엄 등 분양가격을 초과 또는 미달하는 금액) 및 권리가격, 합계 금액, 계약금, 중도금, 잔금을 적습니다.
10. ⑪ "계약의 조건 및 참고사항"란은 부동산 거래계약 내용에 계약조건이나 기한을 붙인 경우, 거래와 관련한 참고내용이 있을 경우에 적습니다.
11. 다수의 부동산, 관련 필지, 매도·매수인, 개업공인중개사 등 기재사항이 복잡한 경우에는 다른 용지에 작성하여 간인 처리한 후 첨부합니다.
12. 소유권이전등기 신청은 「부동산등기 특별조치법」 제2조제1항 각 호의 구분에 따른 날부터 60일 이내에 신청해야 하며, 이를 이행하지 않는 경우에는 같은 법 제11조에 따라 과태료가 부과될 수 있으니 유의하시기 바랍니다.

처리절차

신고서 작성 (인터넷, 방문신고)	➔	접수	➔	신고처리	➔	신고필증 발급
신고인				처리기관: 시·군·구(담당부서)		

■ 부동산 거래신고 등에 관한 법률 시행규칙 [별지 제2호서식] <개정 2022. 2. 28.>

관리번호 제 호	접수번호 제 호	접수일

부동산거래계약 신고필증

QR코드

<table>
<tr><td rowspan="3">매도인</td><td>성명(법인명)</td><td>생년월일(법인 · 외국인등록번호)</td><td>국적</td></tr>
<tr><td colspan="2">주소(법인소재지)</td><td>거래지분 비율
(분의)</td></tr>
<tr><td>전화번호</td><td colspan="2">휴대전화번호</td></tr>
<tr><td rowspan="3">매수인</td><td>성명(법인명)</td><td>생년월일(법인 · 외국인등록번호)</td><td>국적</td></tr>
<tr><td colspan="2">주소(법인소재지)</td><td>거래지분 비율
(분의)</td></tr>
<tr><td>전화번호</td><td colspan="2">휴대전화번호</td></tr>
<tr><td rowspan="4">개업
공인중개사</td><td>성명(법인명)</td><td colspan="2">생년월일(법인 · 외국인등록번호)</td></tr>
<tr><td>전화번호</td><td colspan="2">휴대전화번호</td></tr>
<tr><td>상호</td><td colspan="2">등록번호</td></tr>
<tr><td colspan="3">사무소 소재지</td></tr>
</table>

<table>
<tr><td rowspan="10">거래대상</td><td rowspan="2">종류</td><td colspan="4">[ ]토지 [ ]건축물( ) [ ]토지 및 건축물( )</td></tr>
<tr><td colspan="2">[ ]공급계약 [ ]전매</td><td>[ ]분양권 [ ]입주권</td><td>[ ]준공 전 [ ]준공 후
[ ]임대주택 분양전환</td></tr>
<tr><td rowspan="3">소재지/지목
/면적</td><td colspan="4">소재지</td></tr>
<tr><td colspan="2">지목</td><td>토지면적 ㎡</td><td>토지 거래지분
(분의)</td></tr>
<tr><td colspan="2">대지권비율
(분의)</td><td>건축물면적 ㎡</td><td>건축물 거래지분
(분의)</td></tr>
<tr><td>계약대상 면적</td><td colspan="2">토지 ㎡</td><td colspan="2">건축물 ㎡</td></tr>
<tr><td rowspan="2">물건별 거래가격</td><td colspan="4">거래금액 원</td></tr>
<tr><td>공급계약
또는 전매</td><td>분양가격 원</td><td>발코니 확장 등 선택비용 원</td><td>추가 지급액 등 원</td></tr>
</table>

<table>
<tr><td rowspan="3">총 실제
거래가격
(전체)</td><td rowspan="3">합계

원</td><td>계약금</td><td>원</td><td>계약체결일</td><td></td></tr>
<tr><td>중도금</td><td>원</td><td>중도금 지급일</td><td></td></tr>
<tr><td>잔금</td><td>원</td><td>잔금 지급일</td><td></td></tr>
<tr><td>계약의 조건
및 참고사항</td><td colspan="5"></td></tr>
</table>

「부동산 거래신고 등에 관한 법률」 제3조제5항 및 같은 법 시행규칙 제2조제12항에 따라 부동산거래계약 신고필증을 발급합니다.

년 월 일

시장·군수·구청장 직인

유의사항

1. 입주권 거래신고의 경우에는 입주권 거래가격이 표시된 신고필증과 종전 토지 거래가격이 표시된 신고필증 등 2부가 발급됩니다. 소유권을 이전하려는 부동산의 종류에 맞는 신고필증을 부동산등기 신청서에 첨부하고, 「부동산등기 특별조치법」 제2조제1항 각 호의 구분에 따른 날부터 60일 이내에 소유권이전등기 신청을 하시기 바랍니다.
2. 신고한 거래계약이 해제, 무효 또는 취소된 경우 「부동산 거래신고 등에 관한 법률」 제3조의2에 따라 해제 등이 확정된 날부터 30일 이내에 거래계약을 신고한 관청에 거래당사자가 공동으로 신고해야 합니다.

210㎜×297㎜[백상지(80g/㎡) 또는 중질지(80g/㎡)]

[과거의 등기필증]

현재 시행되고 있는 등기필정보제도는 과거의 등기필증제도를 대체한 것이다. 그런데 등기필정보의 모습이나 내용은 등기필증과 판이하게 다르다. 과거의 등기필증은 등기신청자가 제출한 등기원인증서(예: 부동산매매계약서)에 등기필증이라고 적고 등기소인을 찍어서 등기권리자에게 교부했다. 그런데 현재의 등기필정보는 마치 금융기관 보안카드 같이 연속된 숫자들을 기재한 뒤 그 위에 보안스티커를 덧대서 가린 것이다. 그리고 후에 등기권리자가 등기의무자로 되어 그 정보를 등기소에 제공해야 할 때, 그 덧댄 스티커를 떼고 그중 일부의 숫자를 알려주게 된다.

한편 과거에는 등기필증을 권리증이라고 하기도 했으며, 일반인은 그 서류에 부동산에 관한 소유권 등이 담겨 있다고 생각하기도 했다. 그러나 당시에도 등기필증에 권리가 담겨 있는 것은 아니었다.

다음 페이지에 등기필정보의 견본을 소개한다(등기예규 제1623호 별지 3호).

6. 등기의 효력

(1) 본등기의 효력

보통의 등기인 본등기의 효력에는 여러 가지가 있다. 그런데 여기서는 그중에 가장 중요한 것인 권리(물권)변동적 효력에 관해서만 설명하기로 한다.

부동산매매 등의 경우에 매수인 명의로 등기까지 하게 되면 부동산에 관한 물권변동의 효력이 생긴다. 즉 부동산소유권이 매도인으로부터 매수인에게 넘어가는 것이다. 이것이 등기의 권리변동적 효력이다.

주의할 것은, 등기의 권리변동적 효력이 생기려면 등기가 신청된 것만

[별지 3호]

등기필정보 및 등기완료통지

접수번호 : 9578 대리인 : 법무사 홍길동

권 리 자 : 김갑동
(주민)등록번호 : 451111-1******
주 소 : 서울특별시 서초구 서초동 123-4

부동산고유번호 : 1102-2006-002634
부 동 산 소 재 : [토지] 서울특별시 서초구 서초동 362-24

접 수 일 자 : 2011년 9월 14일 **접 수 번 호** : 9578
등 기 목 적 : 소유권이전
등기원인및일자 : 2011년 9월 10일 매매

부착기준선 ┌

일련번호 : WTDI-UPRV-P6H1
비밀번호(기재순서:순번-비밀번호)

01-7952	11-7072	21-2009	31-8842	41-3168
02-5790	12-7320	22-5102	32-1924	42-7064
03-1568	13-9724	23-1903	33-1690	43-4443
04-8861	14-8752	24-5554	34-3155	44-6994
05-1205	15-8608	25-7023	35-9695	45-2263
06-8893	16-5164	26-3856	36-6031	46-2140
07-5311	17-1538	27-2339	37-8569	47-3151
08-3481	18-3188	28-8119	38-9800	48-5318
09-7450	19-7312	29-1505	39-6977	49-1314
10-1176	20-1396	30-3488	40-6557	50-6459

2011년 9월 28일

서울중앙지방법원 등기국
등기관

※ **등기필정보 사용방법 및 주의사항**

◈ 보안스티커 안에는 다음 번 등기신청시에 필요한 일련번호와 50개의 비밀번호가 기재되어 있습니다.

◈ 등기신청시 보안스티커를 떼어내고 일련번호와 비밀번호 1개를 임의로 선택하여 해당 순번과 함께 신청서에 기재하면 종래의 등기필증을 첨부한 것과 동일한 효력이 있으며, 등기필정보 및 등기완료 통지서면 자체를 첨부하는 것이 아님에 유의하시기 바랍니다.

◈ 따라서 등기신청시 등기필정보 및 등기완료통지서면을 거래상대방이나 대리인에게 줄 필요가 없고, 대리인에게 위임한 경우에는 일련번호와 비밀번호 50개 중 1개와 해당 순번만 알려주시면 됩니다.

◈ 만일 등기필정보의 비밀번호 등을 다른 사람이 안 경우에는 종래의 등기필증을 분실한 것과 마찬가지의 위험이 발생하므로 관리에 철저를 기하시기 바랍니다.

☞ **등기필정보 및 등기완료통지서는 종래의 등기필증을 대신하여 발행된 것으로 분실시 재발급되지 아니하니 보관에 각별히 유의하시기 바랍니다.**

으로는 부족하고 등기부(등기기록)에 실제로 기록되어야 한다는 점이다. 따라서 등기가 신청되고 등기관이 등기필정보를 통지했더라도 실제로 등기부에 기록되지 않으면 권리변동적 효력은 생기지 않는다.

(2) 명의신탁 문제

등기가 유효하려면 부동산등기법이 정하는 절차에 따라서 적법하게 행해져야 하고 또 실체관계와 일치해야 한다. 등기가 그러한 요건을 갖추지 못해 무효로 되는 경우도 많이 있다. 그런가 하면 특별법에 의해 일정한 경우에 특수하게 등기가 무효로 되는 때도 있다. 명의신탁에 의한 등기가 그렇다. 아래에서 이 문제에 대해 살펴보기로 한다.

1) 명의신탁의 의의

과거 우리 대법원이 판례에 의해 확립한 제도로 명의신탁이라는 것이 있다. 그에 의하면, 명의신탁은 「대내적 관계(신탁자와 수탁자 사이의 관계)에서는 신탁자가 소유권을 보유해 관리·수익하면서 공부상(公簿上)의 소유 명의만을 수탁자로 하여 두는 것」이다. 그동안 이 명의신탁은 온갖 불법 또는 탈법적인 수단으로 악용되었다. 그리하여 「부동산 실권리자 명의 등기에 관한 법률」(이하 부동산실명법이라 함)을 제정해 명의신탁을 원칙적으로 금지하고 있다.

2) 명의신탁의 법률관계

부동산실명법은 명의신탁약정을, 부동산에 관한 소유권이나 그 밖의 물권을 보유한 자 또는 사실상 취득하거나 취득하려고 하는 자(실권리자)가 타인과의 사이에서 대내적으로는 실권리자가 부동산에 관한 물권을 보유하거나 보유하기로 하고 그에 관한 등기(가등기 포함)는 그 타인의 명의로 하기로 하는 약정이라고 정의한다(같은 법 제2조 제1호).

부동산실명법에 따르면, 누구든지 부동산물권을 명의신탁약정에 의해 명의수탁자 명의로 등기해서는 안 된다(같은 법 제3조 제1항). 그리고 명의신탁약정은 무효이고(같은 법 제4조 제1항), 또 명의신탁약정에 따라 행해진 등기에 의한 부동산 물권변동은 무효이다(같은 법 제4조 제2항 본문). 다만 부동산물권을 취득하기 위한 계약에서 명의수탁자가 그 일방당사자가 되고 그 타방당사자는 명의신탁약정이 있다는 사실을 알지 못한 경우(즉 선의인 경우)에는 유효하다(같은 법 제4조 제2항 단서). 나아가 명의신탁약정 및 물권변동의 무효는 제3자에게 대항하지 못한다(같은 법 제4조 제3항). 한편 부동산실명법은 일정한 경우에 과징금, 이행강제금, 벌칙도 규정하고 있다(같은 법 제5조 - 제7조).

이와 같은 부동산실명법에 따라, 가령 토지소유자 갑이 을과 합의(명의신탁약정)해 그 등기 명의만을 을 앞으로 옮겨놓는 경우에 갑 · 을 사이의 명의신탁약정과 물권변동은 무효이다. 그리고 가령 병(신탁자)이 정(수탁자)과 합의해 정이 처음부터 계약의 일방당사자가 되어 상대방 무와 계약을 체결하고 그(정)의 명의로 등기를 한 경우에는 사정에 따라 다르다. 그 경우에 만약 수탁자 정과 계약을 체결한 상대방 무가 명의신탁약정이 있었다는 사실을 알았을 때(이를 법률 용어로 악의라고 함)에는 등기 및 물권변동도 무효로 되나(같은 법 제4조 제2항 본문), 무가 그러한 사실을 몰랐을 때(이를 선의라고 함)에는 등기 및 물권변동이 유효하다(같은 법 제4조 제2항 단서). 그런데 위의 예에서 을이나 악의인 정이 그 부동산을 기에게 팔고 등기를 해주었으면 기와의 계약과 그에 기초한 등기는 유효하다. 명의신탁약정 또는 그에 기초한 물권변동의 무효를 가지고 제3자(이 예에서는 기)에게 대항하지 못하기 때문이다(같은 법 제4조 제3항).

사례의 해결

〈사례〉의 경우 A와 C 사이의 합의는 명의신탁약정이어서 무효이다. 그리고 그에 기초해 C 앞으로 행해진 등기도 역시 무효이다. 따라서 그 경우에 A는 X토지의 소유권을 취득하지 못한다. 다만 A와 B 사이의 매매계약까지 무효로 되지는 않기 때문에 A는 자신의 매매계약에 기초해 B로부터 등기를 넘겨받을 수는 있다. 그 경우에 A에게 과징금이 부과되는 것은 별개의 문제이다(같은 법 제5조 제1항 제1호 참조).

[명의신탁의 특례]

종중의 부동산물권을 종중 외의 자의 명의로 등기한 경우(종중 명의신탁)와 배우자 명의로 등기한 경우(배우자 명의신탁), 종교단체 명의로 그 산하 조직의 부동산물권을 등기한 경우(종교단체 명의신탁)는, 조세포탈, 강제집행의 면탈 또는 법령상 제한의 회피를 목적으로 하지 않는다면 부동산실명법의 대부분의 중요 규정(같은 법 제4조 - 제7조 · 제12조 제1항 - 제3항)의 적용을 받지 않는다(같은 법 제8조). 그리하여 그때에는 종래의 판례가 적용되어 명의신탁과 그에 기초한 등기가 유효하게 된다.

제6절

금전거래와 담보

I 소비대차

"교수님! 살다 보면 돈을 빌리거나 빌려주는 일이 많이 있는데, 친구들에게 빌리기도 하지만 은행이나 심지어는 대부업체로부터 돈을 빌리기도 해요. 돈을 빌리거나 갚을 때 특히 주의해야 할 점은 무엇이 있는지 말씀해주시겠어요?"

사례

A는 급하게 돈이 필요했던 B에게 무이자로 1,000만 원을 빌려주고 한 달 후에 돌려받기로 했다. 그러나 B는 1년이 지난 후에야 나타나서 A에게 원금인 1,000만 원만 주었다. 이러한 경우에 A는 이자는 받지 못하고 원금만 돌려받아야 하는가?

1. 대차계약 일반

대차계약이란 돈이나 물건, 집 등을 다른 사람에게 빌려주는 계약으로 민법은 세 가지의 경우, 즉 소비대차, 사용대차, 임대차계약을 규정하고 있다.

먼저 소비대차에 관해서 살펴보자.

• 제598조(소비대차의 의의) 소비대차는 당사자 일방이 금전 기타 대체물의 소유권을 상대방에게 이전할 것을 약정하고 상대방은 그와 같은 종류, 품질 및 수량으로 반환할 것을 약정함으로써 그 효력이 생긴다.

소비대차는 빌린 물건을 「소비」한 후 그것을 대치할 수 있는 다른 물건으로 돌려주는 형태의 「대차」(빌려주고 빌리는 것)이다. 소비대차의 가장 흔한 예는 돈(금전)을 빌려주는 것이고, 이것을 금전 소비대차라고 부른다. 빌린 돈을 일단 사용하고(「소비」) 나중에 그와 같은 액수의 돈으로 갚는 「대차」인 것이다.

이러한 소비대차와는 대조적으로, 물건을 빌려서 사용하기는 하되 사용을 마친 후에 그 물건을 다시 그대로 돌려주는 형태의 「대차」도 있다. 이 때 대가 없이(무상으로) 그냥 빌려주는 것을 사용대차라고 하고, 대가를 받고 빌려주는 것을 임대차('임'은 '대가'라는 의미의 '차임'을 줄인 말)라고 한다.

• 제609조(사용대차의 의의) 사용대차는 당사자 일방이 상대방에게 무상으로 사용, 수익하게 하기 위하여 목적물을 인도할 것을 약정하고 상대방은 이를 사용, 수익한 후 그 물건을 반환할 것을 약정함으로써 그 효력이 생긴다.

• 제618조(임대차의 의의) 임대차는 당사자 일방이 상대방에게 목적물을

사용, 수익하게 할 것을 약정하고 상대방이 이에 대하여 차임을 지급할 것을 약정함으로써 그 효력이 생긴다.

즉 사용대차와 임대차의 결정적 차이는 대가(차임)를 받는지 여부이다. 오늘날의 사회에 있어서 대가를 받지 않는 사용대차는 친한 친구 사이와 같이 예외적인 경우에나 있는 일이고, 대부분의 경우에는 대가를 받고 빌려주게 되므로 임대차가 훨씬 더 많이 쓰인다.

여기 제6절에서는 금전 소비대차에 대해서만 다룰 것이고, 임대차에 대해서는 제7절에서 주택과 관련해 자세히 다루기로 한다.

2. 금전 소비대차

(1) 금전소비대차계약

금전소비대차계약은 한쪽 당사자는 금전을 빌려주고 다른 쪽 당사자는 그 금전을 빌리기로 하는 계약이다(제598조 참조).

그런데 이 계약이 성립하기 위해서는 실제로 금전이 양 당사자 사이에서 오고 갈 필요는 없다. 양 당사자 사이의 약속만으로 일단 이 계약은 성립한다. 즉 민법은 금전소비대차계약을 다른 전형계약(일반적으로 많이 쓰이는 계약으로 민법이 예정하고 있는 것들)과 마찬가지로 「낙성계약」(諾成契約. 당사자들의 합의만으로 성립하는 계약)의 하나로 예정하고 있다.

그러므로 이 약속을 반드시 계약서를 작성하는 방식으로 할 필요는 없다. 물론 실제로는 계약서가 작성되는 것이 일반적이다. 또한 이자에 대해서 반드시 서로 합의하지 않아도 금전소비대차계약은 성립한다. 그러나 이자에 대해서 합의를 하는 것이 더 일반적이다.

낙성계약에서는 계약서나 영수증을 쓸 필요도 없이 당사자들이 서로 약속만 해도 계약이 성립하게 되고, 이것이 민법의 가장 기본적인 계약 형태라는 것은 말로 한 약속이라 하더라도 서로 반드시 지키는 신사들 사이의 거래를 민법이 전제로 하고 있기 때문이다.

(2) 금전소비대차계약서

그러나 우리 사회의 현실을 보면, 금전거래를 포함해 여러 가지 경제활동이 반드시 정직하고 약속을 잘 지키는 선량한 사람들 사이에서만 이루어지는 것은 아니다. 그러므로 우리는 금전거래를 포함해 법적인 거래를 할 때 항상 최악의 경우를 예정하고 거기에 미리 대비할 필요가 있다. 나와 거래하는 상대방이 악인이라고 예상할 필요까지는 없겠지만, 어쨌든 발생할 수 있는 모든 경우에 대해 미리 준비를 해두어야 한다.

그래서 금전소비대차계약을 체결하면서 실제로 금전을 주고받는 경우에는 금전소비대차계약서(흔히 '차용증'이라고도 함)를 작성하고, 금전을 받았다는 영수증도 작성하는 것이 바람직하다. 보통은 계약서의 내용에 영수증의 내용도 포함시켜서 하나의 문서로 작성하게 된다.

다음 페이지에 금전소비대차계약서 서식을 소개한다. 여기에 관해서는 법령에 정해진 것이 없으며, 따라서 제시된 서식은 하나의 예시일 뿐이다.

다른 종류의 계약서들에 있어서도 마찬가지이지만 금전소비대차계약서에 반드시 들어가야 하는 첫 번째 요소는 당사자가 누구인가 하는 것이다. 따라서 돈을 빌려주는 사람(민법에서는 「소비대주」라고 하며, 계약서에는 보통 「채권자」로 표시됨) 그리고 돈을 빌리는 사람(민법에서는 「소비차주」라고 하며, 계약서에는 보통 「채무자」로 표시됨)이 누구인지가 분명하게 나타날 수 있도록 작성되어야 한다(서식 제1조 참조).

두 번째로 중요한 내용은, 빌려주는 돈(원금에 해당함)이 얼마인가 하는

금전소비대차 계약서

차용금원　금 ○○○원

채무자는 채권자로부터 위 금원을 아래와 같은 조건으로 차용한다.

제1조(당사자 및 대여일시) 채권자 ○○○(이하 "채권자"라고 함)는 20○○년 ○월 ○일 금○○○원을 채무자 ◎◎◎(이하 "채무자"라고 함)에게 대여하고 채무자는 이를 차용하며 채권자는 이 금액을 즉시 채무자에게 지급한다.

제2조(변제기) 차용금의 변제기한은 20○○년 ○월 ○일로 한다.

제3조(변제방법) 채무의 변제는 채권자의 주소 또는 채권자가 지정하는 지정장소에 지참 또는 송금해서 지불한다.

제4조(이자 및 지연손해금) ① 이자는 연 ○%의 비율로 한다.

② 원리금의 변제를 지체했을 때에는 채무자는 연 ○○%의 비율에 의한 지연손해금을 가산해서 지불해야 한다.

이 금전소비대차 계약서는 채무자가 위 차용원금을 지급받았음을 증명하는 영수증에 갈음한다.

채권자와 채무자는 상기 계약을 증명하기 위하여 본 계약서 2통을 작성하고, 각자 서명 날인한 후 1통씩을 보관한다.

20○○년 ○월 ○일

<table>
<tr><td rowspan="2">채권자</td><td>주 소</td><td colspan="5"></td></tr>
<tr><td>성 명</td><td>인</td><td>주민등록번호</td><td>–</td><td>전 화
번 호</td><td></td></tr>
<tr><td rowspan="2">채무자</td><td>주 소</td><td colspan="5"></td></tr>
<tr><td>성 명</td><td>인</td><td>주민등록번호</td><td>–</td><td>전 화
번 호</td><td></td></tr>
</table>

것이다. 계약서가 금전을 수령했다는 사실을 증명하는 영수증의 역할도 겸하는 경우에는 이 금전을 계약서 작성과 동시에 지급했다는 사실도 계약 내용에 포함되어야 한다(서식 앞부분 「차용금원」 및 뒷부분 「영수증에 갈음한다」 참조).

세 번째로 들어가야 할 내용은, 빌린 돈을 언제 갚을지 그리고 어떤 방법으로 갚을지에 관한 것이다. 언제까지 갚기로 한 기한을 변제기라고 하고(서식 제2조 참조), 갚는 방법(가령 어디로 돈을 가져올 것인지 혹은 송금할 것인지)에 관한 부분을 변제방법이라고 한다(서식 제3조 참조).

3. 약정이율

(1) 약정이율

끝으로—그렇지만 덜 중요하지는 않은—금전소비대차계약서에 꼭 들어가야 하는 내용은 이자에 관한 것이다(서식 제4조 참조). 돈을 빌려주면서 반드시 이자를 받아야 할 필요는 없지만(그런 경우 무이자라고 함), 보통은 이자를 받게 된다. 따라서 그 이율을 정해야 하는데, 원칙적으로는 당사자들의 합의에 의해 이율을 결정하게 되며, 이것을 「약정이율」이라고 한다.

(2) 이자제한법

약정이율이 원칙이라고 해서 이율을 당사자들이 완전히 자유롭게 결정할 수 있는 것은 아니고 여기에는 일정한 제한이 있다. 즉 사회적 약자에 대해 지나치게 높은 이자로 금전을 빌려주는 일을 막기 위해 이자제한법은 금전 소비대차의 경우에는 최고이율을 제한하고 있다(같은 법 제2조 제1항 참조). 이 최고이율은 대통령령으로 정하도록 하고 있는데, 현재는 연 20퍼센트이다(「이자제한법 제2조 제1항의 최고이자율에 관한 규정」 참조).

만약 당사자들이 연 20퍼센트보다 높은 이율로 금전대차를 하는 경우, 연 20퍼센트를 초과하는 부분의 이자는 무효가 된다(같은 법 제2조 제3항). 따라서 그 초과분의 이자를 아직 지급하지 않았다면, 지급할 필요가 없다. 만약 그 초과분의 이자를 이미 지급했다면, 그 초과분은 원본(즉 원금)을 갚는 데 쓰인 것으로 된다(이것을 법적으로 '원본에 충당된다'라고 표현함). 만약 원본을 이미 다 갚은 후라면, 그 초과분은 당연히 돌려달라고 청구할 수 있다(이자제한법 제2조 제4항).

그런데 이 이자제한법이 적용되는 데에는 몇 가지 예외가 있다.

첫째, 이자제한법은 평범한 일반인들 사이의 금전거래를 규율하기 위해 만든 법이기 때문에, 다른 법률에 따라 인가 · 허가 · 등록을 마친 금융업 및 대부업과 「대부업 등의 등록 및 금융이용자 보호에 관한 법률」 제9조의 4에 따른 미등록 대부업자에 대해서는 적용되지 않는다(같은 법 제7조). 그러한 경우에 대한 최고이율은 따로 정해지는데, 대부업자가 개인이나 대통령령으로 정하는 소규모 법인에 대부를 하는 경우에는 연 20퍼센트, 그리고 미등록 대부업자가 대부를 하는 경우에는 연 20퍼센트를 초과할 수 없다(「대부업 등의 등록 및 금융이용자 보호에 관한 법률」 제8조 · 제11조 제1항, 「대부업 등의 등록 및 금융이용자 보호에 관한 법률 시행령」 제5조 제2항 등 참조).

둘째, 이자제한법은 원금이 10만 원 미만인 금전대차에 대해서는 적용되지 않는다(같은 법 제2조 제5항).

4. 법정이율

당사자들이 이자를 붙이기로 약정은 했으나 그 이율을 정하지는 않은 경우에는 법이 정한 이율이 자동적으로 적용되는데 이것을 「법정이율」이라고 한다.

현재 민법상의 법정이율은 연 5퍼센트이다(제379조). 따라서 일반인들끼리의 금전거래에 있어서는 당사자들이 특별히 이율을 약정하지 않은 경우 이 이율이 적용된다.

그런데 여기에는 주의해야 할 점이 있다. 상법상의 법정이율은 민법의 경우와는 다르게 연 6퍼센트이다(상법 제54조). 당사자 중 어느 한 사람의 행위라도 상행위에 해당하면 상법이 적용되는데(상법 제3조), 상행위란 영리를 목적으로 해서 하는 영업행위 등을 말한다(상법 제46조 · 제47조 참조). 또한 자기 명의로 상행위를 하는 사람을 상인이라고 한다(상법 제4조). 결국 당사자 중의 한 명이라도 상인이면 상법이 적용되므로 그런 경우 연 6퍼센트의 법정이율이 적용된다. 이는 상인이 일반인에 비해 금전을 이용해 보다 높은 수익을 얻을 수 있으며 금전에 대한 수요도 더 많다는 점을 고려한 것이다.

5. 지연손해금

채무자가 금전채무의 원금 그리고 (이자가 있는 경우에) 이자를 변제기에 상환하지 않으면 채무자는 채무불이행 상태(구체적으로는 「이행지체」)에 빠지게 된다. 그렇게 되면 채무자는 채무불이행에 대한 손해배상을 해야 하는데, 이를 흔히 연체이자라고 부른다. 그러나 법적으로 엄밀하게 말하자면 이것은 이자가 아니라 손해배상이다. 따라서 연체이자의 정확한 명칭은 (손해배상으로서의) 지연손해금이다.

이 지연손해금은 다음과 같은 방법에 의해 결정된다.

우선, 당사자가 애초에 금전소비대차계약을 할 때 지연손해금에 대해 따로 합의한 바가 있으면 그 합의가 우선적으로 적용된다.

만약, 당사자가 지연손해금에 대해 합의한 바가 없다면 다시 원본채무에 대한 약정이율이 있는지 여부에 따라 결정된다. 즉 원본채무에 대한 약정이율이 있는 경우에는 그 약정이율이 지연손해금에도 적용됨이 당사자의 의사에 일반적으로 합치한다는 것이 법원의 입장이다(대판 1981. 9. 8, 80다2649 참조). 그러나 원본채무의 약정이율이 없는 경우에는 법정이율이 적용된다.

사례의 해결

B가 애초에 약속한 변제기인 한 달 후에 1,000만 원을 돌려주지 않았으므로 그 때로부터 실제로 변제할 때까지 B는 지연손해금을 배상해야 한다. A와 B가 지연손해금이나 약정이율에 대해 따로 합의한 바가 없으므로 이 경우에는 법정이율인 연 5%가 적용된다. 즉 B는 원본 및 (원본에 대해) 연 5%로 계산한 11개월분의 지연손해금을 A에게 지급해야 한다.

II 보증

"교수님! 얼마 전에 제 친구가 보증을 서달라고 부탁을 했는데, 우정을 생각하면 서주고 싶었지만 보증을 섰다가 패가망신했다는 이야기를 주위에서 하도 많이 들어서 선뜻 부탁을 들어줄 수가 없었어요. 그래서 그 친구와의 사이가 냉랭해졌는데, 이렇게 보증을 서달라는 부탁을 받았을 때에는 어떻게 하는 것이 최선일까요?"

사례

A는 은행에서 대출을 받는 B의 부탁을 받고 보증을 섰다가 B가 대출금을 갚지 않아서 대신 원금과 이자는 물론이고 연체이자까지도 은행에 갚아야 했다. A는 B로부터 이 돈을 모두 돌려받을 수 있을까?

1. 담보제도와 보증

(1) 담보제도

지금 우리가 공부하고 있는 제6절의 제목은 「금전거래와 담보」이다. 조금 전까지는 소비대차계약을 통해 어떻게 금전을 빌리고 빌려주는지를 살펴보았다. 즉 금전거래에 관해 공부했다.

그런데 금전거래를 하면서 만약 채무자가 원금과 이자를 갚지 않으면 어떻게 해야 할까? 그런 경우에 대한 법적 안전장치가 마련되어 있지 않다면 채권자는 채무자에게 돈을 빌려주려고 하지 않을 것이고, 그렇게 되면 돈이 꼭 필요한 채무자가 돈을 빌리기도 무척 어려워질 것이다.

이처럼 채무자가 나중에 꼭 빚을 갚도록 하는(법적으로는 「채무를 이행한다」라고 말함), 아니면 채무자가 빚을 갚지 않더라도 채권자가 손해를 보지 않도록 보장해주는 법적 안전장치를 일반적으로는 「담보」제도라고 한다. 지금부터는 이 담보에 대해서 알아보고자 한다.

[주의할 점]

담보와 혼동하지 말아야 할 것으로 채권담보권이 있다. 이것은 「동산 · 채권 등의 담보에 관한 법률」에서 규정하고 있는 제도로서, 담보약정에 따라 금전의 지급을 내용으로 하는 지명채권(채권자가 특정한 사람으로 정해져 있는 채권으로, 보통의 채권이 이에 해당. 여러 개의 채권 또는 장래에 발생할 채권을 포함함)을 목적으로 등기한 담보권이다(같은 법 제2조 제3호). 쉽게 말하자면, 지명채권에 대해 등기를 할 수 있도록 함으로써 그것을 담보로 활용하도록 하는 제도이다.

요컨대, 담보는 채무가 이행되도록 하기 위한 제도 전체를 가리키는 포괄적인 용어이고, 채권담보권은 담보제도의 일종으로서 특별법에 의해 지명채권을 담보의 수단으로 사용하는 제도이다.

(2) 인적 담보와 물적 담보

채권담보제도에는 인적 담보와 물적 담보가 있다. 인적 담보란, 채무자가 채무를 이행하지 않을 경우 다른 사람이 채무자를 대신해 채무를 이행하도록 하는 제도이다. 한편 물적 담보란, 채무자가 채무를 이행하지 않을 경우 다른 사람이 대신 이행하도록 하는 것이 아니라 채무자 또는 다른 제3자의 재산을 처분함으로써(주로 경매에 의함) 채무를 이행한 것과 마찬가지의 결과를 얻도록 하는 제도이다.

(3) 보증과 저당권의 차이

인적 담보의 대표적 제도가 보증이고, 물적 담보의 대표적 제도가 저당권이다. 이 둘의 차이점을 간략히 설명하면 다음과 같다.

보증이란 채무자가 채무를 이행하지 않는 경우에 다른 사람, 즉 보증인이 그 채무를 대신 이행하도록 하는 제도이다(제428조 제1항 참조).

만약 보증인이 원래의 채무자(주채무자라고 함)의 채무를 대신 이행하지 않으면, 보증인이 가진 모든 재산(일반재산이라고 함)에 대해 강제경매가 이루어지는 것이 보통이다.

그런데 보증에 의한 강제경매의 경우 채권자는 매각대금을 혼자서 다 차지하게 되는 것이 아니고 보증인의 다른 채권자들과 나눠 가질 수 있을 뿐이며, 그 액수는 채권액에 비례해 분배된다. 이와 대조적으로, 저당권을 가진 채권자는 경매의 결과로 발생한 매각대금을 우선적으로 차지할 수 있다(「우선변제권」이라 함. 제356조 참조).

따라서 채권자로서는 보증인을 두는 것보다 저당권을 설정해두는 것이 훨씬 더 유리하다. 그러므로 채권의 액수가 큰 경우에는 주로 저당권이 이용된다. 그러나 저당권은 설정하는 절차가 복잡하고 비용이 발생하며 저당권을 설정할 부동산이 채무자나 물상보증인(채무자가 아니면서 자기 부동산을 담보로 제공하는 사람)에게 있어야 하므로 저당권의 설정이 항상 가능한 것은 아니다.

요컨대 저당권은 보증보다 훨씬 강력한 담보수단이기는 하지만 복잡하고 비용이 발생하므로 주로 금융권에서 사용하며, 보다 간편한 보증제도는 주로 서민의 금융수단으로서 널리 활용된다.

먼저 보증에 대해서 자세히 살펴본 후 저당권에 대해 알아보고자 한다.

2. 보증의 종류

(1) 보통의 보증

보증인이 보증채무를 부담함으로써 주채무자에 대한 채권을 담보하는 제도가 보증이라고 앞에서 언급한 바 있는데, 이와 같은 가장 기본적인 형태의 보증을 보통의 보증 또는 단순보증이라 한다.

그런데 실제로는 이와 같은 보통의 보증 외에도 다양한 형태의 보증이 사용되고 있다. 그중에서 중요한 몇 가지를 언급하면 다음과 같다.

(2) 연대보증

연대보증이란 보증인이 주채무자와 연대해 채무를 부담함으로써 주채무의 이행을 담보하는 보증이다. '주채무자와 연대한다'는 것은 보증인에게 최고 · 검색의 항변이 인정되지 않아서, 채권자로서는 그러한 제한 없이 보증인에게 먼저 청구할 수 있다는 의미이다(제437조 단서).

(3) 공동보증

공동보증이란 하나의 주채무에 관해 여러 사람이 동시에 보증인이 되는 것을 말한다. 즉 채권자가 하나의 주채무에 대해 여러 명을 보증인으로 가지는 경우이다.

(4) 근보증

하나의 주채무에 대해서가 아니라 여러 개의 또는 불확정한 채무에 대해서도 포괄적으로 보증을 할 수 있는데 이것을 근(根)보증이라 한다(제428조의 3 제1항).

이 경우 채권의 최고액(주채무가 도달할 수 있는 최고 액수)을 보증인의 기명날인 또는 서명이 있는 서면을 통해 표시하지 않으면 그 근보증 계약은 효력이 없다(제428조의 3 제2항 · 제428조의 2 제1항).

(5) 신원보증

신원보증은 고용계약을 체결할 때 부수적으로 신원보증인과 사용자 사이에 체결되는데, 피용자(被傭者)가 업무를 수행하는 과정에서 그에게 책임 있는 사유로 사용자에게 손해를 입힌 경우에 신원보증인이 그 손해를 배상할 채무를 부담할 것을 약정하는 계약이다(신원보증법 제2조).

3. 보증 시의 유의사항

(1) 보증보험

보증이 서민들을 위한 금융수단으로서 널리 활용되다 보니, 보증을 서 달라는 부탁을 누구나 가끔씩은 받게 된다. 그런데 일단 보증을 섰다가 주채무자가 채무이행을 하지 않으면, 보증인은 채무자가 빌린 원금은 물론이고 이자 및 지연이자까지 전부 갚아야 한다. 깊은 고려 없이, 아니면 친분관계 때문에 어쩔 수 없이 보증을 섰다가 보증인의 경제생활이 파탄나는 일이 자주 일어난다. 「보증은 패가망신의 지름길이다」라는 말은 이런 이유에서 나왔을 것이다.

그러므로 보증은 가능하면 서지 않는 것이 좋다. 보증을 부탁받으면 직접 보증을 설 것이 아니라, 보증보험에 가입할 것을 권유하는 것이 좋다. 보증보험은 약간의 비용만 부담하고서도 보증인과 마찬가지의 법적 효과를 제공한다.

그러나 어쩔 수 없이 보증을 서야 하는 경우라면 아래의 사항을 잘 고려해 결정하는 것이 좋다. 다시 한 번 강조하자면, 보증은 가능하면 피하고 보증보험을 활용하는 것이 좋다.

[보증보험]

보증보험이란 여러 거래에서 발생하는 신용 위험을 감소시키기 위해 보험의 형식으로 하는 보증제도이다. 보증보험회사는 일정한 대가, 즉 보험료를 받는 대신 보험가입자의 계약상 채무이행 또는 법령상 의무이행을 보증인과 마찬가지로 보증하게 된다.

(2) 보증할 때의 확인 사항

어쩔 수 없이 보증을 서야 한다면 다음의 사항을 꼼꼼하게 따져보아야 한다.

첫째, 채무자의 재산상태를 확인해야 한다. 채무자의 직업, 재산상태, 사업의 업종이나 발전 가능성 등을 확인한다.

둘째, 보증기간은 매우 중요한 사항이다. 채무자의 직업이나 재산상태가 지금은 괜찮아도 보증기간이 길어질수록 악화될 가능성이 커질 수 있다. 따라서 보증기간은 짧을수록 좋다.

셋째, 보증계약은 본인이 직접 체결해야 한다. 인감과 신분증을 다른 사람(특히 채무자)에게 맡겨서 대신 보증계약을 체결하도록 하는 일이 없어야 한다. 보증인이 책임을 져야 하는 채무의 범위, 보증기간과 같은 보증계약에 있어서 매우 중요한 부분이 보증인에게 불리하도록 멋대로 바꿔어 계약이 체결될 가능성이 있기 때문이다.

넷째, 보증의 종류와 책임 범위는 특히 중요하므로 이 부분을 잘 검토해야 한다(이에 관해서는 아래에서 상세히 설명함).

다섯째, 보증계약서의 내용이 변조될 가능성을 막기 위해서는 보증액수, 보증기간, 주채무자 등과 같이 중요한 부분은 반드시 보증인의 자필로 적고 공란을 남겨두지 않는 것이 좋다.

여섯째, 나중에 보증계약과 관련해 분쟁이 생길 수도 있으므로 보증계약서의 사본을 꼭 보관해두어야 한다.

(3) 채권자의 정보제공의무와 통지의무

위와 같은 정보들은 보증인이 보증계약을 체결하거나 갱신할 때 매우 중요하기 때문에, 보증인을 보호하기 위해 다음과 같은 내용을 가진 규정들이 2015년에 신설되었다.

첫째, 채권자가 보증계약의 체결 여부 또는 그 내용에 영향을 미칠 수 있는 주채무자의 채무 관련 신용정보를 보유하고 있거나 알고 있는 경우에는 반드시 보증인에게 그 정보를 알려야 한다(제436조의 2 제1항). 이렇게 정보를 제공해야 하는 의무는 보증계약을 갱신할 때에도 마찬가지로 요구된다.

둘째, 채권자는 일단 보증계약을 체결한 이후에도 주채무자가 채무를 이행하지 않거나, 주채무자가 이행할 수 없음을 미리 알게 되었거나, 주채무자의 채무 관련 신용정보에 중대한 변화가 생겼음을 알게 된 경우에는 그 사실을 지체 없이 보증인에게 알려야 한다(제436조의 2 제2항).

4. 보증의 성립

(1) 보증계약

보증은 주채무자의 채무를 보증할 것을 내용으로 보증인이 채권자와 보증계약을 체결함으로써 성립한다. 즉 보증계약의 당사자는 채권자와 보증인이다. 주채무자는 보증계약의 당사자가 아님을 주의해야 한다. 주채무자로부터 부탁을 받고 보증인이 되는 경우에도 법적으로는 보증인이 채권자와 보증계약을 체결하는 것이 된다.

(2) 보증계약의 방식

종전에는 보증계약에 대해 특별한 방식을 요구하지 않았으므로 보증인과 채권자의 합의만 있으면 보증계약이 성립할 수 있었다. 그러나 분쟁을 피하기 위해서는 계약의 내용을 서면으로 명확하게 작성해두는 것이 바람직하므로 2015년에 규정을 신설해 보증인의 기명날인 또는 서명이 있는 서면을 통해 계약이 작성되어야만 보증의 효력이 발생하도록 되었다(제428조의 2).

통상적인 보증계약서의 내용은 다음 페이지를 참조하라.

5. 보증인의 책임

(1) 보증채무의 내용

보증계약을 체결하면서 특별히 다르게 합의하지 않았다면, 보증인은 주채무자가 이행하지 않는 채무를 이행해야 한다(제428조 제1항). 그러나 보증계약에서 보증채무의 구체적인 내용을 따로 정한 경우에는 합의한 바대로 보증채무의 내용이 결정된다. 당사자의 합의는 임의규정(임의규정에 대해서는 제1장 III. 2. (4) 참조)보다 우선하기 때문이다.

(2) 보증채무의 범위

보증채무는 보증계약에서 특별히 다르게 정하지 않았다면, 주채무의 이자, 위약금, 손해배상 및 기타 주채무에 종속한 채무를 포함한다(제429조 제1항).

그런데 보증채무의 범위는 주채무의 범위를 넘지 못한다. 보증채무는 주채무의 이행을 담보하기 위한 것이므로 주채무에 종속되기 때문이다(이를 보증채무의 부종성이라 함. 제430조). 가령 채권자가 주채무의 일부를 면제했다면 보증채무도 당연히 주채무의 한도로 줄어들게 된다.

6. 보증인과 채권자 사이의 관계

(1) 최고 · 검색의 항변권

채권자는 채권의 변제기(채권을 이행하기로 약속한 시점)가 되었을 때 주채무자와 보증인에게 채무의 이행을 동시에 청구할 수도 있고, 자신이 원

보 증 계 약 서

채권자 ○○○을 갑으로 하고 보증인 ○○○을 을로 하여, 양당사자 간에 보증채무에 관하여 다음의 계약을 체결한다.

제1조(계약의 목적) 보증인 을은 20○○년 ○월 ○일 채권자 갑과 채무자 △△△(주소: ○○시 ○○구 ○○동 ○○번지) 간의 ○○계약서에 기재된 채무에 대해서 채무자가 이행을 하지 않을 때는 그 이행을 할 책임을 진다.

제2조(검색의 항변권의 포기) 보증인은 검색의 이익을 포기한다.

제3조(채무의 변제의무) 보증인은 채권자로부터 채무자가 그 채무를 이행하지 않은 취지를 통보 받은 후 ○일간 내에 제1조의 보증채무를 이행해야 하며, 만약 이행하지 않을 때는 채권자에 대하여 위약금 ○○○원을 지급한다.

이 계약을 증명하기 위해 이 증서 2통을 작성하여 각자 서명·날인하고 각 1통을 보관한다.

20○○년 ○월 ○일

<table>
<tr><td rowspan="2">채권자</td><td>주 소</td><td colspan="5"></td></tr>
<tr><td>성 명
또 는
상 호</td><td>인</td><td>주민등록번호
또 는
사업자등록번호</td><td>–</td><td>전 화
번 호</td><td></td></tr>
<tr><td rowspan="2">보증인</td><td>주 소</td><td colspan="5"></td></tr>
<tr><td>성 명
또 는
상 호</td><td>인</td><td>주민등록번호
또 는
사업자등록번호</td><td>–</td><td>전 화
번 호</td><td></td></tr>
</table>

하는 대로 어느 쪽에 대해서든 먼저 청구할 수도 있다.

채권자가 보증인에게 채무의 이행을 청구한 경우, 보증인은 주채무자에게 변제 자력(채무를 이행할 수 있는 재산적 능력)이 있다는 사실과 그 집행이 쉽다는 것을 증명해 먼저 주채무자에게 청구할 것과 주채무자의 재산에 대해 집행할 것을 항변(상대방의 청구를 일시적 · 영구적으로 저지함)할 수 있는데, 이것을 최고 · 검색의 항변권이라 한다(제437조 본문).

보증인이 최고 · 검색의 항변을 했음에도 불구하고 채권자가 제때에 조치를 취하지 않아서 채무자로부터 채무의 전부나 일부의 변제를 받지 못한 경우에는 채권자가 제때에 조치를 취했으면 변제받았을 한도에서 보증인은 책임을 면하게 된다(제438조).

그런데 다음과 같은 경우에는 보증인이 최고 · 검색의 항변권을 행사하지 못한다.

첫째, 연대보증의 경우이다. 이것은 보증의 특수한 형태 중의 하나로서, 보증인이 주채무자와 연대해 채무를 부담하기 때문에 처음부터 최고 · 검색의 항변권이 배제된다(제437조 단서).

둘째, 주채무자에게 변제 자력이 없거나 집행이 어려운 경우이다. 가령 주채무자가 파산선고를 받았거나(변제 자력이 없는 경우), 주채무자가 행방불명되어 집행이 곤란한 경우에 그러하다.

셋째, 보증인이 스스로 항변권을 포기한 경우이다.

(2) 주채무자가 가진 항변권의 원용

채권자가 보증채무의 이행을 청구했을 때 보증인은 주채무자가 채권자에 대해 가지는 항변으로 채권자에게 대항할 수 있다(제433조 제1항). 가령 주채무가 처음부터 존재하지 않았거나 주채무자가 이미 변제(채무를 이행함)한 경우, 보증인은 주채무가 존재하지 않거나 이미 소멸했다는 항변권을 행사해 보증채무의 소멸을 주장할 수 있다.

비록 주채무자가 항변을 포기하더라도 이는 보증인에게는 효력이 없으므로 보증인은 채권자에게 주채무자의 항변권을 행사할 수 있다(제433조 제2항).

(3) 주채무자의 상계권 행사

주채무자가 채권자에 대해 채권을 가지고 있고 상계의 요건을 갖춘 경우, 보증인은 주채무자의 채권에 의한 상계로 채권자에게 대항할 수 있다(제434조). 상계란, 양쪽 당사자가 서로 같은 종류의 채권을 가지고 있고 두 채권이 모두 이행기에 도달한 경우에 어느 한쪽의 일방적인 의사표시로 채무를 대등액만큼 소멸시키는 것을 말한다(제492조 제1항). 예를 들어, A가 B에게 100만 원의 금전채권(금전의 지급을 내용으로 하는 채권)을 가지고 있고 B도 A에 대해 200만 원의 금전채권을 가지고 있으며 두 채권이 모두 변제기(즉 이행기)에 도달했다면, A 또는 B가 상대방에게 상계의 의사표시를 할 경우 A의 채권 100만 원은 소멸하고 B의 채권은 100만 원으로 줄어든다.

7. 보증인과 채무자 사이의 권리 · 의무

(1) 보증인의 구상권

보증계약은 채권자와 보증인 사이에서 체결되므로 보증인이 보증채무를 이행하는 것은 자기 채무를 변제하는 것이 된다. 그러나 이것은 원래는 주채무자가 변제할 채무를 대신 변제하는 것이다. 그러므로 보증채무를 이행한 보증인은 대신 이행한 것에 대한 배상을 주채무자에게 청구할 수 있는데, 이를 구상권(求償權)이라 한다.

(2) 구상권의 성립요건

구상권이 성립하기 위해서는, 보증인이 된 자가 과실 없이 변제, 그 밖의 출재(出財. 재산을 감소시키는 행위)로 주채무를 소멸시켜야 한다(제441조 제1항).

즉 주채무가 소멸한 것으로는 부족하고 그것이 보증인의 출재를 통해 이루어져야만 구상권이 인정된다. 가령 채권자가 주채무를 면제해주었거나 주채무가 시효 완성으로 소멸한 경우처럼, 보증인의 출재 없이 주채무가 소멸하게 된 경우에는 구상권이 인정되지 않는다.

(3) 구상권의 범위

구상권의 범위는 보증인이 주채무자의 부탁을 받아서 보증을 하게 되었는지 여부에 따라서 달라진다. 즉 부탁을 받아 보증을 하게 된 보증인(수탁보증인)은 그렇지 않은 경우에 비해 더 넓은 범위에서 구상권이 인정된다.

수탁(受託)보증인의 구상권은 면책(주채무가 소멸해 주채무자가 책임을 면하게 됨)된 날 이후의 법정이자 및 피할 수 없는 비용, 그 밖의 손해배상을 포함한다(제425조 제2항 · 제441조 제2항).

사례의 해결

A는 B 대신 은행에 변제한 원금, 이자, 연체이자는 물론이고, 이 금액 전체에 대한 법정이자 및 기타 비용을 B에게 청구(구상)할 수 있다.

주채무자의 부탁을 받지 않고 보증인이 된 사람이 구상을 청구하는 경우, 주채무자는 주채무가 소멸할 당시에 이익을 받은 한도에서만 배상하면 된다(제444조 제1항).

주채무자의 의사에 반해 보증인이 된 자가 구상을 청구하면, 주채무자는 현존이익(주채무자에게 남아 있는 이익)의 한도에서 배상하면 충분하다(제444조 제2항).

(4) 사전구상권

위에서 언급한 구상권들은 모두 일단 보증인이 채무자를 대신해 주채무를 소멸시킨 후에 행사하는 것이었지만, 수탁보증인은 일정한 사유가 있는 경우 사전에 주채무자에게 구상권을 행사할 수 있다(제442조 제1항).

가령 보증인이 과실 없이 채권자에게 변제할 재판을 받은 때, 또는 주채무자가 파산선고를 받은 경우에 채권자가 파산재단에 가입하지 아니한 때에 그러하다(제442조 제1항 제1호-제4호 참조).

8. 보증인 보호를 위한 특별법

(1) 입법 취지

우리 사회에서는 특유의 온정주의 때문에 경제적 부담에 대한 충분한 고려 없이 보증이 빈번히 이루어져서 채무자의 채무불이행이 보증인의 경제적 파탄을 불러오는 일이 자주 발생했다. 그러나 민법에는 보증에 관한 규정이 많지 않았을 뿐만 아니라 보증인의 보호를 위한 규정들이 없어서 보증인의 피해가 컸다. 이에 「보증인 보호를 위한 특별법」이 2008년에 제정되었다(같은 법 제1조 참조).

이 법은 민법에 대한 관계에 있어서 특별법에 해당하므로 원칙적으로 민법보다 우선적으로 적용된다.

(2) 서면 작성의 강제

2015년의 개정을 통해 보증의 방식에 있어서 서면 작성을 강제하던 「보증인 보호를 위한 특별법」 제3조와 같은 내용의 규정이 민법에 추가됨에 따라(제428조의 2) 제3조가 그 법에서는 삭제되었다.

보증계약을 체결하거나 보증기간을 갱신할 때에는 보증채무의 최고액을 서면으로 특정하도록 한 「보증인 보호를 위한 특별법」 제4조는 그대로 유지되었다.

(3) 채권자의 통지의무

「보증인 보호를 위한 특별법」 제5조는 채무자의 이행 여부 또는 기타 신용정보를 채권자가 보증인에게 알려주어야 할 의무(통지의무)를 상세히 규정하고 있다. 그런데 이와 거의 동일한 내용의 규정이 민법에도 마련됨에 따라(제436조의 2) 보증인은 어느 규정에 의해서든 보호를 받을 수 있게 되었다.

(4) 보증기간

보증기간의 약정이 따로 없으면 그 기간은 3년으로 한다(같은 법 제7조 제1항). 보증기간은 갱신할 수 있는데, 이때 따로 보증기간의 약정이 없는 경우에는 처음 보증계약을 체결할 때의 보증기간이 그대로 적용된다(같은 법 제7조 제2항). 위와 같이 당사자가 따로 정하지 않았어도 법적으로 인정되는 보증기간은 계약을 체결하거나 갱신하는 때에 채권자가 보증인에게 고지해야 한다(같은 법 제7조 제3항).

또한 보증계약을 체결한 후에 채권자가 보증인의 승낙 없이 채무자에 대해 변제기를 연장해준 경우에는 채권자나 채무자는 보증인에게 그 사실을 알려야 하고, 이 경우 보증인은 즉시 보증채무를 이행할 수 있다(같은 법 제7조 제4항).

(5) 금융기관 보증계약

금융기관이 채권자로서 보증계약을 체결하거나 또는 보증기간을 갱신할 경우에는 「신용정보의 이용 및 보호에 관한 법률」에 따라 종합신용정보집중기관으로부터 제공받은 채무자의 채무 관련 신용정보를 보증인에게 제시하고 그 서면에 보증인의 기명날인이나 서명을 받아야 한다(같은 법 제2조 제4호 · 제8조 제1항).

(6) 보증인보호법을 위반하는 약정의 효력

보증인보호법을 위반하는 약정으로서 보증인에게 불리한 것은 효력이 없다(같은 법 제11조). 보증인에게 유리한 약정은 그 법을 위반한 경우에도 유효하다.

III 저당권

"교수님! 저희 가족이 살고 있던 아파트의 전셋값이 너무 많이 올라 부모님께서는 은행에서 대출을 받아서 아예 새 집을 사기로 마음을 먹으셨어요. 그런데 은행에서 대출을 받으려면 새로 사게 될 아파트에 근저당권이라는 것을 설정해야 한다고 하더라고요. 근저당권이 무엇인지, 또 그것이 어떤 역할을 하는지 궁금해요."

사례

A은행은 B에게 1억 원을 대출해주면서 B 소유의 아파트에 근저당권을 설정했다. 원금을 상환하기로 약정했던 3년이 지난 후에 B는 1억 원을 갚지 못해 연체를 하게 되었다. A은행은 B 소유의 아파트에 대해 어떤 조치를 취할 수 있는가?

1. 저당권의 의의와 성질

(1) 저당권의 의의

앞에서 물적 담보의 대표적 제도가 저당권이라고 언급한 바 있다. 즉 저당권이란 채무의 담보로서 채무자 또는 제3자가 소유하거나 지상권 또는 전세권을 가지는 부동산을 제공해, 만약 채무자가 채무를 이행하지 않는다면 그 부동산에 대한 경매를 통해서 채권자(즉 저당권자)가 다른 채권자보다 우선적으로 변제를 받을 수 있도록 하는 권리를 말한다(제356조).

저당권이 설정(소유권이 아닌 다른 제한물권을 창설함. 제한물권이란 소유권의 기능 중에서 사용하거나 수익할 수 있는 측면을 별도의 물권으로 한 것을 말함) 될 수 있는 객체는 보통은 부동산이나, 지상권 · 전세권과 같은 부동산물권(제371조), 특별법이 정하는 객체(가령 「입목에 관한 법률」에 의해 등기된 입목. 같은 법 제3조 제2항 참조)에 대해서도 저당권이 설정될 수도 있다. 저당권을 설정하기 위한 부동산은 채무자가 제공하는 것이 일반적이지만 제3자가 이를 제공하는 경우도 있는데, 이때 제3자의 지위는 보증계약에 있어서의 보증인과 유사한 측면이 있으므로 「물상보증인」(물건에 관한 보증인이라는 뜻)이라고 한다.

저당권의 가장 중요한 특징 중의 하나는, 부동산을 담보로 제공하기는 했지만 그 부동산을 채권자가 점유하는 것이 아니라 채무자나 물상보증인이 그대로 점유하면서 사용 · 수익할 수 있다는 점이다(제356조). 다시 말해서 그 부동산의 교환가치의 일부에 대해 담보를 설정하면서도, 사용가치 면에서는 그대로 활용할 수 있도록 하는 제도인 셈이다. 이러한 장점 때문에 저당권은 가장 널리 쓰이는 담보제도가 되었다.

(2) 저당권의 성질

첫째, 저당권은 제한물권이다. 즉 물건에 대한 전체적이고 완전한 지배를 목적으로 하는 소유권과는 달리 부동산의 교환가치 일부에 대한 권리이며, 채권자 자신의 부동산이 아니라 타인의 부동산에만 설정될 수 있다.

둘째, 저당권은 담보물권이다. 즉 저당권은 채권을 담보하기 위한 물권이므로 보증채무와 유사한 몇 가지 특징을 가지게 된다. 예컨대 피담보채권(담보의 목적이 되는 채권)과 성립 · 소멸을 같이하게 되고(부종성이라고 함), 피담보채권의 상속 · 양도 시에도 함께 승계된다(수반성이라고 함).

2. 저당권의 성립

(1) 저당권설정계약

저당권이 성립하기 위해서는, 우선 채권자와 채무자(또는 물상보증인) 사이에서 저당권을 설정하기로 하는 계약(저당권설정계약)이 체결되어야 한다. 이와 같이 성립된 저당권을 약정 저당권이라고 한다(예외적으로, 법률규정에 의해 저당권이 성립하는 경우도 있음. 가령 제649조). 이때 채권자를 저당권자, 채무자(또는 물상보증인)를 저당권설정자라고 한다.

(2) 저당권설정등기

저당권은 물권의 하나이므로 공시의 원칙(물권의 득실변경을 등기를 통해 공시해야만 효력이 발생한다는 원칙)에 따라 저당권설정등기를 해야만 그 효력이 생긴다(제186조).

저당권설정등기에는 채권액과 채무자의 성명 또는 명칭, 주소 또는 사무소 소재지는 반드시 기재되어야 하고, 그 밖에 변제기, 이자 및 그 발생기 · 지급시기, 원본 또는 이자의 지급장소 등의 사항에 대해서는 저당권설정계약에서 따로 정한 경우에만 기록한다(부동산등기법 제75조 제1항).

3. 저당권의 효력

(1) 저당권이 미치는 목적물의 범위

저당권의 효력은 저당부동산은 물론이고, 거기에 부합(부동산에 다른 물건이 결합해 사회관념상 분리할 수 없게 됨. 제256조 참조)된 물건과 종물(주된 물건의 일반적인 사용을 위해 부속된 물건. 제100조 제1항 참조)에도 미친다(제358조).

또한 저당물이 멸실 · 훼손되거나 공용징수된 경우 저당권설정자가 받을 금전 기타 물건(가령 보험금, 손해배상, 수용보상금 등)에 대해서도 저당권이 미치게 되는데, 이를 저당권의 물상대위(物上代位)라고 한다(제370조 · 제342조).

(2) 저당권에 의해 담보되는 범위

저당권은 피담보채권(원본 채권)에 대해서는 물론이고, 그 이자, 위약금, 채무불이행으로 인한 손해배상 및 저당권의 실행비용까지도 담보하게 된다(제360조 본문). 다만 주의할 사항은, 지연배상(제때에 이행을 하지 않아서 하게 되는 손해배상)의 경우에는 원본의 이행기일을 경과한 후의 1년분에 한해서만 저당권이 행사될 수 있다는 점이다(제360조 단서).

(3) 우선변제적 효력

저당권의 가장 중요한 효력은 저당물을 경매했을 때 다른 채권자들보다 우선해 저당권자가 그 대금으로부터 자기 채권의 변제를 받을 수 있다는 것인데, 이를 우선변제적 효력이라고 한다(제356조).

보통의 경우에는 저당권자 스스로가 저당권을 실행(저당물을 매각해 현금화하는 것)해 변제를 받겠지만, 자신이 직접 저당권을 실행하지 않고 일반채권자가 강제집행을 신청하거나 또는 후순위 저당권자가 저당권을 실행하는 경우에도 저당권자는 우선변제를 받을 수 있다.

사례의 해결

A은행은 B 소유의 아파트에 대해 저당권을 실행할 수 있다. 즉 그 아파트에 대해 저당권의 실행을 위한 경매를 신청해, 경매대금으로부터 대출금 원본, 이자, 지연손해금에 해당하는 액수를 우선변제받을 수 있다.

(4) 저당권자의 우선적 지위(우선순위)

원칙적으로 저당권자는 일반채권자보다 강제집행에 있어서 우선한다. 그러나 주택임대차보호법상의 일정한 요건(주택 인도, 주민등록, 임대차계약증서의 확정일자. 이에 관한 상세한 내용은 제7절에서 다룸)을 갖춘 주택의 임차인이나 미등기 전세권자는 저당권자보다 우선할 수 있다.

전세권자와의 우선순위는 어느 쪽의 등기가 먼저 이루어졌느냐에 따라 결정된다. 즉 먼저 등기된 쪽이 먼저 배당을 받을 수 있다.

하나의 부동산에 여러 개의 저당권이 설정되어 있는 경우, 다른 저당권자와의 우선순위 역시 저당권설정등기의 선후에 의해 결정된다. 그러므로 선순위 저당권자가 피담보채권액 전부를 변제받은 이후에 남는 것이 있는 경우에만 후순위 저당권자는 우선변제를 받을 수 있다. 만약 남는 것이 없다면 후순위 저당권자는 아무것도 얻을 수 없다.

그러므로 주택을 매입하거나 아니면 주택에 대해 저당권(근저당권 포함)을 설정할 경우에는 저당권이나 전세권과 같은 우선변제적 효력을 가진 물권이 이미 설정되어 있는지를 반드시 확인해야 한다. 또한 앞에서 언급한 주택임대차보호법상의 보호를 받는 임차인이나 미등기 전세권자는 등기가 없어도 우선적 보호를 받기 때문에 실제로 그 주택에 누가 거주하는지 그리고 그 사람들이 주택임대차보호법상의 보호를 받는 임차인이나 미등기 전세권자가 아닌지를 꼭 점검해야 한다.

4. 특수한 저당권

지금까지는 일반적인 저당권에 대해 알아보았다. 그런데 실제 거래에 있어서는 이와는 다른 특수한 형태의 저당권이 많이 쓰인다. 그중에서도 가장 널리 사용되는 공동저당과 근저당에 대해서 살펴보자.

(1) 공동저당

공동저당이랑 동일한 채권을 담보하기 위해 여러 개의 부동산 위에 저당권을 설정하는 것을 말한다(제368조 제1항). 이렇게 함으로써 채권자는 하나의 부동산의 담보가치가 피담보채권을 충족하기에 부족한 경우에도 다른 부동산을 통해 만족을 얻을 수 있게 된다.

채무자가 채무를 이행하지 못해 저당권의 목적이 되는 부동산을 경매하게 되는 경우, 저당권자는 공동저당의 목적이 되는 여러 개의 부동산에 대해 한꺼번에 경매를 할 수도 있고 아니면 일부에 대해서 먼저 경매를 할 수도 있다. 이때 민법은 둘 중의 어느 경우에나 관련된 사람들(특히 후순위 저당권자)에게 공평한 배당(경매대가를 우선순위에 따라 나누어 가짐)이 이루어질 수 있도록 하고 있다(제368조). 즉 부동산의 경매대가를 동시에 배당하는 경우(이른바 동시배당)에는 각 부동산의 경매대가에 비례해 채권의 분담액을 정한다. 또한 일부 부동산의 경매대가를 먼저 배당하는 경우(이른바 이시배당)에는 선순위 저당권자가 일단 채권 전부의 변제를 받을 수 있게 하고, 후순위 저당권자는 동시배당이었으면 선순위 저당권자가 다른 부동산의 경매대가에서 변제를 받을 수 있었을 범위에서 선순위 저당권자를 대위(그의 지위를 대신 가짐)할 수 있도록 하고 있다.

(2) 근저당

근저당이란 계속적 거래관계에서 생기는 불특정 · 다수의 채권을 일정한도액 범위에서 담보하는 저당권을 말한다(제357조). 즉 근저당에 있어서는 피담보채권의 액수가 확정되어 있지 않고 채권의 최고액만을 정해 장래의 결산기까지 이를 담보하게 된다.

보통의 저당에 있어서는 피담보채권이 소멸하면 저당권의 부종성 때문에 저당권이 함께 소멸하게 되지만, 근저당에 있어서는 피담보채권이 소멸하더라도 결산일까지는 근저당권이 유지된다. 또한 저당권등기에 있어서는 피담보채권액이 기재되지만, 근저당권등기에서는 피담보채권의 최고액이 기재된다.

근저당권은 채권의 소멸이나 변제에 영향을 받지 않는다는 이러한 이유 때문에 실무에 있어서 저당권보다도 훨씬 많이 이용된다.

IV 소멸시효

"교수님! 소멸시효가 무엇인지, 그리고 개별 권리들이 각각 몇 년의 소멸시효에 걸리는지, 소멸시효의 기간을 연장할 수 있는 방법은 없는지 등에 관해서 알고 싶습니다."

사례

A는 B에게 1,000만 원을 빌려주었는데 B가 갑자기 이민을 가는 바람에 돈을 돌려받을 수가 없었다. 8년이 지난 후 B가 잠깐 귀국했다가 우연히 A를 만났다. 8년이라는 시간이 지났지만 A는 B로부터 1,000만 원을 돌려받을 수 있을까?

1. 소멸시효의 의의

(1) 시효제도와 소멸시효

시효제도란 일정한 기간 동안 권리의 행사 또는 불행사가 지속된 경우 권리가 성립 또는 소멸하도록 하는 제도이다. 권리가 성립하도록 하는 것을 취득시효라 하고, 반대로 권리가 소멸하도록 하는 것을 소멸시효라 한다.

즉 소멸시효는 권리자가 권리를 행사할 수 있었음에도 불구하고 일정한 기간 동안 그 권리를 행사하지 않는 상태가 계속된 경우에 그 권리를 소멸시키는 제도를 말한다.

(2) 소멸시효에 걸리는 권리

모든 권리가 소멸시효에 걸리는 것은 아니다. 대표적으로 소유권은 항구적으로 인정되는 권리이기 때문에 오랫동안 행사하지 않는다고 하더라도 소멸시효에 걸리는 일이 없다. 물론 취득시효가 적용되어 다른 사람이 소유권을 취득함에 따라 기존의 소유자가 소유권을 상실하는 일은 있을 수 있다(제245조 · 제246조 참조).

소유권과 마찬가지로 가족권과 인격권에 대해서도 소멸시효가 적용되지 않는다. 이러한 권리들은 재산권에 속하지 않기 때문이다.

채권의 경우에는 10년간 권리를 행사하지 않으면 소멸시효가 완성된다(제162조 제1항). 그런데 모든 채권의 소멸시효기간이 항상 10년인 것은 아니고, 보다 짧은 시효기간이 적용되는 경우가 있다(그에 관해서는 다음 항에서 상세히 서술함).

채권과 소유권을 제외한 기타의 재산권에 대해서는 20년의 소멸시효기간이 적용된다. 여기에 해당하는 것으로는 지상권(제279조)과 지역권(제291조)이 있다. 전세권은 존속기간이 아무리 길어도 10년을 넘을 수 없기 때문에 20년의 소멸시효기간이 적용될 수 없다.

2. 채권의 소멸시효기간

(1) 소멸시효의 기산점

소멸시효는 객관적으로 권리가 발생해 그 권리를 행사할 수 있는 때로부터 진행하고 그 권리를 행사할 수 없는 동안에는 진행하지 않는다(제166조 제1항). 가령 기한이 아직 도래하지 않아서 채권을 행사할 수 없거나, 아니면 아직 조건이 성취되지 않아서 채권 자체가 성립하지 않은 경우에는 소멸시효의 기간 자체가 아예 시작되지 않는다.

(2) 일반 민사채권 및 상사채권

보통의 민사채권은 10년간 행사하지 않으면 소멸시효가 완성된다(제162조 제1항). 다만 이하에서 보는 바와 같이 10년보다 더 짧은 소멸시효기간이 적용되는 특별한 채권들도 있다.

상사채권의 경우, 즉 상행위로 인해 발생한 채권의 경우에는 (상법이나 다른 법령에 더 짧게 규정되지 않은 한) 5년간 행사하지 않으면 소멸시효가 완성된다(상법 제64조).

그런데 당사자 중에서 한 사람의 행위라도 상행위(이에 관한 자세한 규율은 상법 제46조 이하 참조)에 해당하면 상법이 적용되므로(상법 제3조), 결국 그 경우에는 5년의 상사 소멸시효가 적용된다.

사례의 해결

A가 B에게 빌려준 1,000만 원은 (A 또는 B가 상인이 아니라면) 보통의 민사채권에 해당한다. 따라서 소멸시효기간은 10년이다. 아직 10년이 경과하지 않았으므로 A는 B에게 1,000만 원의 반환을 청구할 수 있다.

(3) 3년의 단기 소멸시효에 걸리는 채권

다음의 채권들은 3년간 행사하지 않으면 소멸시효가 완성된다(제163조).

① 이자, 부양료, 급료, 사용료 기타 1년 이내의 기간으로 정한 금전 또는 물건의 지급을 목적으로 한 채권

② 의사, 조산사, 간호사 및 약사의 치료, 근로 및 조제에 관한 채권

③ 도급받은 자, 기사 기타 공사의 설계 또는 감독에 종사하는 자의 공사에 관한 채권

④ 변호사, 변리사, 공증인, 공인회계사 및 법무사에 대한 직무상 보관

한 서류의 반환을 청구하는 채권

⑤ 변호사, 변리사, 공증인, 공인회계사 및 법무사의 직무에 관한 채권

⑥ 생산자 및 상인이 판매한 생산물 및 상품의 대가

⑦ 수공업자 및 제조자의 업무에 관한 채권

(4) 1년의 단기 소멸시효에 걸리는 채권

다음의 채권들은 1년간 행사하지 않으면 소멸시효가 완성된다(제164조).

① 여관, 음식점, 대석(貸席), 오락장의 숙박료, 음식료, 대석료, 입장료, 소비물의 대가 및 체당금(替當金)의 채권

② 의복, 침구, 장구 기타 동산의 사용료의 채권

③ 노역인, 연예인의 임금 및 그에 공급한 물건의 대금채권

④ 학생 및 수업자의 교육, 의식(衣食) 및 유숙(留宿)에 관한 교주(校主), 숙주(塾主), 교사의 채권

(5) 불법행위로 인한 손해배상의 청구권

불법행위로 인한 손해배상의 청구권은 피해자나 그 법정대리인이 그 손해 및 가해자를 안 날부터 3년간 이를 행사하지 않거나, 혹은 불법행위를 한 날부터 10년이 경과하면 시효로 인해 소멸한다(제766조).

(6) 판결 등으로 확정된 채권

단기의 소멸시효에 해당하는 채권이라 할지라도 판결에 의해 확정되면 그때부터 그 채권의 소멸시효는 10년이 된다(제165조 제1항).

파산절차에 의해 확정된 채권 및 재판상의 화해, 조정 그 밖에 판결과 동일한 효력이 있는 것(청구의 인낙조서, 확정된 지급명령 등)에 의해 확정된

채권도 마찬가지로 그 소멸시효는 10년이 된다(제165조 제2항).

3. 소멸시효의 중단

(1) 소멸시효의 중단사유

소멸시효기간은 절대불변의 기간이 아니고 유동적인 기간이다. 채권자가 시효가 완성되기 전에 소멸시효를 중단시킬 수 있기 때문이다.

소멸시효를 중단시킬 수 있는 사유로는 ① 청구, ② 압류 또는 가압류, 가처분, ③ 승인이 있다(제168조).

우선, 소멸시효를 중단시키는 '청구'에는 재판상의 청구(제170조), 파산절차 참가(제171조), 지급명령(제172조), 화해를 위한 소환, 임의출석(제173조) 등이 해당한다.

재판상의 청구를 하면 소멸시효가 중단되지만, 소송이 각하 · 기각 또는 취하되는 경우에는 시효중단의 효력이 없다(제170조 제1항).

채권자가 채무자에게 이행을 청구하는 것을 최고(催告)라고 하는데, 이러한 최고에는 특별한 형식이 없으며 최고가 있으면 소멸시효는 일단 중단된다. 그러나 최고를 한 후 6개월 내에 재판상의 청구, 파산절차 참가, 화해를 위한 소환, 임의출석, 압류 또는 가압류, 가처분 등의 조치를 취하지 않으면 시효중단의 효력이 없다(제174조). 즉 최고는 소멸시효를 6개월 동안 잠정적으로 중단시키는 효력만 있으므로 그 6개월 내에 재판상의 청구와 같이 시효를 완전히 중단시키는 조치를 취해야 한다.

다음으로, 압류 · 가압류 · 가처분은 강제집행을 하기 위한 첫 번째 단계에서 취해지는 조치들로서, 채무자의 재산에 대한 처분을 금지하는 역할을 한다. 물론 압류 · 가압류 및 가처분을 했더라도 권리자의 청구에 의해 또는 법률의 규정에 따르지 아니함으로 인해 그 조치들이 취소된 때에는 시효중단의 효력이 없다(제175조).

끝으로, 채무자가 채무를 승인하는 경우에도 소멸시효는 중단된다. 승인이란 채무자가 채권자에게 그 권리의 존재를 인정한다고 표시하는 것을 말한다. 승인은 승인을 할 만한 권한이 있는 자가 해야 하지만, 상대방의 권리에 관한 처분능력이나 권한이 필요한 것은 아니다(제177조). 또한 채권자에게 명시적으로 승인하는 것뿐만 아니라, 채무자가 이자를 지급하거나 일부 변제를 하거나 담보를 제공하는 것도 승인이 된다.

(2) 소멸시효 중단의 효력

소멸시효가 중단되면 그때까지 경과한 시효기간은 산입하지 않고 중단사유가 종료한 때로부터 다시 시효기간의 계산이 시작된다(제178조 제1항).

재판상의 청구로 인해 중단된 시효는 재판이 확정된 때로부터 새롭게 진행한다(제178조 제2항). 압류·가압류·가처분의 경우에는 이들 절차가 종료한 때로부터, 그리고 승인의 경우에는 승인이 채권자에게 도달한 때로부터 다시 소멸시효가 시작된다.

4. 소멸시효 완성의 효과

소멸시효가 완성되면 당사자의 원용(어떤 사실을 끌어와 자기에게 유리하게 주장함)이 없어도 채무는 당연히 소멸한다.

그러나 변론주의의 원칙(당사자가 수집해 변론에서 제출한 소송자료만 재판의 기초로 삼는다는 민사소송법의 원칙) 때문에, 소멸시효의 이익을 받을 자는 실제 소송에 있어서 권리를 주장하는 채권자에 대항해 시효소멸의 이익을 받겠다는 뜻을 항변해야 한다. 만약 채무자가 소멸시효가 완성되었다는 항변을 하지 않으면, 법원은 그의 의사에 반해 재판할 수 없으므로 결국 채권자의 청구가 인정되는 결과가 된다. 즉 소멸시효가 완성되었다는 주장을 하지 않는 것은 마치 소멸시효의 이익을 포기하는 것과 마찬가지가 된다.

제7절

주택의 임대차와 전세

I 임대차와 전세의 구분

"교수님! 학교 앞에 원룸을 하나 빌려서 친구와 함께 자취를 하려고 집을 알아보고 있어요. 알아본 원룸 중에서 하나는 보증금 3,000만 원에 월세 50만 원이고 다른 하나는 전세 7,000만 원이에요. 보증금에 월세가 있는 경우와 그냥 전세로 하는 경우가 법적으로는 어떤 차이가 있는지 궁금해요."

1. 타인 주택의 이용

다른 사람이 소유한 주택을 이용하는 방법에는 일반적으로 다음과 같이 네 가지의 형태가 있다.

첫째, 전세권은 전세금을 주고 전세권등기를 한 후 다른 사람의 주택을 이용하는 권리이다(제303조). 둘째, 채권적 전세(미등기 전세)는 전세금을 주고 그 이자로 월세(차임)를 대신하는 점에 있어서는 전세권의 경우와 같지만, 등기를 하지는 않은 채로 다른 사람의 주택을 이용하는 방법이다. 셋째, 반전세 또는 월세는 보증금을 주고 차임도 매월 지급하면서 다른 사람의 주택을 이용하는 방법이다. 넷째, 사글세란 임차기간 동안의 차임 전부를 미리 지급하고 다른 사람의 주택을 이용하는 방법을 말한다.

이들 중 첫 번째의 전세권은 물권인 전세권에 해당하는 것이고, 나머지 세 가지는 모두 임대차계약에 의한 것이며 그 경우 임차인의 권리는 채권인 임차권이다.

전세권과 임차권은 타인의 목적물을 사용·수익할 수 있는 권리라는 점에서 공통점이 있다. 전세권과 임차권의 가장 큰 차이점은 전세권은 물권이고 임차권은 채권이라는 점이며, 존속기간과 성질 등에서 많은 차이가 난다.

이하에서는 주로 주택에 대한 임대차계약과 전세권에 관해서 보다 자세히 살펴보고자 한다.

II 임대차계약

"교수님! 아까 말씀드렸던 두 원룸 중에서 전세 7,000만 원짜리 원룸으로 결정하려고 해요. 그런데 전세보증금이 적지 않은 액수여서 나중에 전세기간이 끝났을 때 확실히 돌려받을 수 있을지가 걱정이 돼요. 전세보증금을 꼭 돌려받으려면 어떻게 해야 하나요?"

사례

A는 B 소유의 주택을 임대차해 살고 있었는데 계약기간이 끝나기도 전에 B는 이 주택을 C에게 매각했다. 그 후 C는 A에게 그 주택을 비워달라고 요구했다. A는 이 주택에서 나가야 하는가?

1. 임대차계약의 의의

임대차는 당사자 일방이 상대방에게 목적물을 사용, 수익하게 할 것을 약정하고 상대방이 이에 대해 차임을 지급할 것을 약정함으로써 성립하는 계약이다(제618조). 임대차계약에는 민법에 따른 전세권설정등기 없이 행하는 일반적인 형태인 채권적 전세계약 및 월세계약이 포함된다.

임대차계약은 매매와 더불어 가장 중요하고 흔히 이용되는 전형계약이다. 민법의 규정만 가지고는 부동산 임차인의 지위를 보호하기에 미흡한 점이 있었기 때문에, 주택임대차보호법과 상가건물임대차보호법이 제정되었다.

2. 임대차계약 체결 시의 주의사항

(1) 소유자와 임대인의 일치 여부 확인

임대차계약을 체결하기 전에 미리 부동산등기부를 확인해 부동산소유자가 누구인지, 임대인이 소유자와 일치하는지를 점검해야 한다.

임대차계약은 등기부상의 소유자와 체결하는 것이 원칙이므로 등기부의 소유권과 관련된 내용이 기재되어 있는 갑구에서 부동산소유자의 이름, 주소, 주민등록번호 등 인적사항을 확인해야 한다. 단독주택을 임차하는 경우에는 토지등기부등본과 건물등기부등본을 비교해서 토지소유자와 건물소유자가 같은 사람인지를 확인해야 한다. 이것은 계약 만료 후 임차보증금을 확실하게 돌려받기 위해 매우 중요한 사항이다.

주택의 소유자와 계약을 체결하는 경우에는 소유자의 주민등록증과 등기부상 소유자의 인적사항을 대조해 서로 일치하는지도 확인해야 한다. 주택소유자의 대리인과 임대차계약을 체결하는 경우에는 위임장과 인감증명서를 요구해야 한다.

(2) 임차목적물의 권리관계 확인

부동산등기부를 열람해 임차목적물에 관한 권리관계를 다음과 같은 점에 유의해 확인해야 한다.

먼저, 등기부의 표제부에 표시되어 있는 지번이 임차하려는 주택의 번지수와 일치하는지를 점검해야 한다. 아파트, 연립주택, 다세대주택 등 집합건물의 경우에는 표제부에 나와 있는 동·호수가 임차하려는 주택의 동·호수와 일치하는지 확인해야 한다. 잘못된 지번 또는 잘못된 동·호수로 임대차계약을 하면 주택임대차보호법상의 보호를 받지 못하게 되는 문제가 생긴다.

다음으로, 등기부의 갑구에서는 위에서 언급한 바 있는 소유자의 인적사항에 관한 내용 이외에도, 목적 부동산에 압류, 가압류, 가처분, 가등기 등이 되어 있지 않는지를 확인해야 한다. 이러한 등기가 되어 있다는 것은 언제든지 강제집행이 이루어지거나 다른 사람이 소유권을 취득할 수 있다는 의미가 되므로 그러한 부동산에 대한 계약은 피하는 것이 좋다.

이어서 소유권 이외의 권리인 저당권, 전세권 등이 기재되는 을구에서 확인해야 할 사항은 다음과 같다.

우선, 저당권이나 전세권이 등기되어 있는지 확인해서 저당권이나 전세권이 많이 설정되어 있다면 계약을 하지 않는 것이 좋다. 저당권이나 전세권이 설정된 후 주택을 임차한 임차인은 저당권자나 전세권자보다 후순위 권리자로 되므로 주택이 경매되면 저당권자나 전세권자가 배당받고 난 나머지 금액에 대해서만 배당받을 수 있기 때문에 임차보증금을 돌려받기 어려워지기 때문이다.

또한, 지상권이나 지역권이 설정되어 있는지 확인해야 한다. 만약 그런 권리들이 존재한다면, 임차인은 그러한 권리들의 범위 내에서는 그 목적 부동산을 이용할 수 없게 되기 때문이다.

3. 임대차계약의 성립

임대차계약의 당사자는 임대인과 임차인이다. 보통은 임대인이 임대목적물의 소유자이지만, 임대목적물에 대한 처분권이 있거나 적법한 임대권한을 가진 사람도 임대인이 될 수는 있다.

임대차계약은 낙성계약이고 불요식계약이므로 당사자의 합의만 있으면 성립하고 특별한 방식을 갖추어 체결할 필요도 없다. 그렇지만 분쟁의 소지를 없애기 위해 서면으로 임대차계약서를 작성하는 것이 일반적이며 바람직하다.

건물임대차를 위한 표준적인 임대차계약서 서식을 다음 페이지에 소개한다.

4. 임대차의 존속기간

(1) 계약으로 기간을 정한 경우

종전에는 임대차계약의 존속기간은 원칙적으로 20년을 넘지 못했다. 예외적으로 석조, 석회조, 연와조 또는 이와 유사한 견고한 건물 기타 공

임 대 차 계 약 서

임대인(이하"갑(甲)"이라고 함)과 임차인(이하"을(乙)"이라고 함)은 서로간 합의하에 다음과 같이 부동산 임대차계약을 체결한다.

1. 부동산의 표시

소 재 지	
건 물	용도 : 구조 : 면적 : ㎡/(평)
임 대 할 부 분	

2. 계약내용(약정사항)

제1조(보증금) 을(乙)은 상기 표시 부동산의 임대차보증금 및 차임(월세)을 다음과 같이 지불하기로 한다.

ㅇ보증금 : 금ㅇㅇㅇ원(₩ㅇㅇㅇ)

ㅇ계약금 : 금ㅇㅇㅇ원은 계약시에 지불한다.

ㅇ중도금 : 금ㅇㅇㅇ원은 20ㅇㅇ년 ㅇ월 ㅇ일에 지불한다.

ㅇ잔 금 : 금ㅇㅇㅇ원은 건물명도와 동시에 지불한다.

ㅇ차임(월세금) : 금ㅇㅇㅇ원은 매월 말일에 지불한다.

제2조(임대차기간) 임대차 기간은 20ㅇㅇ년 ㅇ월 ㅇ일부터 20ㅇㅇ년 ㅇ월 ㅇ일까지 ㅇㅇ개월로 한다.

제3조(건물의 인도) 갑(甲)은 상기 표시 부동산을 임대차 목적대로 사용·수익할 수 있는 상태로 하여 20ㅇㅇ년 ㅇ월 ㅇ일까지 을(乙)에게 인도한다.

제4조(구조변경, 전대등의 제한) 을(乙)은 갑(甲)의 동의 없이 상기 표시 부동산의 용도나 구조 등의 변경, 전대, 양도, 담보제공 등 임대차 목적 외에 사용할 수 없다.

제5조(계약의 해제) 을(乙)이 갑(甲)에게 중도금(중도금 약정이 없는 경우에는 잔금)을 지불하기 전까지는 본 계약을 해제할 수 있는바, 갑(甲)이 해약할 경우에는 계약금의 2배액을 상환하며 을(乙)이 해약할 경우는 계약금을 포기하는 것으로 한다.

제6조(원상회복의무) 乙은 존속기간의 만료, 합의해지 및 기타 해지사유가 발생하면 즉시 원상 회복하여야 한다.

제7조(민법의 적용) 본 계약에서 정하지 아니한 사항에 대해서는 민법의 규정을 적용토록 한다.

위 계약을 증명하기 위하여 계약서 2통을 작성하고, 각 서명·날인하여 각자 1통씩 보관한다.

20○○년 ○월 ○일

<table>
<tr><td rowspan="2">임대인</td><td>주 소</td><td colspan="5"></td></tr>
<tr><td>성 명</td><td>인</td><td>주민등록번호</td><td>–</td><td>전화번호</td><td></td></tr>
<tr><td rowspan="2">임차인</td><td>주 소</td><td colspan="5"></td></tr>
<tr><td>성 명</td><td>인</td><td>주민등록번호</td><td>–</td><td>전화번호</td><td></td></tr>
</table>

작물의 소유를 목적으로 하는 토지임대차나 식목, 채염을 목적으로 하는 토지임대차의 경우는 20년을 넘어도 되었다(제651조 제1항).

그러나 최근의 헌법재판소 결정을 통해 임대차계약의 존속기간을 제한하는 제651조 제1항의 내용은 헌법에 위반되기 때문에 그 효력을 상실했다. 따라서 당사자들이 20년이 넘는 기간으로 임대차계약을 체결하는 것이 가능하게 됨으로써, 임대차기간에 대해서는 아무런 제한 없이 당사자가 자유롭게 정할 수 있게 되었다.

또한 종전에는 당사자의 약정기간이 20년을 넘는 경우에는 자동적으로 20년으로 단축되었으나(제651조 제1항), 이 부분의 규정 역시 효력을 상실했다.

(2) 임대차의 갱신

당사자가 계약으로 정한 임대차의 존속기간은 갱신할 수 있으나 그 기간은 갱신한 날부터 10년을 넘지 못한다(제651조 제2항). 임대차기간이 만료한 후 임차인이 임차물의 사용 · 수익을 계속하고, 임대인이 상당한 기간 내에 이의를 하지 않은 경우에는 전임대차와 동일한 조건으로 다시 임대차한 것으로 본다(제639조 제1항).

(3) 계약으로 기간을 정하지 않은 경우

임대차기간의 약정이 없는 경우 당사자는 언제든지 계약해지를 통고할 수 있다(제635조 제1항). 상대방이 계약해지 통고를 받은 날부터 다음과 같은 일정한 기간이 경과하면 해지의 효력이 생긴다(제635조 제2항). 즉 토지, 건물 기타 공작물의 경우 임대인이 해지를 통고한 때에는 6개월, 임차인이 해지를 통고한 때에는 1개월이고, 동산의 경우는 5일이다.

5. 임대인의 의무

(1) 목적물을 사용 · 수익하게 할 의무

임대인은 계약이 존속하는 동안 임차목적물의 사용, 수익에 필요한 상태를 유지하게 할 의무를 부담한다(제623조). 구체적으로는 목적물인도의무, 방해제거의무, 수선의무를 부담한다.

(2) 비용상환의무

임차인이 임차물의 보존에 관한 필요비를 지출한 때에는 임대인에 대해 그 상환을 청구할 수 있다(제626조 제1항). 또한 임차인이 유익비를 지출한 경우에 임대인은 임대차 종료 시 그 가액의 증가가 현존한 때에 한해 임차인이 지출한 금액이나 그 증가액을 상환해야 한다(제626조 제2항).

6. 임차인의 권리와 의무

(1) 임차인의 권리

임대차계약에 의해 임차인은 임차물을 사용 · 수익할 권리를 가지는데, 이것이 바로 임차인의 임차권이다.

(2) 임차권의 대항력 유무

임차권은 채권이므로 이것은 임대인에 대해서만 행사할 수 있으며 임대목적물의 양수인과 같은 제3자에 대해서는 행사할 수 없는 것이 원칙이다. 그러나 이렇게 되면 임차인의 지위가 매우 불리하게 되므로 우리 민법과 특별법은 몇 가지 예외를 인정하고 있다.

첫째, 임차인은 당사자 간에 반대 약정이 없으면 임대인에 대해 임대차

등기절차에 협력할 것을 청구할 수 있다(제621조 제1항). 부동산임대차를 등기하면 그때부터 제3자에 대해 효력이 생긴다(제621조 제2항).

둘째, 등기를 하지 않더라도 임차인이 주택의 인도와 주민등록을 마친 경우 그 다음 날부터 제3자에 대해 효력이 생긴다. 이 경우 전입신고를 한 때에 주민등록이 된 것으로 본다(주택임대차보호법 제3조 제1항).

사례의 해결

A가 자신의 임차권을 C에게도 주장할 수 있는 경우, 이 임차권이 대항력을 갖추었다고 말한다. A가 이 대항력을 갖추기 위해서는 주택의 인도와 주민등록(전입신고) 등 주택임대차보호법상의 요건을 갖추어야 한다. 또는 민법상의 임대차등기를 했어도 마찬가지이다. 그런 경우에 A는 종전에 B와 체결한 임대차의 존속기간 동안에는 자신의 임차권을 C에게도 주장할 수 있으므로 그 주택에서 나가지 않아도 된다.

셋째, 상가건물임대차의 경우 등기를 하지 않아도 임차인이 건물의 인도와 사업자등록을 신청하면 그 다음 날부터 제3자에 대해 효력이 생긴다(상가건물임대차보호법 제3조 제1항).

넷째, 건물의 소유를 목적으로 한 토지임대차는 이를 등기하지 않아도 임차인이 그 지상건물을 등기한 경우 제3자에게 임대차의 효력이 생긴다(제622조 제1항).

(3) 임차인의 의무

임차인은 차임을 지급할 의무가 있고(제618조), 선량한 관리자의 주의로 임차물을 보관할 의무가 있으며(제374조), 임대차 종료 후에는 임차물을 반환할 의무가 있다(제613조).

7. 보증금

(1) 보증금의 의의

보증금은 부동산임대차(특히 건물임대차)에 있어서 임대인의 채권(차임채권, 손해배상채권 등)을 담보하기 위해 임차인이나 제3자가 임대인에게 지급하는 금전 또는 기타의 유가물이다.

(2) 보증금의 효력

보증금은 차임채권을 비롯해 임차물이 멸실 · 훼손되거나 기타의 원인에 의해 발생하는 손해배상채권 등 임대인이 가지는 모든 채권을 담보한다. 따라서 임대차의 종료로 인해 임차물과 보증금을 서로 반환하는 경우에 임대인은 보증금으로부터 이러한 모든 채권액을 공제한 후 그 나머지만을 반환하게 된다. 임대인의 보증금반환의무와 임차인의 임차물반환의무는 서로 동시이행의 관계에 있다.

8. 주택임대차보호법

(1) 입법 취지

민법의 임대차에 관한 규정들만으로는 경제적 약자인 임차인의 권리를 보호하기 어려운 측면이 많았으므로 이를 보완하기 위해 민법의 특별법으로서 주택임대차보호법이 1981년에 처음 제정되었고(주택임대차보호법 제1조 참조), 2020년 7월에 주택임대차보호법과 부동산거래신고법이 대폭 개정되어 흔히 '임대차 3법'이라고 부르는 새로운 제도들(계약갱신청구권제, 전 · 월세상한제, 전 · 월세신고제)이 도입되었다.

원칙적으로 임대인과 임차인은 임대차계약의 내용을 자유롭게 합의할 수 있으나, 합의한 내용 중에서 주택임대차보호법을 위반해 임차인에게 불리한 것은 효력이 없다(같은 법 제10조). 물론 주택임대차보호법 규정에 위반되는 약정이라 하더라도 임차인에게 불리하지 않은 것은 유효하다.

(2) 적용 범위

주택임대차보호법은 주택, 즉 주거용 건물의 전부 또는 일부에 대해 임대차하는 경우에 적용되고, 그 임차주택의 일부를 주거 외의 목적으로 사용하는 경우에도 적용된다(같은 법 제2조). 주거용 건물인지 여부의 판단 시기는 임대차계약을 체결하는 때를 기준으로 한다. 또한 주거용 건물이면 무허가 건물이나 미등기 건물을 주거를 목적으로 임대차하는 경우에도 주택임대차보호법이 적용된다.

주택임대차보호법은 전세권등기를 하지 않은 채권적 전세(미등기 전세)에도 적용된다(같은 법 제12조).

(3) 대항력

주택임대차는 등기를 하지 않은 경우에도, 임차인이 주택을 인도받고 주민등록(전입신고)을 마친 경우에는 그 다음 날부터 제3자에 대해 효력이 생긴다(같은 법 제3조 제1항).

(4) 존속의 보호 및 임차인의 갱신청구권

기간을 정하지 아니하거나 2년 미만으로 정한 주택임대차는 그 존속기간이 2년이 된다(같은 법 제4조 제1항 본문). 다만 임차인은 2년 미만으로 정한 기간이 유효함을 주장할 수 있다(같은 법 제4조 제1항 단서).

임대차기간이 끝난 경우에도 임차인이 보증금을 반환받을 때까지는 임대차관계가 존속되는 것으로 본다(같은 법 제4조 제2항). 이것은 임차인이 보증금 반환을 용이하게 청구할 수 있도록 하려는 취지에서 마련된 규정이다.

또한 주택임대차보호법은 계약의 묵시적 갱신과 관련해서도 임차인을 보호하는 특별규정을 두고 있다(같은 법 제6조 · 제6조의 2).

신설된 제도인 임차인의 갱신청구권(갱신요구권)에 따르면, 주택임대차보호법 제6조에도 불구하고 임대인은 임차인이 임대차기간이 끝나기 6개월 전부터 2개월 전까지의 기간 이내에 계약갱신을 요구할 경우 정당한 사유 없이 거절하지 못한다(같은 법 제6조의3 제1항 본문). 따라서 임차인에게는 실질적으로 최대 4년의 임대차 존속기간이 인정된다.

그런데 임차인의 이러한 갱신요구권에는 일정한 예외가 있다(같은 항 단서). 가령, 임차인이 2기의 차임액에 해당하는 금액에 이르도록 차임을 연체한 사실이 있는 경우(같은 항 제1호), 임차인이 거짓이나 그 밖의 부정한 방법으로 임차한 경우(같은 항 제2호), 임대인(임대인의 직계존속 · 직계비속을 포함)이 목적 주택에 실제 거주하려는 경우(같은 항 제8호), 그 밖에 임차인이 임차인으로서의 의무를 현저히 위반하거나 임대차를 계속하기 어려운 중대한 사유가 있는 경우(같은 항 제9호)에 그러하다.

(5) 차임 등의 증감청구권 및 전 · 월세상한제

당사자는 약정한 차임이나 보증금이 임차주택에 관한 조세, 공과금, 그 밖의 부담의 증감이나 경제사정의 변동으로 인해 적절하지 아니하게 된 때에는 장래에 대해 그 증감을 청구할 수 있지만, 이 경우 증액청구는 임대차계약 또는 약정한 차임이나 보증금의 증액이 있은 후 1년 이내에는 하지 못한다(같은 법 제7조 제1항 후단). 또한 이러한 증액청구는 약정한 차임이나 보증금의 20분의 1(즉 5%)의 금액을 초과하지 못한다(같은 조 제2항 본문). 다만, 특별시 · 광역시 · 특별자치시 · 도 및 특별자치도는 관할 구역 내의 지역별 임대차 시장 여건 등을 고려하여 본문의 범위에서 증액

청구의 상한을 조례로 달리 정할 수 있다(같은 조 제2항 단서). 이러한 증액 청구의 제한을 흔히 '전월세상한제'라고 부른다.

만약 임차인이 같은 법 제7조에 따른 증액비율을 초과해 차임 또는 보증금을 지급하거나 제7조의 2에 따른 월차임 산정률을 초과해 차임을 지급했다면, 초과 지급된 차임 또는 보증금 상당금액의 반환을 청구할 수 있다(같은 법 제10조의 2).

(6) 보증금의 보호

대항요건을 갖춘 임차인이 임대차계약증서상의 확정일자를 갖춘 경우, 그러한 임차인은 민사집행법에 따른 경매 또는 국세징수법에 따른 공매(公賣)를 할 때에 임차주택(대지를 포함함)의 환가대금에서 후순위 권리자나 그 밖의 채권자보다 우선해 보증금을 변제받을 권리가 있다(이른바 우선변제권. 같은 법 제3조의 2 제2항).

확정일자는 주택 소재지의 읍 · 면사무소, 동 주민센터 또는 시(특별시 · 광역시 · 특별자치시는 제외하고, 특별자치도는 포함함) · 군 · 구(자치구를 말함)의 출장소, 지방법원 및 그 지원과 등기소 또는 공증인법에 따른 공증인이 부여하는데(같은 법 제3조의 6 제1항), 임대차계약이 언제 체결되었는지를 증명하는 역할을 한다.

나아가 임차인은, 주택에 대한 경매신청의 등기 전에 주택의 인도와 주민등록을 갖춘 경우 보증금 중 일정액을 다른 담보물권자보다 우선해 변제받을 권리가 있다(이른바 최우선변제권. 같은 법 제8조 제1항). 이에 따라 우선변제를 받을 임차인 및 보증금 중 일정액의 범위와 기준은 주택임대차위원회의 심의를 거쳐 대통령령으로 정하는데, 이는 주택가액(대지의 가액을 포함함)의 2분의 1을 넘지 못한다(같은 법 제8조 제3항). 그 액수는 구체적으로는 다음의 금액 이하로 한다(같은 법 시행령 제10조 제1항).

① 서울특별시: 5천 500만 원

② 「수도권정비계획법」에 따른 과밀억제권역(서울특별시는 제외한다), 세종특별자치시, 용인시, 화성시 및 김포시: 4천 800만 원

③ 광역시(「수도권정비계획법」에 따른 과밀억제권역에 포함된 지역과 군지역은 제외한다), 안산시, 광주시, 파주시, 이천시 및 평택시: 2천 800만 원

④ 그 밖의 지역: 2천 500만 원

그런데 위와 같이 주택임대차보호법 제8조에 의해 보증금 중 일정액을 우선변제 받으려면 보증금이 일정 금액 이하인 경우여야 하며, 보증금이 그 금액을 초과하면 이 규정에 따른 우선변제는 전혀 받지 못한다. 그 보증금의 금액은 다음과 같다(같은 법 시행령 제11조).

① 서울특별시: 1억 6천 500만 원

② 「수도권정비계획법」에 따른 과밀억제권역(서울특별시는 제외한다), 세종특별자치시, 용인시, 화성시 및 김포시: 1억 4천 500만 원

③ 광역시(「수도권정비계획법」에 따른 과밀억제권역에 포함된 지역과 군지역은 제외한다), 안산시, 광주시, 파주시, 이천시 및 평택시: 8천 500만 원

④ 그 밖의 지역: 7천 500만 원

(7) 월차임 전환 시 산정률의 제한

보증금의 전부 또는 일부를 월 단위의 차임으로 전환하는 경우에는 그 전환되는 금액에 다음 중 낮은 비율을 곱한 월차임의 범위를 초과할 수 없다(같은 법 제7조의 2).

① 은행법에 따른 은행에서 적용하는 대출금리와 해당 지역의 경제 여건 등을 고려해 대통령령으로 정하는 비율

② 한국은행에서 공시한 기준금리에 대통령령으로 정하는 배수를 곱한 비율

(8) 주택임대차신고제

부동산거래신고법이 개정됨에 따라, 2021년 6월 1일 이후에 체결되는 주택임대차계약에 대해서는 신고제(이른바 '전 · 월세신고제')가 실시된다. 즉 주택임대차계약을 체결한 경우 그 보증금 또는 차임 등 국토교통부령으로 정하는 사항을 임대차계약의 체결일부터 30일 이내에 주택 소재지를 관할하는 신고관청에 임대인과 임차인이 공동으로 신고해야 한다(부동산거래신고법 제6조의2 제1항 본문). 신고는 온라인으로 부동산거래관리시스템(http://rtms.molit.go.kr)을 통해 또는 관할 읍 · 면 · 동 주민센터를 방문해 할 수 있다.

또한, 위와 같이 신고한 후 해당 주택임대차계약의 보증금, 차임 등 임대차 가격이 변경되거나 임대차계약이 해제된 때에도, 변경 또는 해제가 확정된 날부터 30일 이내에 해당 신고관청에 공동으로 신고해야 한다(같은 법 제6조의3 제1항 본문).

이러한 신고의 접수를 완료한 때에는 확정일자(주택임대차보호법 제3조의6 제1항 참조)를 부여한 것으로 보기 때문에(부동산거래신고법 제6조의5 제3항 전단), 별도로 임대차계약에 대한 확정일자를 받을 필요가 없어졌다.

신고 대상이 되는 임대차계약은, 금액 면에서는 보증금이 6천만 원을 초과하거나 월 차임이 30만 원을 초과하는 경우(계약을 갱신하는 경우로서 보증금 및 차임의 증감 없이 임대차 기간만 연장하는 계약은 제외)이다(같은 법 시행령 제4조의3 제1항). 신고의 대상이 되는 지역은 특별자치시 · 특별자치도 · 시 · 군(광역시 및 경기도의 관할구역에 있는 군으로 한정) · 구(자치구를 말함)이다(같은 조 제2항).

다음 페이지의 주택임대차계약서는 법무부와 국토교통부, 서울시 등이 함께 만든 표준적인 서식이다(출처: 법무부 홈페이지).

이 계약서는 법무부가 국토교통부·서울시 및 관련 전문가들과 함께 민법, 주택임대차보호법, 공인중개사법 등 관계법령에 근거하여 만들었습니다. 법의 보호를 받기 위해 【중요확인사항】(별지1)을 꼭 확인하시기 바랍니다.

주택임대차표준계약서

□보증금 있는 월세
□전세 □월세

임대인( )과 임차인( )은 아래와 같이 임대차 계약을 체결한다

[임차주택의 표시]

소 재 지	(도로명주소)			
토 지	지목		면적	㎡
건 물	구조·용도		면적	㎡
임차할부분	상세주소가 있는 경우 동·층·호 정확히 기재		면적	㎡
계약의종류	□ 신규 계약		□ 합의에 의한 재계약	
	□「주택임대차보호법」제6조의3의 계약갱신요구권 행사에 의한 갱신계약 * 갱신 전 임대차계약 기간 및 금액 계약 기간: . . . ~ . . . 보증금: 원, 차임: 월 원			

미납 국세·지방세	선순위 확정일자 현황	확정일자 부여란
□ 없음 (임대인 서명 또는 날인 ______ ㊞)	□ 해당 없음 (임대인 서명 또는 날인 ______ ㊞)	
□ 있음(중개대상물 확인·설명서 제2쪽 II. 개업공인중개사 세부 확인사항 '⑨ 실제 권리관계 또는 공시되지 않은 물건의 권리사항'에 기재)	□ 해당 있음(중개대상물 확인·설명서 제2쪽 II.개업공인중개사 세부 확인사항 '⑨ 실제 권리관계 또는 공시되지 않은 물건의 권리사항'에 기재)	※ 주택임대차계약서를 제출하고 임대차 신고의 접수를 완료한 경우에는 별도로 확정일자 부여를 신청할 필요가 없습니다.

[계약내용]

제1조(보증금과 차임 및 관리비) 위 부동산의 임대차에 관하여 임대인과 임차인은 합의에 의하여 보증금과 차임 및 관리비를 아래와 같이 지불하기로 한다.

보 증 금	금 원정(₩)
계 약 금	금 원정(₩)은 계약시에 지불하고 영수함. 영수자 (인)
중 도 금	금 원정(₩)은 ____년 ____월 ____일에 지불하며
잔 금	금 원정(₩)은 ____년 ____월 ____일에 지불한다
차임(월세)	금 원정은 매월 일에 지불한다(입금계좌:)
관 리 비	(정액인 경우) 금 원정(₩)
	(정액이 아닌 경우) 관리비의 항목 및 산정방식을 기재

제2조(임대차기간) 임대인은 임차주택을 임대차 목적대로 사용·수익할 수 있는 상태로 ____년 ____월 ____일까지 임차인에게 인도하고, 임대차기간은 인도일로부터 ____년 ____월 ____일까지로 한다.

제3조(입주 전 수리) 임대인과 임차인은 임차주택의 수리가 필요한 시설물 및 비용부담에 관하여 다음과 같이 합의한다.

수리 필요 시설	□ 없음 □ 있음(수리할 내용:)
수리 완료 시기	□ 잔금지급 기일인 ____년 ____월 ____일까지 □ 기타 ( )
약정한 수리 완료 시기까지 미 수리한 경우	□ 수리비를 임차인이 임대인에게 지급하여야 할 보증금 또는 차임에서 공제 □ 기타( )

제4조(임차주택의 사용·관리·수선) ① 임차인은 임대인의 동의 없이 임차주택의 구조변경 및 전대나 임차권 양도를 할 수 없으며, 임대차 목적인 주거 이외의 용도로 사용할 수 없다.

② 임대인은 계약 존속 중 임차주택을 사용·수익에 필요한 상태로 유지하여야 하고, 임차인은 임대인이 임차주택의 보존에 필요한 행위를 하는 때 이를 거절하지 못한다.

③ 임대인과 임차인은 계약 존속 중에 발생하는 임차주택의 수리 및 비용부담에 관하여 다음과 같이 합의한다. 다만, 합의되지 아니한 기타 수선비용에 관한 부담은 민법, 판례 기타 관습에 따른다.

임대인부담	(예컨대, 난방, 상·하수도, 전기시설 등 임차주택의 주요설비에 대한 노후·불량으로 인한 수선은 민법 제623조, 판례상 임대인이 부담하는 것으로 해석됨)
임차인부담	(예컨대, 임차인의 고의·과실에 기한 파손, 전구 등 통상의 간단한 수선, 소모품 교체 비용은 민법 제623조, 판례상 임차인이 부담하는 것으로 해석됨)

④ 임차인이 임대인의 부담에 속하는 수선비용을 지출한 때에는 임대인에게 그 상환을 청구할 수 있다.

제5조(계약의 해제) 임차인이 임대인에게 중도금(중도금이 없을 때는 잔금)을 지급하기 전까지, 임대인은 계약금의 배액을 상환하고, 임차인은 계약금을 포기하고 이 계약을 해제할 수 있다.

제6조(채무불이행과 손해배상) 당사자 일방이 채무를 이행하지 아니하는 때에는 상대방은 상당한 기간을 정하여 그 이행을 최고하고 계약을 해제할 수 있으며, 그로 인한 손해배상을 청구할 수 있다. 다만, 채무자가 미리 이행하지 아니할 의사를 표시한 경우의 계약해제는 최고를 요하지 아니한다.

제7조(계약의 해지) ① 임차인은 본인의 과실 없이 임차주택의 일부가 멸실 기타 사유로 인하여 임대차의 목적대로 사용할 수 없는 경우에는 계약을 해지할 수 있다.

② 임대인은 임차인이 2기의 차임액에 달하도록 연체하거나, 제4조 제1항을 위반한 경우 계약을 해지할 수 있다.

제8조(갱신요구와 거절) ① 임차인은 임대차기간이 끝나기 6개월 전부터 2개월 전까지의 기간에 계약갱신을 요구할 수 있다. 다만, 임대인은 자신 또는 그 직계존속·직계비속의 실거주 등 주택임대차보호법 제6조의3 제1항 각 호의 사유가 있는 경우에 한하여 계약갱신의 요구를 거절할 수 있다. ※ 별지2) 계약갱신 거절통지서 양식 사용 가능

② 임대인이 주택임대차보호법 제6조의3 제1항 제8호에 따른 실거주를 사유로 갱신을 거절하였음에도 불구하고 갱신요구가 거절되지 아니하였더라면 갱신되었을 기간이 만료되기 전에 정당한 사유 없이 제3자에게 주택을 임대한 경우, 임대인은 갱신거절로 인하여 임차인이 입은 손해를 배상하여야 한다.

③ 제2항에 따른 손해배상액은 주택임대차보호법 제6조의3 제6항에 의한다.

제9조(계약의 종료) 임대차계약이 종료된 경우에 임차인은 임차주택을 원래의 상태로 복구하여 임대인에게 반환하고, 이와 동시에 임대인은 보증금을 임차인에게 반환하여야 한다. 다만, 시설물의 노후화나 통상 생길 수 있는 파손 등은 임차인의 원상복구의무에 포함되지 아니한다.

제10조(비용의 정산) ① 임차인은 계약종료 시 공과금과 관리비를 정산하여야 한다.

② 임차인은 이미 납부한 관리비 중 장기수선충당금을 임대인(소유자인 경우)에게 반환 청구할 수 있다. 다만, 관리사무소 등 관리주체가 장기수선충당금을 정산하는 경우에는 그 관리주체에게 청구할 수 있다.

제11조(분쟁의 해결) 임대인과 임차인은 본 임대차계약과 관련한 분쟁이 발생하는 경우, 당사자 간의 협의 또는 주택임대차분쟁조정위원회의 조정을 통해 호혜적으로 해결하기 위해 노력한다.

제12조(중개보수 등) 중개보수는 거래 가액의 ______%인 ______________원(□ 부가가치세 포함 □ 불포함)으로 임대인과 임차인이 각각 부담한다. 다만, 개업공인중개사의 고의 또는 과실로 인하여 중개의뢰인간의 거래행위가 무효·취소 또는 해제된 경우에는 그러하지 아니하다.

제13조(중개대상물확인·설명서 교부) 개업공인중개사는 중개대상물 확인·설명서를 작성하고 업무보증관계증서(공제증서등) 사본을 첨부하여 _________년________월________일 임대인과 임차인에게 각각 교부한다.

[특약사항]

- 주택을 인도받은 임차인은 _______년 ____월 ____일까지 주민등록(전입신고)과 주택임대차계약서상 확정일자를 받기로 하고, 임대인은 위 약정일자의 다음날까지 임차주택에 저당권 등 담보권을 설정할 수 없다.
- 임대인이 위 특약에 위반하여 임차주택에 저당권 등 담보권을 설정한 경우에는 임차인은 임대차계약을 해제 또는 해지할 수 있다. 이 경우 임대인은 임차인에게 위 특약 위반으로 인한 손해를 배상하여야 한다.
- 임대차계약을 체결한 임차인은 임대차계약 체결 시를 기준으로 임대인이 사전에 고지하지 않은 선순위 임대차 정보(주택임대차보호법 제3조의6 제3항)가 있거나 미납 또는 체납한 국세·지방세가 _______원을 초과하는 것을 확인한 경우 임대차기간이 시작하는 날까지 제5조에도 불구하고 계약금 등의 명목으로 임대인에게 교부한 금전 기타 물건을 포기하지 않고 임대차계약을 해제할 수 있다.
- 주택 임대차 계약과 관련하여 분쟁이 있는 경우 임대인 또는 임차인은 법원에 소를 제기하기 전에 먼저 주택임대차분쟁조정위원회에 조정을 신청한다 (□ 동의 □ 미동의)

※ 주택임대차분쟁조정위원회 조정을 통할 경우 60일(최대 90일) 이내 신속하게 조정 결과를 받아볼 수 있습니다.

- 주택의 철거 또는 재건축에 관한 구체적 계획 (□ 없음 □ 있음 ※공사시기 : ※ 소요기간 : 개월)
- 상세주소가 없는 경우 임차인의 상세주소부여 신청에 대한 소유자 동의여부 (□ 동의 □ 미동의)

※ 기타

본 계약을 증명하기 위하여 계약 당사자가 이의 없음을 확인하고 각각 서명·날인 후 임대인, 임차인, 개업공인중개사는 매 장마다 간인하여, 각각 1통씩 보관한다. 년 월 일

<table>
<tr><td rowspan="3">임대인</td><td>주 소</td><td colspan="5"></td><td rowspan="3">서명 또는
날인㉟</td></tr>
<tr><td>주민등록번호</td><td colspan="2"></td><td>전 화</td><td></td><td>성 명</td></tr>
<tr><td>대 리 인</td><td>주 소</td><td></td><td>주민등록번호</td><td></td><td>성 명</td></tr>
<tr><td rowspan="3">임차인</td><td>주 소</td><td colspan="5"></td><td rowspan="3">서명 또는
날인㉟</td></tr>
<tr><td>주민등록번호</td><td colspan="2"></td><td>전 화</td><td></td><td>성 명</td></tr>
<tr><td>대 리 인</td><td>주 소</td><td></td><td>주민등록번호</td><td></td><td>성 명</td></tr>
<tr><td rowspan="5">개업공인중개사</td><td>사무소소재지</td><td colspan="2"></td><td>사무소소재지</td><td colspan="3"></td></tr>
<tr><td>사무소명칭</td><td colspan="2"></td><td>사무소명칭</td><td colspan="3"></td></tr>
<tr><td>대 표</td><td>서명 및 날인</td><td>㉟</td><td>대 표</td><td>서명 및 날인</td><td colspan="2">㉟</td></tr>
<tr><td>등 록 번 호</td><td></td><td>전화</td><td>등 록 번 호</td><td></td><td>전화</td><td></td></tr>
<tr><td>소속공인중개사</td><td>서명 및 날인</td><td>㉟</td><td>소속공인중개사</td><td>서명 및 날인</td><td colspan="2">㉟</td></tr>
</table>

III 전세권

"교수님! 임대차와는 다른 물권으로서의 전세권을 통해서도 타인의 주택을 이용할 수 있다고 하셨는데, 전세권이 앞서 알아보았던 임대차와 어떻게 다른지 자세히 알고 싶습니다."

1. 전세권의 의의

전세권이란 전세금을 지급하고 타인의 부동산을 점유해 그 부동산의 용도에 좇아 사용 · 수익하며, 그 부동산 전부에 대해 후순위 권리자 기타 채권자보다 전세금을 우선변제받을 수 있는 권리를 말한다(제303조 제1항).

2. 전세권의 성질

전세권은 타인의 부동산에 대한 용익물권(목적물을 사용 · 수익할 수 있는 물권) 중의 하나이다. 그런데 전세금에 대해서는 우선변제를 받을 수 있으므로 담보물권의 성질도 가지고 있다.

전세권은 물권이므로 전세권자는 전세권을 타인에게 양도 또는 담보로 제공할 수 있고 그 존속기간 내에 목적물을 타인에게 전전세 또는 임대를 할 수도 있으나 설정행위로 이를 금지할 수도 있다(제306조).

전세금의 지급은 전세권이 성립하기 위한 필수적 요건이다. 즉 전세권은 전세금을 지급해야 성립하며, 아울러 등기해야만 성립한다(제303조

제1항, 부동산등기법 제72조 제1항).

전세권의 주요한 특징 중의 하나는 우선변제권이다. 즉 전세권자에게는 부동산 전부에 대해 후순위 권리자 기타 채권자보다 전세금의 우선변제를 받을 권리가 있다(제303조 제1항). 또한 전세권설정자가 전세금의 반환을 지체한 경우 전세권자는 전세권의 목적물의 경매를 청구할 수 있다(제318조).

3. 전세권의 존속기간 및 갱신

전세권의 존속기간은 10년을 넘지 못한다(제312조 제1항). 당사자의 약정기간이 10년을 넘는 경우에는 이를 10년으로 단축한다(제312조 제1항). 건물에 대한 전세권의 존속기간을 1년 미만으로 정한 경우에는 이를 1년으로 한다(제312조 제2항).

전세권의 존속기간을 약정하지 않은 경우에 각 당사자는 언제든지 상대방에 대해 전세권의 소멸을 통고할 수 있다(제313조). 상대방이 전세권의 소멸통고를 받은 날부터 6개월이 경과하면 전세권은 소멸한다(제313조).

전세권의 설정은 갱신할 수 있으나, 그 기간은 갱신한 날부터 10년을 넘지 못한다(제312조 제3항). 건물의 전세권설정자가 전세권의 존속기간 만료 전 6개월부터 1개월 사이에 전세권자에게 갱신 거절의 통지를 하지 않은 경우에는 그 기간이 만료된 때에 동일한 조건으로 다시 전세권을 설정한 것으로 본다(제312조 제4항). 이때 전세권의 존속기간은 그 정함이 없는 것으로 본다(제312조 제4항).

제8절

각종 사고와 손해배상: 불법행위

I 서설

"교수님! 지금까지 계약이 체결된 경우들에 대해서 배웠는데, 만일 계약을 체결하지 않은 사람들 사이에서 문제가 발생하면 법적으로 어떻게 다루어지나요? 예를 들어 교통사고가 발생한 경우 손해배상의 문제에는 어떤 법이 적용되는지요?"

1. 불법행위의 의의 및 성질

(1) 의의

민법상 손해배상책임이 발생하는 원인으로는 크게 채무불이행(계약위반)과 불법행위를 들 수 있다. 채무불이행이 계약을 체결한 당사자들 사이에서 계약의 불이행에 대한 책임을 묻는 것임에 반해, 불법행위는 계약의 체결 여부와 관계없이 현실적으로 발생한 손해에 대한 배상책임을 묻는 것이다. 따라서 각종 사고와 관련해서는 불법행위책임이 종종 문제된다.

불법행위에 대해서는 민법 제750조에서 "고의 또는 과실로 인한 위법행위로 타인에게 손해를 가한 자는 그 손해를 배상할 책임이 있다"고 규정하고 있다. 그러므로 불법행위는 고의 또는 과실로 위법하게 타인에게 손해를 가하는 행위라고 정의할 수 있다. 불법행위가 발생하면 위 규정에 따라 가해자는 피해자에게 손해배상책임을 부담하게 된다.

(2) 성질

불법행위는 채무불이행(계약위반)과 더불어 대표적인 위법행위이다. 즉 불법행위는 적법하지 않다고 평가된다. 그런데 어떠한 행위가 위법한지 아닌지 여부를 판단하는 것이 항상 쉬운 일은 아니다. 특히 인격적 법익이 침해된 경우는 그 침해행위가 위법한지 여부를 판단하기 어려운 경우도 있다.

그리고 불법행위는 법률요건에 해당한다. 법률요건은 법률효과를 발생시키는데, 불법행위라는 법률요건은 손해배상책임이라는 법률효과를 발생시킨다.

2. 민사책임과 형사책임

사례

A는 승용차를 운전하다가 길을 걷던 행인 B를 치었고, B는 전치 4주의 상해를 입었다. A는 B의 요구에 따라 치료비 등 손해를 모두 배상했다. 이 경우 A는 형사책임을 면하는가? 아니면 형사책임을 부담해야 하는가?

(1) 민사책임과 형사책임의 의의 및 구분

민사책임은 불법행위에 의한 손해배상책임이고, 형사책임은 형사상의 형벌에 의한 제재이다. 이들 두 책임은 근대 이전에는 결합되어 있었으나 근대 이후에는 완전히 나누어졌다.

그 결과 민법이라는 법률과 형법이라는 법률이 따로 존재하고, 재판과 정도 민사소송과 형사소송이 따로 존재한다. 어떠한 가해행위로 피해를 입었을 경우 손해배상을 받기 위해서는 소를 제기해 민사소송절차를 거쳐야 하고, 가해자를 처벌시키기 위해서는 고소를 해 형사소송절차를 거쳐야 한다.

(2) 민사책임과 형사책임의 차이

민사책임은 피해자에게 생긴 손해를 메워주는 데(즉 손해전보에) 목적이 있는 데 비해, 형사책임은 행위자에 대한 응보 또는 장래에 발생할 수 있는 해악 발생의 방지에 목적이 있다.

민사책임은 가해자에게 고의 또는 과실이 있는 경우에 손해를 배상하게 하는 것이므로 고의의 경우와 과실의 경우에 책임의 경중에 차이가 없음이 원칙이다. 즉 위법한 행위로 다른 사람에게 손해를 발생시켰다면 가해자에게 고의가 있든 과실이 있든 그 손해를 배상해야 한다(다만 비재산적 손해에 대한 배상책임, 즉 위자료를 산정함에 있어서는 차이가 있을 수 있음).

그러나 형사책임은 고의범을 처벌하는 것이 원칙이다. 과실범은 예외적으로 처벌규정이 있는 경우에만 처벌되는데, 형법은 과실범을 처벌하는 규정을 많이 두고 있지 않다. 예컨대 과실로 다른 사람의 재물을 손괴한 경우 형법상 이를 처벌하는 규정이 없어 처벌되지 않는다. 이와 달리 과실로 다른 사람을 사망하게 한 경우는 형법상 과실치사죄(형법 제267조) 규정이 있으므로 이에 의해 처벌된다.

민사책임에서는 손해가 생기지 않는 미수(未遂)는 문제가 되지 않는다. 이 경우는 손해가 발생하지 않았으므로 손해배상책임의 문제가 발생하지 않는다. 그러나 형사책임에 있어서는 미수, 예비, 음모도 처벌규정이 있으면 처벌된다. 형사책임의 목적에 의하면 미수, 예비, 음모도 처벌할 필요성이 인정될 수 있기 때문이다.

(3) 민사책임과 형사책임의 관계

민사책임과 형사책임은 완전히 별개의 것이다. 그리고 민사책임과 형사책임의 발생요건이 다르므로 하나의 가해행위에 의해 두 책임이 모두 생기는 때가 있는가 하면, 어느 하나의 책임만 생길 수도 있다. 예컨대 과실로 다른 사람의 재물을 손괴한 경우 민사책임만 발생하고 형사책임은 발생하지 않는다.

제도상 구분되어 있는 민사재판과 형사재판에서 그 결과가 달라질 수도 있다. 그러나 실제로는 형사책임이 더 좁은 범위에서 인정되는 경우가 많으므로 형사책임이 인정되면 민사책임이 인정될 가능성이 높다. 즉 가해자가 형사상 유죄판결을 받으면 민사적으로도 손해배상책임이 인정될 가능성이 높다.

민사책임과 형사책임이 모두 발생하는 경우에 어느 하나의 책임을 졌다고 해서 다른 책임을 면하는 것은 아니다. 즉 가해자가 유죄판결을 받았다고 해서 민사상 손해배상책임을 면하게 되지는 않는다. 또한 가해자가 손해배상을 했다고 해서 형사책임을 면하게 되지는 않는다(다만 양형과정, 즉 형벌의 정도를 정하는 과정에서 피해자의 손해를 배상한 점이 고려될 수는 있음).

사례의 해결

민사책임과 형사책임은 별개의 구분된 책임이므로 A가 민사적으로 손해를 배상했더라도 형사책임을 부담할 수 있다. 형사적으로 A의 행위는 업무상과실치상죄에 해당한다. 그러나 우리나라의 법은 B가 A의 처벌을 원하지 않는다는 의사를 표시하거나 A가 자동차보험에 가입한 경우는 A에게 형사책임을 물을 수 없도록 규정하고 있다(교통사고처리특례법 제3조 제2항 · 제4조 제1항). 따라서 이러한 요건이 충족되면 A는 형사책임도 면한다.

다만 A가 이른바 12대 중과실에 해당하는 원인으로 교통사고를 낸 경우에는, B가 처벌을 원하지 않는다는 의사를 표시하거나 A가 자동차보험에 가입한 경우에도 A가 형사책임을 부담해야 한다. 12대 중과실 사유는 신호위반, 중앙선 침범, 제한속도보다 시속 20km 초과 과속, 앞지르기 방법 위반, 철길건널목 통과방법 위반, 횡단보도 사고, 무면허 운전, 음주 운전, 보도 침범, 승객추락방지의무 위반, 어린이 보호구역 사고, 화물이 떨어지지 않도록 필요한 조치를 하지 않고 운전한 경우 등이다.

3. 과실책임과 무과실책임

사례

A는 자신의 집 안방에서 TV를 보고 있었다. 그런데 갑자기 TV에서 검은 연기가 피어오르더니 폭발음과 함께 불길이 솟아올랐고, 그 불이 커튼에 옮겨 붙어 급기야 집 전체가 전소되었다. A는 TV 제조회사인 B회사를 상대로 손해배상을 청구하는 소를 제기했지만, B회사가 TV 생산과정에서 어떤 잘못을 한 것인지 알지 못하고 이를 증명할 수도 없다. 이 경우에 A가 승소할 수 있는가?

(1) 과실책임의 원칙

과실책임의 원칙은 개인이 다른 사람에게 가한 손해에 대해서는 그 행위가 고의 또는 과실에 기한 경우에만 책임을 진다는 원칙이다. 이 원칙은 민법의 기본원리 가운데 하나이다. 민법은 제750조에서 불법행위에 관해 이를 규정하고 있다(채무불이행에 관해서는 제390조에서 이를 규정하고 있음).

과실책임의 원칙이 갖는 의미는, 손해가 발생했다는 결과만으로 손해배상책임이 인정되지 않는다는 점이다. 즉 개인이 적절한 주의를 베풀어 과실이 인정되지 않는다면, 설령 그 행위의 결과 손해가 발생했더라도 손해배상책임을 부담하지 않는다. 결국 과실책임의 원칙은 개인의 자유로운 활동을 보장하는 기능을 한다.

(2) 무과실책임론과 그 입법

근대 이후 과학기술이 발달하면서 자동차, 철도, 항공기 등의 고속교통기관이 등장했고, 전기사업, 원자력산업과 같은 위험한 설비를 갖춘 기업이 나타났다. 그런데 이로 인해 발생한 손해를 배상하는 것은 과실책임의 원칙으로는 실현하기가 어렵다. 손해발생에 과실이 없다고 인정될 경우도 많고, 설령 과실이 있어도 이를 증명하기가 쉽지 않기 때문이다. 여기서 과실이 없어도 책임을 져야 한다는 무과실책임론이 주장되었다.

민법에서는 공작물의 소유자책임(제758조)이 무과실책임으로 되어 있다. 그리고 현재 여러 분야에서 무과실책임을 인정하는 입법을 하고 있다. 그 예로는 환경오염 또는 환경훼손으로 인해 피해가 발생한 경우에 해당 환경오염 또는 환경훼손의 원인자가 지는 무과실책임(환경정책기본법 제44조), 원자력손해에 대한 원자력사업자의 무과실책임(원자력손해배상법 제3조), 제조물의 결함으로 인한 손해에 대한 제조업자의 무과실책임(제조물책임법 제3조), 도로·하천 등 공공의 영조물의 설치나 관리에 하자가 있어 타인에게 손해가 발생한 경우에 국가나 지방자치단체가 지는 무과실책임(국가배상법 제5조) 등을 들 수 있다. 그리고 자동차의 운행으로 인한 타인의 사망 · 부상에 대한 자동차운행자의 책임(자동차손해배상보장법 제3조)의 경우에는 과실의 증명책임을 전환해 사실상 무과실책임으로 하고 있다.

무과실책임이 인정되면, 책임을 지는 자(특히 기업)는 손해를 대금 · 요금 등의 형식으로 소비자나 이용자에게 분담시키거나 책임보험제도에 의해 손실을 같은 위험을 지는 자 사이에 분산시키게 된다. 그 결과 손해가 널리 사회에 분산되는 효과를 가져온다.

사례의 해결

제조물책임법 제3조는 제조물의 결함으로 인한 손해에 대한 제조업자의 무과실책임을 규정하고 있다. TV는 제조물에 해당한다. 그리고 TV가 정상적으로 수신하는 상태에서 발화 · 폭발했다면 그 TV는 결함이 있다고 볼 수 있다. 결국 A는 소송과정에서 B회사의 고의 또는 과실을 입증할 필요가 없으므로 이를 증명하지 않더라도 승소할 수 있을 것이다.

4. 불법행위책임과 계약책임의 관계

동일한 사실로 계약책임(채무불이행으로 인한 손해배상책임)의 요건과 불법행위의 요건을 모두 충족시킨 경우에 불법행위책임과 계약책임의 관계가 문제된다. 계약책임은 계약관계가 있는 자들 사이에서 생기는 것이고 불법행위책임은 일반인 사이에서 생기는 것이기 때문에, 계약관계가 있는 자들 사이에서 불법행위가 발생하면 이러한 문제가 일어날 수 있다.

이 경우 피해자는 두 권리 중 자신이 원하는 것을 자유롭게 선택해 행사할 수 있다(청구권경합설). 판례도 그러한 입장에 있다. 물론 어느 하나의 권리를 행사해 손해배상을 받은 뒤에는 다른 권리는 더 이상 행사하지 못한다.

참고로, 불법행위책임과 계약책임은 여러 가지 면에서 차이가 있는데 대체로 계약책임을 묻는 것이 채권자에게 유리하다고 할 수 있다. 무엇보다 불법행위책임에서는 민법 제750조에 따라 피해자가 가해자의 고의 또는 과실을 증명해야 하는 데 비해, 계약책임에서는 민법 제390조에 의해 가해자인 채무자가 자신에게 고의 또는 과실이 없었음을 증명해야 하기 때문이다.

II 일반 불법행위의 성립요건

"교수님! 계약을 체결하지 않은 사람들 사이에서 문제가 발생하면 불법행위 성립 여부가 문제되는 것이네요. 그런데 법에서는 항상 어떤 요건이 갖추어져야 그 효과가 발생한다고 배웠는데, 불법행위가 성립하려면 어떤 요건이 갖추어져야 하는지요?"

1. 개관

민법상의 불법행위는 일반 불법행위(제750조)와 특수 불법행위(제755조 내지 제760조)로 나누어진다.

일반 불법행위의 성립요건은 ① 가해자의 고의 또는 과실에 의한 행위가 있을 것(가해자의 고의 · 과실), ② 가해자에게 책임능력이 있을 것(가해자의 책임능력), ③ 가해행위가 위법할 것(가해행위의 위법성), ④ 가해행위에 의해 손해가 발생할 것(가해행위에 의한 손해발생)의 네 가지이다. 이 중에서 ①과 ②는 가해자를 표준으로 판단하는 주관적 요건이고, ③과 ④는 객관적 요건이다.

2. 가해자의 고의 · 과실에 의한 행위

고의는 자기의 행위로부터 일정한 결과가 발생할 것을 인식하면서도 그 행위를 하는 심리상태이다. 과실은 자기의 행위로부터 일정한 결과가 발생할 것을 인식했어야 함에도 불구하고 부주의로 말미암아 인식하지 못하고 그 행위를 하는 심리상태이다.

불법행위에서 말하는 과실은 보통 · 평균인의 주의력을 기준으로 하는 추상적 과실이다. 그 결과 과실에 있어서 기준이 되는 주의는 보통 · 평균인이 베푸는 정도의 주의(선량한 관리자의 주의)이다.

고의 · 과실은 불법행위의 성립을 주장하는 피해자(원고)가 증명해야 한다. 그러나 민법이나 특별법에서 가해자(피고)가 고의 · 과실이 없었음을 증명하지 못하면 책임을 지도록 증명책임을 전환한 경우가 있다.

3. 가해자의 책임능력

사례

만 6세인 A가 고무총으로 돌을 발사했는데, 이 돌에 맞아 같이 놀던 B의 코뼈가 부러졌다. 이 경우 B는 A에게 손해배상책임을 청구할 수 있는가?

(1) 책임능력의 의의

책임능력은 자기의 행위에 대한 책임을 인식할 수 있는 지능이다. 이는 자기의 행위에 의해 발생하는 결과가 위법한 것으로서 법률상 비난받는 것임을 인식할 수 있는 정신능력이다.

책임능력은 불법행위능력이라고도 한다. 이 능력이 없으면 불법행위의 성립이 인정되지 않기 때문이다. 책임능력이 있는지 여부는 행위 당시를 기준으로 해서 구체적으로 판단되며, 연령 등에 의해 획일적으로 결정되지 않는다.

(2) 미성년자의 책임능력

책임능력이 없는 미성년자는 불법행위책임을 지지 않는다(제753조). 그러나 미성년자라도 책임능력이 있으면 책임을 지게 된다.

미성년자가 어느 정도의 연령에서 책임능력을 갖추는가에 관한 기준은 없다. 그렇지만 대체로 12세를 전후해 책임능력을 갖추는 것으로 볼 수 있을 것이다.

(3) 심신상실자의 책임능력

심신상실 중에 타인에게 손해를 가한 자는 배상의 책임이 없다(제754조 본문). 여기서 심신상실이란 판단능력이 없는 상태를 가리킨다. 다만 심신상실의 상태를 가해자가 고의 또는 과실로 초래한 때에는 면책되지 않는다(제754조 단서).

사례의 해결

A는 만 6세의 미성년자이므로 책임능력이 인정되지 않을 것이다. 그 결과 A의 행위는 불법행위의 성립요건을 충족하지 않으므로 B는 A에게 손해배상책임을 물을 수 없다. 다만 이 경우 A를 감독할 법정의무가 있는 자(부모 등)에게 책임무능력자의 감독자책임(제755조)이 성립할 수 있다.

4. 가해행위의 위법성

사례

교통사고를 당한 A는 B보험회사를 상대로 보험금을 청구하는 소를 제기했다. 그런데 B보험회사의 직원 C는 A가 장해 정도에 대해 거짓말을 하고 있다고 생각했다. C는 A를 몰래 미행해 A가 아파트 주차장, 직장 주차장 등에서 짐을 옮기는 모습을 사진으로 촬영해 이를 증거로 제출했다. A는 C가 자신의 초상권, 사생활의 비밀과 자유를 침해했다고 주장하고 있다. A의 주장은 타당한가?

(1) 위법성의 본질

불법행위가 성립하려면 가해행위가 위법해야 한다. 그런데 위법성을 어떤 기준에 의해 판단할 것인지가 문제된다. 실정법을 기준으로 해야 한다는 견해(형식적 위법론)도 있으나, 실정법뿐만 아니라 선량한 풍속 기타 사회질서도 기준으로 해야 한다는 견해(실질적 위법론)가 통설이다.

한편 침해결과(예컨대 신체침해, 소유물의 멸실)가 발생하면 그 결과를 야기한 행위는 위법성 조각사유가 없는 한 위법하다고 보는 견해(결과위법론)가 일반적이나, 위법성의 본질은 가해행위에서 찾아야 한다는 견해(행위위법론)도 있다.

(2) 위법행위의 구체적인 예

재산적 이익이 침해된 경우는 위법성을 비교적 쉽게 판단할 수 있다. 예컨대 다른 사람의 소유물을 훼손하는 것은 그 사람의 소유권을 침해한 것으로 위법하다. 다른 사람의 특허권, 저작권 등 지식재산권을 침해하는 것도 마찬가지로 위법하다.

그러나 인격적 이익이 침해된 경우는 위법성 판단이 쉽지 않은 경우가 있다. 인격적 이익이 표현의 자유 등 다른 이익과 충돌하면 인격적 이익과 다른 이익의 비교 형량, 즉 어느 쪽의 이익이 더 우월한지를 평가해 위법성을 판단해야 한다. 인격적 이익으로는 생명 · 신체 · 자유 · 명예뿐만 아니라 초상 · 성명 · 정조 등도 있다.

가족권(친족권)의 침해도 위법하다. 제3자가 부부의 일방과 부정행위를 함으로써 혼인의 본질에 해당하는 부부공동생활을 침해하거나 유지를 방해하고 그에 대한 배우자로서의 권리를 침해하여 배우자에게 정신적 고통을 가하는 행위는 원칙적으로 불법행위를 구성한다. 다만 실질적으로 부부공동생활이 파탄되어 회복할 수 없을 정도의 상태에 이르렀다면, 제3자가 부부의 일방과 성적인 행위를 하더라도 불법행위가 성립한다고 보기 어렵다(대판(전원) 2014. 11. 20, 2011므2997). 그리고 자녀를 유괴한 것은 친권의 침해로서 위법하다.

(3) 위법성의 조각

타인에게 손해를 발생시키는 행위라고 하더라도 일정한 사유가 있는 때에는 위법성이 없는 것으로 된다. 그러한 사유를 위법성 조각사유라고 한다. 민법은 위법성 조각사유로 정당방위(제761조 제1항)와 긴급피난(제761조 제2항)을 규정하고 있다. 그 외에 자력구제, 피해자의 승낙, 정당행위도 위법성을 조각한다.

사례의 해결

A에게는 초상권, 사생활의 비밀과 자유라는 인격적 이익이 있다. 그런데 A에 대한 사진을 촬영한 C의 행위도 보험가입자들의 공동이익이나 소송에서의 진실 발견이라는 이익을 위한 것이라고 할 수 있다. 따라서 C의 행위가 위법한지 여부는 두 이익을 비교 형량해 어느 이익이 우월한지에 따라 판단해야 한다. 사례와 유사한 사안에서, 대법원은 A의 인격적 이익이 우월하므로 C의 행위가 위법하다고 판단했다(대판 2006. 10. 13, 2004다16280).

5. 가해행위에 의한 손해발생

(1) 손해의 발생

어떤 가해행위가 불법행위로 되려면, 현실적으로 손해가 생겼어야 한다. 그러므로 실제로 손해가 생기지 않았으면, 손해배상책임이 인정되지 않는다.

(2) 가해행위와 손해발생 사이의 인과관계

불법행위로 인한 손해배상책임이 인정되려면, 가해행위와 손해발생 사이에 인과관계가 있어야 한다. 이 인과관계에 대해, 판례는 채무불이행에 있어서와 마찬가지로 이른바 상당인과관계로 보고 있다.

그런데 여기서의 인과관계는 불법행위가 없었으면 손해가 발생하지 않았을 것이라는 조건적 인과관계로 충분하다는 견해도 있다. 이 견해는 불법행위가 성립하는지 여부와 불법행위가 성립한 경우 손해배상 범위가 어떠한지의 문제를 구별해 따로 판단하는 것이다.

III 특수 불법행위

"교수님! 불법행위의 성립요건에 대해서 잘 알게 되었습니다. 그런데 앞에서 배운 내용이 일반 불법행위의 성립요건이라니, 그렇다면 특수 불법행위라는 것도 별도로 있겠네요. 특수 불법행위에는 어떤 것들이 있습니까?"

1. 서설

일반 불법행위의 성립요건과 다른 특수한 요건이 정해져 있는 불법행위를 통틀어서 특수 불법행위라고 한다. 민법이 규정한 특수 불법행위에는 책임무능력자의 감독자책임(제755조), 사용자책임(제756조), 공작물 등의 점유자 · 소유자의 책임(제758조), 동물점유자의 책임(제759조), 공동불법행위자의 책임(제760조)이 있다.

민법이 규정한 특수 불법행위에는 고의 · 과실의 증명책임을 피해자로부터 가해자에게 전환한 경우가 많다. 이를 중간적 책임이라고 한다. 이 경우는 피해자가 고의 · 과실을 증명할 필요가 없으며, 오히려 가해자가 자신에게 고의 · 과실이 없었음을 증명하지 못하면 책임을 지게 된다. 그 결과 피해자를 두텁게 보호하게 된다.

2. 책임무능력자의 감독자책임

사례

중학교 체육교사 A는 체육시간에 학생 B가 학교 담을 넘어갔다 오는 것을 발견하고 같은 반 학생들에게 단체로 팔벌려뛰기 등의 기합을 주었다. 그런데 학생 C는 이에 화가 나 체육시간 이후 교실로 들어와 쉬는 시간에 B를 때렸고, B는 코뼈가 부러지는 부상을 입었다. 만일 C의 책임능력이 부정된다면, A가 손해배상책임을 부담해야 하는가?

책임무능력자가 책임능력이 없어서(제753조 · 제754조 참조) 불법행위책임을 지지 않는 경우에는 「책임무능력자를 감독할 법정의무가 있는 자」(예컨대 친권자)와 「감독의무자를 갈음해 책임무능력자를 감독하는 자」(예컨대 유치원장, 학교장)가 손해를 배상할 책임이 있다(제755조).

그러나 감독의무자가 감독의무를 게을리하지 않았음을 증명하면 배상책임을 지지 않는다(제755조 제1항 단서). 이는 고의 · 과실의 증명책임을 피해자로부터 가해자에게 전환한 이른바 중간적 책임이다.

사례의 해결

학생 C의 책임능력이 부정된다면, C를 감독할 법정의무를 부담하는 체육교사 A가 책임무능력자의 감독자책임(제755조)을 부담할 수 있을 것으로 보인다. 그런데 대법원은 학교의 교장, 교사의 경우 사고가 학교생활에서 통상 발생할 수 있다고 하는 것이 예측되거나 또는 예측가능성(사고발생의 구체적 위험성)이 있는 경우에 한해 감독자책임을 인정하고 있다. 사례와 유사한 사안에서, 대법원은 체육교사가 사고를 예측할 수 없었다고 보아 책임무능력자의 감독자책임을 부정했다(대판 2000. 4. 11. 99다44205).

3. 사용자의 책임

사례

호텔 종업원 A는 호텔 프런트에서 근무하던 중 호텔에 찾아온 손님 B가 심한 욕설을 하며 때리려 하자 이를 피해 동료와 근무교대를 했다. 그런데 그 이후에도 B가 호텔 지하의 종업원 숙소까지 따라오며 욕을 하고 소란을 피우자 A는 이에 격분해 호텔 현관 앞에서 B를 폭행했다. 이 경우 B는 호텔을 경영하는 C에게 손해배상을 청구할 수 있는가?

(1) 의의

사용자책임은 피용자가 사무집행에 관해 제3자에게 손해를 가한 경우에 사용자 또는 사용자에 갈음해 그 사무를 감독하는 자가 그에 대해 지는 배상책임을 말한다(제756조).

사용자책임이 인정되는 근거는, 타인을 사용해 이익을 얻고 있는 자는 그 피용자가 주는 손해에 대해서도 책임을 져야 한다는 보상책임의 원리를 드는 것이 일반적이다. 그 외에 사용자가 배상을 쉽게 할 수 있다는 현실적 고려, 손실의 사회적 분배라는 정책적 고려도 함께 중시되어야 한다는 견해도 있다.

(2) 요건

1) 타인을 사용해 어느 사무에 종사하게 했을 것(사용관계)

「사무」란 일반적으로 말하는 「일」이며, 매우 넓은 의미이다. 「타인을 사용한다」는 것은 사용자가 불법행위자(피용자)를 실질적으로 지휘 · 감독하는 관계(사용관계)에 있음을 가리킨다. 이 관계는 반드시 법적으로 유효한 것이어야 할 필요는 없으며, 사실상의 지휘 · 감독을 하는 것으로 충분하다.

2) 피용자가 「그 사무집행에 관해」 손해를 가했을 것

어떤 행위가 사무집행에 관한 행위인지 문제된다. 판례는 원칙적으로 피용자의 직무범위에 속하는 행위이어야 할 것이지만 직무집행행위 자체는 아닐지라도 그 행위의 외형으로 관찰해 마치 직무범위 내에 속하는 것과 같이 보이는 행위도 포함된다고 한다(이른바 외형이론).

또한 판례는 피용자의 불법행위가 사무집행행위에 해당하지 않음을 피해자 자신이 알았거나 중대한 과실로 알지 못한 경우, 피해자는 사용자 책임을 물을 수 없다고 본다. 이는 본래 외형이론이 피용자와 거래한 상대방의 신뢰를 보호하려는 데서 출발했기 때문에 두어진 제한이다.

3) 「제3자」에게 손해를 가했을 것

여기서의 「제3자」는 사용자와 가해행위를 한 피용자 이외의 자를 가리킨다.

4) 피용자의 가해행위가 불법행위의 요건을 갖출 것

사용자책임은 사용자 고유의 책임이 아니고 피용자의 불법행위책임을 사용자가 대신 지는 것이기 때문에(대위책임), 사용자책임이 성립하기 위해서는 피용자의 가해행위가 고의 · 과실, 책임능력 등의 불법행위 성립 요건을 갖추어야 한다. 판례의 입장도 이와 같다.

5) 사용자가 면책사유 있음을 증명하지 못할 것

사용자는 피용자의 선임 및 그 사무감독에 상당한 주의를 한 때 또는 상당한 주의를 해도 손해가 있을 경우에는 사용자책임을 지지 않는다(제756조 제1항 단서). 그 증명은 사용자가 해야 한다.

(3) 배상책임

1) 배상책임자

위의 요건이 갖추어진 경우에 책임을 지는 자는 「사용자」(제756조 제1항)와 「사용자에 갈음해 그 사무를 감독하는 자」, 즉 대리감독자이다(제756조 제2항).

2) 피용자 자신의 책임

사용자책임이 성립하는 경우, 피용자는 이와 별도로 제750조에 의한 불법행위책임을 진다. 이 두 책임은 부진정연대채무의 관계에 있다. 즉 사용자와 피용자는 모두 손해배상액 전액을 배상할 의무를 부담한다.

3) 피용자에 대한 구상권

사용자 또는 대리감독자가 피해자에게 배상한 때에는, 피용자에 대해 구상권을 행사할 수 있다(제756조 제3항). 그런데 판례는 신의칙상 상당하다고 인정되는 한도 내에서만 구상권을 행사할 수 있다고 해서 사용자의 구상권 행사를 제한한다.

사례의 해결

A는 C의 피용인이다. 그리고 A의 폭행행위는 사용자 C의 호텔업과 시간적 · 장소적으로 근접하고, 그 행위의 동기도 업무처리와 관련된 것이므로 외형적 · 객관적으로 사용자의 사무집행행위와 관련된 것으로 볼 수 있다. 또한 A의 폭행행위는 불법행위의 요건을 갖춘 것으로 보인다. 그렇다면 피해자 B는 C에게 사용자책임을 물을 수 있다. 다만 피해자 B도 사건 발생에 책임이 있으므로 손해배상액을 산정함에 있어서는 이를 참작해 과실상계를 해야 할 것이다.

4. 공작물 등의 점유자 · 소유자의 책임

(1) 공작물의 점유자책임

「공작물」이란 인공적 작업에 의해 만들어진 물건이며, 이에는 토지의 공작물(예컨대 건물, 교량, 전신주), 건물 내외의 설비(예컨대 천장, 계단, 광고판), 동적(動的)인 기업설비(예컨대 자동차, 항공기) 등이 있다.

공작물의 설치 또는 보존의 하자로 인해 타인에게 손해를 가한 때에는, 1차적으로 공작물의 점유자가 손해를 배상할 책임이 있다(제758조 제1항 본문). 그러나 공작물의 점유자가 손해의 방지에 필요한 주의를 게을리하지 않은 때에는 면책된다(제758조 제1항 단서).

(2) 공작물의 소유자책임

공작물의 점유자가 면책되는 경우 2차적으로 공작물의 소유자가 책임을 진다(제758조 제1항 단서). 소유자가 지는 책임은 면책이 인정되지 않는 무과실책임이다.

(3) 공작물의 점유자 · 소유자의 구상권

공작물의 점유자 또는 소유자가 피해자에게 배상한 때에는, 그 손해의 원인에 대해 책임 있는 자가 있는 경우 그에게 구상권을 행사할 수 있다(제758조 제3항).

(4) 수목의 점유자 · 소유자의 책임

수목을 심고 기르거나 보존하는 데 하자가 있는 경우 수목의 점유자와 소유자는 공작물에서와 같은 책임을 진다(제758조 제2항). 구상권도 같다(제758조 제3항).

5. 동물점유자의 책임

동물의 점유자 또는 점유자에 갈음해 동물을 보관하는 자는 그 동물이 타인에게 가한 손해를 배상할 책임이 있다(제759조 제1항 본문 · 제2항).

그러나 동물의 종류와 성질에 따라 그 보관에 상당한 주의를 게을리하지 않은 때에는 배상책임이 없다(제759조 제1항 단서 · 제2항).

6. 공동불법행위

사례

A는 횡단보도를 건너고 있었다. 그런데 B가 택시를 과속으로 운전하다가 A를 치었다. 그리고 C는 승용차를 운전해 B의 택시를 3미터 뒤에서 같은 속력으로 따라오다가 쓰러진 A를 발견하지 못하고 다시 치고 말았다. 이 사고로 A는 심한 상해를 입었다. A는 누구에게 손해배상을 청구할 수 있는가?

(1) 의의

공동불법행위란 여러 사람이 공동으로 불법행위를 해서 타인에게 손해를 가하는 것을 가리킨다. 민법 제760조는 공동불법행위의 경우 공동행위자들이 연대해 손해를 배상할 책임이 있다고 규정한다. 통설과 판례는 이를 부진정연대채무로 해석한다. 공동불법행위에는 다음과 같은 세 가지 유형이 있다.

(2) 협의의 공동불법행위

협의의 공동불법행위란 수인이 공동의 불법행위로 타인에게 손해를 가한 것이다(제760조 제1항). 협의의 공동불법행위가 성립하려면 각 행위자의 가해행위 사이에 관련 · 공동성이 있어야 하는데, 판례는 객관적 공동설의 입장이다. 즉 행위자 상호 간의 공모는 물론 공동의 인식을 필요로 하지 않고 객관적으로 그 공동행위가 관련 공동되어 있으면 족하다고 한다.

(3) 가해자 불명(不明)의 공동불법행위

공동 아닌 수인의 행위 중 어느 자의 행위가 그 손해를 가한 것인지를 알 수 없는 경우이다(제760조 제2항).

(4) 교사, 방조

교사자나 방조자는 공동행위자로 본다(제760조 제3항). 즉 교사자와 방조자는 직접 가해행위를 한 자와 공동불법행위책임을 진다. 「교사」(教唆)는 타인으로 하여금 불법행위의 의사를 결정하게 하는 것이다. 그리고 「방조」(幇助)는 불법행위의 보조적 행위로서, 불법행위를 용이하게 하는 직접 · 간접의 모든 행위이다.

사례의 해결

B와 C는 모두 과속으로 운전해 횡단보도를 지나가려 한 과실이 있다. 그리고 B와 C가 공모하지 않았더라도 B의 행위와 C의 행위는 객관적으로 관련 공동되어 있다. 따라서 B와 C의 행위는 민법 제760조 제1항의 협의의 공동불법행위에 해당한다. B와 C는 공동불법행위책임을 부담하므로 A는 B, C 누구에게나 손해 전액의 배상을 청구할 수 있다.

IV 불법행위의 효과

"교수님! 불법행위가 성립하면 손해배상청구권이 발생한다고 하는데, 구체적으로 어떤 손해에 대해 배상을 받을 수 있나요? 예컨대 교통사고가 발생해 피해자가 다치거나 사망하면 손해배상액을 어떻게 정하는 것인가요?"

1. 손해배상청구권의 발생

불법행위의 성립요건이 갖추어지면, 피해자는 가해자에 대해 손해배상청구권을 취득하게 된다(제750조). 그리하여 불법행위는 법정 채권발생원인에 해당한다.

2. 손해배상청구권자

(1) 원칙

불법행위에 의해 손해를 입은 자, 즉 직접적 피해자가 손해배상청구권을 가지게 된다(제750조 참조). 그리고 여기서의 손해에는 재산적 손해뿐만 아니라 비재산적 손해, 즉 정신적 손해도 포함되므로 정신적 손해를 입은 자는 그 배상청구권, 즉 위자료청구권을 갖는다.

(2) 특수한 경우

1) 생명침해의 경우

생명침해의 경우 재산적 손해에 대한 배상청구권자가 누구인지 문제된다. 다수설은 피해자가 치명상을 입은 때에 그에게 신체침해를 이유로 한 배상청구권이 발생했다가 피해자가 사망하면 그 청구권이 상속인에게 상속된다고 한다. 판례도 이와 동일한 입장이다.

생명침해의 경우 정신적 손해에 대한 배상청구권자에 대해서도 판례는 생명침해에 의해 피해자에게 정신적 손해가 발생한다고 하면서, 그 근거로 치명상과 사망과의 사이에는 시간적 간격이 인정될 수 있다고 한다. 그리고 위자료청구권은 피해자가 이를 포기했거나 면제했다고 볼 수 있는 특별한 사정이 없는 한 생전에 청구의 의사를 표시할 필요 없이 원칙적으로 상속된다고 한다.

유족의 위자료청구권에 대해 민법 제752조는 「타인의 생명을 해한 자는 피해자의 직계존속, 직계비속 및 배우자에 대하여는 재산상의 손해 없는 경우에도 손해배상의 책임이 있다」고 규정한다. 판례는, 제752조는 제한적 규정이 아니고 열거된 친족에 대해 정신적 고통에 관한 증명책임을 경감한 취지의 것이므로 그 이외의 친족도 정신적 고통을 증명하면 일반원칙인 제750조 · 제751조에 의해 위자료를 청구할 수 있다고 한다.

2) 신체침해의 경우

신체침해의 경우 피해자 이외의 자에게는 원칙적으로 재산적 손해배상청구권이 생기지 않는다. 다만 피해자에 대한 부양의무자가 의료비를 지출하거나 간호를 위해 휴업으로 수입을 잃은 때와 같이 특별한 사정이 있는 때에는 배상을 인정해야 한다.

정신적 손해와 관련해 판례는 상해를 입은 피해자의 부모 · 배우자 · 형제자매 등에게도 위자료청구권을 인정한다.

3. 손해배상청구권의 소멸시효

불법행위로 인한 손해배상청구권은 피해자나 그의 법정대리인이 그 손해 및 가해자를 안 날부터 3년간 행사하지 않으면 시효로 인해 소멸한다(제766조 제1항). 그리고 불법행위를 한 날부터 10년이 지난 때에도 같다(제766조 제2항). 이 두 기간 중 어느 하나의 기간이 만료하면 손해배상청구권은 소멸한다.

그런데 미성년자가 성폭력, 성추행, 성희롱, 그 밖의 성적 침해를 당한 경우에 이로 인한 손해배상청구권의 소멸시효는 그가 성년이 될 때까지는 진행되지 아니한다(제766조 제3항. 2020. 10. 20. 개정 시에 신설). 이는 피해를 당한 미성년자를 보호하기 위해 그가 미성년인 동안에는 소멸시효의 진행을 정지시킨 것이다.

4. 손해배상의 방법

민법상 손해배상은 금전으로 해야 하며, 다만 법률에 특별규정이 있거나 당사자의 다른 의사표시가 있는 때에는 예외적으로 원상회복청구가 인정된다(제763조 · 제394조).

민법 제764조는 명예훼손의 경우에 대한 특칙을 규정하고 있는데, 이에 의하면 피해자의 청구에 의해 법원이 손해배상에 갈음하거나 손해배상과 함께 명예회복에 적당한 처분을 명할 수 있다.

5. 손해배상의 범위와 금액

사례

버스 운전사로 근무하고 있는 A는 횡단보도를 건너던 중 B가 운전하는 과속 차량과 부딪혔고, 이 사고로 A는 허리뼈가 부러지는 부상을 입었다. A가 B를 상대로 손해배상을 청구하는 소를 제기했는데, 재판과정에서 A의 노동능력이 30% 상실되었다고 인정되었다.

그런데 A는 5년 전 교통사고에서 동일한 부상을 입은 사실이 있으며 이번 사고로 이전의 골절 부위가 다시 부러지고 증세가 악화된 것이다. 이 경우 B는 A가 입은 손해를 전부 배상해야 하는가?

(1) 재산적 손해의 산정

1) 소유물의 멸실 · 훼손

소유물이 멸실된 경우는 원칙적으로 불법행위 당시, 즉 멸실 당시의 교환가격이 통상손해이다.

소유물이 훼손된 경우는 수선이 가능한지에 따라 다르다. 수선이 가능한 때에는, 그 수선비와 수선기간 중 통상의 방법으로 사용하지 못함으로 인한 손해가 통상의 손해이다. 그에 비해 수선이 불가능한 때에는, 그 훼손 당시의 교환가치(시가)가 통상손해이다.

2) 부동산의 불법점유

부동산을 불법점유함으로 인해 입은 손해는 특별한 사정이 없는 한 그 부동산의 임료 상당액이다.

3) 생명침해

생명침해의 경우 재산적 손해로 일실이익(逸失利益)의 배상을 청구할 수 있는데, 일실이익은 생명침해가 없었다면 피해자가 장래 얻을 수 있었던 이익이다. 그 이익은 생명침해가 없었으면 얼마나 일할 수 있었는지, 그리고 그 기간 동안에 어떤 노무로 모두 얼마의 수입을 올렸을 것인지를 가정해, 생활비 등을 공제하고, 또 중간이자를 공제해 계산한다. 그리고 장례비도 배상되어야 한다.

4) 신체침해

신체침해의 경우 무엇보다 치료비를 배상해야 한다. 또한 신체침해의 피해자가 다른 사람의 도움 없이 일상생활을 할 수 없어 개호인(介護人. 환자 등을 보살펴주는 사람)이 필요한 때에는 그 비용도 배상해야 한다.

그리고 일실이익도 배상해야 하는데, 우선 피해자가 치료를 받는 동안 수입을 얻지 못한 것에 대해 배상해야 한다. 그리고 피해자가 노동능력을 완전히 또는 부분적으로 상실한 때에는 그로 인해 얻지 못할 이익을 배상해야 한다.

(2) 정신적 손해의 산정

판례에 의하면, 사실심법원이 제반사정을 참작해 직권으로 위자료액을 결정할 수 있다고 한다.

(3) 손익상계, 과실상계

손익상계는 불법행위로 손해를 입은 자가 같은 원인으로 이익을 얻고 있는 경우에 손해배상액의 산정에 있어서 그 이익을 공제하는 것이다. 과실상계는 손해의 발생 또는 확대에 관해 피해자에게도 과실이 있는 경우에 손해배상의 범위를 정함에 있어서 그 과실을 참작하는 제도이다.

사례의 해결

A의 기왕증과 B의 불법행위가 경합해 손해가 발생했다면, B는 자신의 불법행위가 손해에 기여한 한도 내에서만 배상책임을 부담한다. 따라서 만일 B의 불법행위가 손해에 기여한 정도가 60%로 인정된다면, B는 A의 손해 중 60%에 대한 책임만 부담하면 된다. A의 노동능력 상실률과 B의 불법행위가 손해에 기여한 정도는 신체감정을 통해서 법원이 결정한다.

제3장

가족관계법

제1절

혼인

I 약혼

"교수님! 약혼을 했는데, 약혼남이 혼인을 하지 않겠다고 하면 어떻게 하나요? 또 제가 아는 사람이 결혼식을 하고 신혼여행을 갔다가 불화가 생겨 결국 혼인신고도 하지 못하고 헤어지게 되었는데, 결혼식비용이나 예물은 어떻게 되나요?"

사례 1

A(남)와 B(여)가 중매로 맞선을 본 후 한 달 만에 양가 부모 등이 참석한 가운데 약혼식을 하고 두 달 후에 결혼식을 올리기로 약속했다. 그런데 A와 B가 혼인을 준비하던 중 B는 A가 명문 OO대학교를 나왔다고 했는데 사실은 평판이 낮은 △△대학교를 나왔고, 현재 □□국가기관의 7급 공무원이라고 말했는데 사실은 계약직 직원인 사실을 알게 되었다. 이에 B는 A와의 약혼을 파혼했다. 그러자 A는 B를 상대로 파혼으로 인해 정신적 충격을 입었다고 하며 위자료를 청구했다. A의 청구는 타당한가?

사례 2

A(남)와 B(여)가 결혼식을 하고 신혼여행을 갔는데 B는 A와의 성관계를 거부했고, 신혼여행을 마치고 돌아와서는 A의 잠버릇이 좋지 않아 같이 살 수 없다고 하면서 집을 나가버렸다. 며칠 후 B는 일방적으로 A에게 헤어지자는 통보를 했고, A가 B를 직접 만나 설득하려 했으나 만나주지 않았다. 결국 A와 B의 혼인은 혼인신고도 하지 못하고 파탄되었다.

이에 A는 B를 상대로 ① 자신이 지출한 결혼식비용(예식장비용, 사진촬영비용, 하객식대 등) 2,000만 원에 대한 손해배상을 청구하고, ② 정신적 충격을 입은 것에 대해 1,000만 원을 위자료로 청구하고, ③ 혼인예물로 준 시계, 반지, 목걸이의 반환을 청구했다. 이에 대해 B는 A를 상대로 혼인예물로 준 시계의 반환을 청구했다. A와 B의 청구는 각각 타당한가?

1. 약혼의 성립

약혼은 두 남녀가 장차 혼인하기로 약속하는 계약이다. 약혼은 장차 혼인하기로 하는 합의만 있으면 성립하고 특별한 방식이 요구되는 것은 아니지만, 약혼의 성립을 기념하고 이를 증명하기 위해 약혼식을 거행할 수도 있다.

성년(19세)에 달한 자는 자유로이 약혼할 수 있으며(제800조), 미성년자이어도 18세 이상이면 부모나 후견인의 동의를 받아 약혼할 수 있다(제801조). 성년자 중 성년후견개시의 심판을 받은 자도 부모나 후견인의 동의를 받아 약혼할 수 있다(제802조).

2. 약혼의 해소

약혼당사자는 서로 합의해 약혼관계를 해소(파혼)할 수 있다. 정당한 사유가 있으면 일방적으로도 파혼할 수 있다. 민법(제804조)이 정한 정당한 사유는 ① 약혼 후 자격정지 이상의 형을 선고받은 경우, ② 약혼 후 성년후견개시나 한정후견개시의 심판을 받은 경우, ③ 성병, 불치의 정신병, 기타 불치의 질병이 있는 경우, ④ 약혼 후 다른 사람과 약혼이나 혼인을 한 경우, ⑤ 약혼 후 다른 사람과 간음한 경우, ⑥ 약혼 후 1년 이상 생사가 불분명한 경우, ⑦ 정당한 이유 없이 혼인을 거절하거나 그 시기를 늦추는 경우, ⑧ 그 밖에 중대한 사유가 있는 경우이다.

그렇다면 위의 정당한 사유가 없으면 일방적인 파혼은 불가능하고, 반드시 혼인을 해야만 하는가? 혼인은 강제할 수 없는 것이므로(제803조) 정당한 사유가 없는 자도 약혼관계를 해소시킬 수 있다고 해야 한다. 다만 정당한 사유 없이 파혼한 자는 상대방에 대해 재산적 · 정신적 손해배상 책임을 진다(제804조).

사례 1의 해결

약혼은 혼인할 것을 목적으로 하는 혼인의 예약이므로 각 당사자는 혼인의사를 결정하는 데에 중대한 영향을 미치는 학력, 경력, 직업 등에 대해 사실대로 알려줄 의무가 있다.

〈사례 1〉에서 B(여)가 A(남)를 중매로 만난 지 한 달 만에 약혼식을 하고 혼인을 할 것을 약속한 데에는 A의 학력, 경력 등이 중대한 영향을 미친 것으로 판단되는데, A가 이를 속임으로써 B의 A에 대한 신뢰가 무너지게 되었다. 이는 약혼을 해제할 정당한 사유로 제804조 제8호의 '그 밖에 중대한 사유가 있는 경우'에 해당한다. 따라서 B가 파혼한 것은 정당하며, A는 B를 상대로 위자료를 청구할 수 없다. 오히려 파혼에 대한 책임은 A에게 있으므로 B가 A를 상대로 위자료를 청구할 수 있다.

3. 약혼예물의 반환

약혼할 때 예물을 교환했다면, 파혼 시에 이를 반환해야 하는가? 판례(대판 1976. 12. 28, 76므41 · 42)에 따르면, 약혼이 파탄된 데에 책임이 없는 당사자는 예물을 반환받을 수 있지만, 책임이 있는 당사자는 반환받을 수 없다. 그러나 약혼당사자 쌍방에게 모두 책임이 있는 경우에는 서로 반환받을 수 있다. 혼인예물에 대해서도 유사한 문제가 발생한다. 판례에 따르면, 혼인이 결혼식 후 단시일 내에 파탄된 경우 혼인예물을 반환받을 수 있는데, 역시 파탄된 데에 책임이 있는 당사자는 반환받을 수 없다. 그러나 혼인관계가 어느 정도 장기간 지속된 후 파탄된 경우에는 혼인이 파탄된 데에 책임이 있는지 여부와 관계없이 혼인예물을 반환받을 수 없다(대판 1996. 5. 14, 96다5506).

사례 2의 해결

먼저 A(남)와 B(여)의 관계를 규정할 필요가 있는데, 결혼식을 했으므로 약혼의 단계는 지났고, 혼인신고를 하지 않았으므로 법률상 혼인관계는 물론 아니며, 아직 부부생활이 시작되지 않았으므로 사실혼관계라고 보기에도 이르다. 약혼과 사실혼의 중간 단계에 있다고 할 수 있는데, 이러한 단계를 규율하는 법률이 없으므로 약혼에 준해 법률문제를 처리하면 될 것이다.

A와 B의 관계가 파탄된 데에는 B의 책임이 크다. 따라서 B는 A에게 손해배상을 해야 한다. ① B는 A에게 결혼식비용 2000만 원을 배상해야 한다. 다만 A에게도 B와의 관계가 파탄된 데에 책임이 일부 있다면, 그 비율만큼 배상액이 감축될 것이다. ② B는 A에게 위자료 배상책임도 있다. 위자료 액수는 법원이 여러 사정을 참작해 정한다. ③ A와 B의 관계가 결혼식 후 단시일 내에 파탄되었으므로 A는 B 또는 B의 가족들에게 준 혼인예물의 반환을 청구할 수 있다. ④ 그러나 B는 A와의 관계를 파탄시킨 책임이 있으므로 현재의 판례에 따르면 자신이 A 또는 A의 가족에게 준 예물의 반환을 청구할 수 없다.

II 사실혼

"교수님! 혼인신고를 하지 않고 부부생활을 하는 경우에도 법적으로 보호를 받을 수 있나요? 혼인신고를 한 경우와 어떤 차이가 있는지 알고 싶습니다."

사례

A(남)와 B(여)는 혼인신고를 하지 않고 5년간 부부생활을 했는데, A가 갑자기 의식을 잃고 쓰러져 병원에 입원하게 되었다. A에게는 따로 살고 있는 아들 C가 있었는데 평소에 자신과 혈연관계가 없는 B를 어머니로 대우하지 않았다. 소식을 듣고 병원에 온 C는 B가 A의 곁에 있지 못하게 했다. 그 후 한 달이 지나 A는 끝내 의식을 회복하지 못하고 사망했다. A는 시가 10억 원 정도의 유산을 남겼는데, 이에 대해 B는 어떠한 권리를 가지는가?

1. 사실혼의 의의

사실혼은 남녀가 실질적으로 부부생활을 하고 있으나 혼인신고를 하지 않아 법률상 혼인으로 인정되지 않는 남녀관계이다. 사실혼은 실질적으로 부부생활을 하고 있는 경우에 인정되므로 단순히 장차 혼인하기로 약속한 것에 불과한 약혼과 구별된다. 동거는 하고 있지만 부부관계를 형성할 의사가 없는 경우는 사실혼이 아니다. 법률상 배우자가 있는 자와 실질적인 부부관계를 유지하고 있는 중혼적 사실혼(가령 첩관계)은 선량한 풍속에 반하므로 사실혼으로서 보호되지 않는다.

2. 사실혼의 보호

사실혼은 혼인신고만 하지 않았을 뿐 실질적인 부부생활을 하고 있는 경우에 인정되므로 몇 가지 점을 제외하고 법률혼과 마찬가지로 보호해 주고 있다. 즉 사실혼 부부간에도 상호 부양 · 동거 · 협조의무가 있으며, 사실혼관계가 파기된 때에는 이혼한 경우와 마찬가지로 상호 재산분할 청구권이 인정되며, 파기된 데에 책임이 있는 자는 위자료 등 손해배상책임을 진다. 연금, 보험 등 사회보장급여의 수급권도 법률상 배우자와 동등하게 인정된다.

그러나 혼인신고를 전제로 하는 권리들은 인정되지 않는다. 부부관계가 가족관계등록부에 등록되지 않기 때문에 친족관계가 발생하지 않으며, 사실혼 배우자가 사망하더라도 상속권이 인정되지 않으며, 자녀가 출생하면 혼인 외의 자녀의 신분을 갖게 되므로 부자(父子)관계는 부의 인지(認知)가 있어야 비로소 인정되며, 이혼절차와 같은 엄격한 절차를 거치지 않고 일방적으로 사실혼관계를 파기하는 것이 가능하다.

3. 사실혼이 파탄된 경우 법적 효과

사실혼은 법률혼과 달리 엄격한 이혼절차를 거치지 않아도 사실혼 부부 일방의 일방적 의사에 의해서 해소될 수 있다. 다만 사실혼관계가 해소된 이후의 법률관계는 이혼한 경우와 유사하다.

사실혼관계가 해소된 이후 2년이 경과하기 전에 사실혼 부부 각자는 상대방에게 재산분할청구권을 행사할 수 있으며, 사실혼관계가 파탄된 데에 책임이 있는 자는 위자료 등 손해배상책임을 진다.

사실혼관계 중 출생한 자녀는 혼인 외의 자녀이므로 부자(녀)관계가 인정되기 위해서는 부의 인지가 필요하다(제855조). 반면에 모자(녀)관계는 모의 출산에 의해 곧바로 인정되는 것이므로 별도로 인지절차가 필요하지 않다. 인지는 부가 가족관계등록부에 자신의 자녀로 출생신고 또는 인지신고를 함으로써 이루어진다. 그런데 부가 스스로 인지하지 않는 경우에는 자녀 또는 자녀의 법정대리인인 모가 부를 상대로 가정법원에 인지청구소송을 제기할 수 있다(제863조).

부에 의해 인지된 자녀가 사실혼 해소 당시 아직 미성년자인 경우에는 사실혼 부부 중 친권을 행사할 자와 양육권을 갖는 자를 정하고 양육권을 갖지 않는 자가 부담할 양육비도 정해야 한다. 이러한 결정은 일단 사실혼 부부가 협의에 의해 정하고, 협의가 이루어지지 않으면 가정법원에 심판을 청구할 수 있다.

4. 사실혼 배우자가 사망한 경우 법적 효과

사실혼은 부부 중 일방이 사망하면 자연적으로 해소된다. 사실혼 배우자에게는 상속권이 없으므로 사망한 배우자의 재산을 상속받을 수 없다. 또한 사실혼 부부 쌍방이 생존한 상태에서 사실혼관계가 해소된 경우와 달리 재산분할청구권도 인정되지 않는다. 다만 상대방이 사망하기 전에 사실혼관계를 해소하고 재산분할을 청구하는 것은 가능하다. 연금 등 사회보장급여 수급권은 사실혼 배우자에게도 인정되므로 생존한 배우자는 유족급여를 청구할 수 있다.

사실혼관계 중 출생한 자녀에 대해 부가 미처 인지를 하지 않고 사망한 경우, 자녀 또는 자녀의 법정대리인인 모는 부의 사망을 안 때로부터 2년 내에 검사를 상대로 인지청구소송을 제기할 수 있다(제864조). 혼인 외의 자녀는 혼인 중의 자녀와 동등하게 상속권을 가지므로 부가 사망하기 전에 인지가 이미 있었던 경우에는 당연히 부의 재산을 상속하고, 인지가 없었다면 부의 사후에 인지청구소송을 제기해 승소판결을 받아야 비로소 상속권을 회복한다.

사례의 해결

A(남)와 B(여)는 사실혼 부부라고 할 수 있는데, 사실혼 배우자에게는 상속권이 인정되지 않는다. 사실혼관계가 파탄되어 사실혼 부부가 헤어지게 된 경우에도 이혼한 경우와 마찬가지로 재산분할청구권이 인정되지만, 사실혼관계가 일방의 사망으로 종료된 경우에는 재산분할청구권도 인정되지 않는다. 따라서 A의 유산에 대해 B는 아무런 권리가 없다(대판 2006. 3. 24, 2005두15595).

다만 A와 B의 사실혼관계가 A의 사망 전에 이미 해소되었다면, B는 A를 상대로 재산분할을 청구할 수 있으며, A가 사망하면 A의 상속인인 C를 상대로 청구할 수 있다. 따라서 A의 사망 전에 A와 B의 사실혼관계가 해소되었는지 여부가 관건인데, 사실혼관계는 부부 일방의 의사만으로도 해소될 수 있으므로 가령 A가 사망하기 전에 B가 A와 살던 집에서 짐을 가지고 나왔거나, A를 상대로 사실혼관계 해소에 따른 재산분할청구소송 또는 위자료청구소송을 제기한 사실이 있는 경우 사실혼관계가 이미 해소되었다고 인정될 수 있다(대결 2009. 2. 9, 2008스105 참조).

III 혼인

"교수님! 혼인이 유효하게 성립하려면 어떤 요건을 갖추어야 하는지 알고 싶습니다. 그리고 혼인한 부부 사이에는 어떤 권리와 의무가 있는지 말씀해주세요."

1. 혼인의 성립

사례

A는 여성으로 출생했으나 성장하면서 여성에 대한 불일치감과 남성으로의 귀속감으로 혼란을 겪다가, 병원으로부터 성전환증의 진단을 받고 성전환수술을 해서 남성으로 일상생활을 하고 있다. A는 이러한 사정을 알고 있는 B(여)를 만나 실제 부부와 같은 생활을 하고 있다. A와 B가 정식으로 혼인신고를 하고, 법률상 부부로 인정될 수 있는 방법은 없는가?

(1) 혼인 성립요건

법률상 혼인이 성립하기 위해서는 남녀가 부부관계를 형성할 의사로 혼인신고를 해야 한다. 실질적인 부부관계를 형성하고 있으나 혼인신고를 하지 않은 경우에는 사실혼에 불과하다.

혼인신고는 혼인신고서를 작성해 시·읍·면·구에서 신고해야 한다. 혼인당사자들이 서명·날인하는 형식으로 혼인신고서를 작성해 우송하거나 타인에게 신고서를 제출하게 할 수도 있다. 혼인신고가 있으면, 담당 공무원이 혼인 금지사유 등 관련 법령에 위배되는지 아닌지를 검토해 수리 여부를 결정하며, 혼인의 효력은 혼인신고를 수리한 때에 발생한다. 통계자료(사법연감)에 따르면, 2021년의 혼인신고는 총 201,152건이며, 이는 2010년의 혼인신고 총 328,749건에 비하여 61%에 불과하다.

성년(19세)에 달한 남녀는 자유로이 혼인할 수 있으며, 미성년자이더라도 18세 이상이 된 남녀는 부모의 동의를 얻어, 부모가 없는 경우에는 후견인의 동의를 얻어 혼인할 수 있다(제807조·제808조). 성년자 중 성년후견개시의 심판을 받은 자도 부모나 후견인의 동의를 받아 혼인할 수 있다(제808조).

사례의 해결

우리나라에서는 동성(同性) 간의 혼인을 인정하지 않는다. 따라서 A와 B(여)가 혼인하기 위해서는 가족관계등록부에 등록된 A의 성(性)이 여성에서 남성으로 정정되어야 한다. 종래에는 사람의 성(性)을 성염색체와 이에 따른 생식기, 성기 등 생물학적 요소에 따라 결정했으나, 근래에는 생물학적 요소뿐 아니라 정신적 · 사회적 요소들 역시 성을 결정하는 요소로 인정받게 되었다. 그리하여 여성 또는 남성 중 한쪽의 성염색체를 보유하고 이와 일치하는 생식기와 성기가 형성 · 발달되어 출생했지만, 성장하면서 출생 당시의 생물학적 성에 대한 불일치감 및 위화감 · 혐오감을 갖고 반대의 성에 대한 귀속감을 느끼며, 의학적으로 성전환증의 진단을 받고 성전환수술을 받아 성기를 비롯한 신체적 성징도 반대의 성으로 변경되었을 뿐 아니라 개인적 영역 및 사회적 영역에서 모두 전환된 성으로서의 역할을 수행하게 된 경우, 법률적으로도 출생 시의 성이 아닌 전환된 성을 그 사람의 성으로 인정할 수 있다.

〈사례〉에서 A에게는 이러한 사정들이 인정되므로 법률적으로 A의 성(性)은 여성에서 남성으로 전환되었다고 할 것이다. 따라서 A는 가정법원의 허가를 얻어 가족관계등록부에 등록된 성을 여성에서 남성으로 정정할 것을 신청할 수 있으며, 정정이 되면 B(여)와 혼인신고를 해 법률상 부부가 될 수 있다.

한편 종래의 판례는 상술한 요건을 갖추어도 법률상 배우자가 있거나 미성년자녀가 있는 자에 대해서는 성전환을 인정하지 않았으나, 대결(전원) 2022. 11. 24, 2020스616은 미성년자녀가 있다는 사정만을 이유로 성별 정정을 불허하여서는 안 된다고 하여 종래의 판례를 변경하였다.

우리나라에서 동성(同性) 간에는 사회통념상 부부관계를 인정할 수 없으므로 혼인신고를 할 수 없으며, 설사 혼인신고가 되었더라도 그 혼인은 무효이다. 그러나 최근 미국과 유럽을 중심으로 동성 간의 혼인을 허용하는 나라들이 나타나고 있다. 생물학적으로는 동성(同性) 간이지만 일방에게 법적으로 성전환이 인정되어 이성(異性) 간이 된 경우에는 혼인할 수 있다.

(2) 혼인 금지사유

중혼(重婚)은 금지되므로 배우자가 있는 자는 혼인할 수 없다(제810조). 근친 사이의 혼인은 금지된다(제809조). 혼인이 금지되는 근친은 ① 8촌 이내의 혈족 사이, ② 6촌 이내의 혈족의 배우자, 배우자의 6촌 이내의 혈족, 배우자의 4촌 이내의 혈족의 배우자인 인척이거나 이러한 인척이었던 자 사이, ③ 6촌 이내의 양부모계의 혈족이었던 자와 4촌 이내의 양부모계의 인척이었던 자 사이이다.

[친족의 범위]

민법상 친족(친척)은 배우자, 혈족, 인척을 말한다(제767조). 혈족은 혈연관계가 있는 친족을 말하며, 자연적인 혈연관계가 인정되는 자연혈족과 법적으로 혈연관계를 의제하는 법정혈족(양친자관계)으로 나뉜다. 인척은 혈족의 배우자, 배우자의 혈족, 배우자의 혈족의 배우자로 나뉘며, 혈족의 배우자의 혈족(속칭 '사돈')은 인척이 아니다. 따라서 사돈 간의 혼인(속칭 '겹사돈'관계)은 법률적으로는 금지되지 않는다. 혈족의 촌수는, 직계혈족의 경우 두 사람 사이의 세수(世數)로 정하며, 방계혈족의 경우 공동의 직계존속에 대한 두 사람의 세수(世數)를 합쳐서 정한다. 인척의 촌수는, 배우자의 혈족은 배우자의 그 혈족에 대한 촌수로 정하고, 혈족의 배우자는 그 혈족에 대한 촌수로 정한다.

(3) 혼인의 무효와 취소

위의 혼인 금지사유가 있는 경우 혼인신고를 하더라도 담당 공무원이 이를 수리하지 않으므로 혼인이 성립할 수 없으나, 혹시 수리되었더라도 그 혼인은 무효이거나 취소될 수 있다. 혼인 무효사유가 존재하는 경우, 그 혼인은 처음부터 무효이며 혼인의 효과가 전혀 발생하지 않는다. 이때 가족관계등록부에 기재된 혼인신고를 말소하기 위해서는 가정법원에 혼인무효 확인소송을 제기해 승소판결을 받아야 한다. 반면에 혼인 취소사유가 존재하는 경우에는 민법이 정한 취소권자가 가정법원에 혼인취소소송을 제기해 인용된 때에만 혼인이 비로소 무효가 된다. 즉 혼인취소소송에서 인용판결이 확정되기 전까지는 혼인은 유효하다.

혼인 무효사유는 다음과 같다(제815조 참조).

① 당사자 간에 혼인의 합의가 없는 때

② 당사자 간에 직계인척관계가 있거나 있었던 때

③ 당사자 간에 양부모계의 직계혈족관계가 있었던 때

제1호의 「혼인의 합의가 없는 때」의 예로는 「가장혼인」을 들 수 있다. 가장혼인은 실질적인 부부관계를 형성할 의사가 없으면서도 다른 목적, 예를 들어 해외취업, 국적취득 등의 목적을 달성하기 위해 형식적으로 혼인신고만을 한 경우를 말하는데, 그러한 혼인은 무효이다. 또한 이러한 혼인신고를 한 자는 공정증서원본부실기재죄(형법 제228조)로 형사처벌을 받을 수 있다. 한편 민법 제815조 제2호는 8촌 이내의 혈족 사이에 혼인을 금지하는 민법 제809조 제1항을 위반한 혼인도 무효사유로 규정하고 있으나, 헌재 2022. 10. 27, 2018헌바115는 동 규정이 헌법에 합치되지 않는다고 결정하였다.

혼인 취소사유는 다음과 같다(제816조).

① 당사자 일방 혹은 쌍방이 혼인연령(18세 이상)에 미달하는 때

② 미성년자 혹은 성년후견개시 심판을 받은 자가 부모 또는 후견인의 동의를 받지 않은 때

③ 당사자 간에 무효사유에 해당하지 않는 근친관계가 있거나 있었던 때

④ 법률상 배우자가 있는 자와 혼인한 때

⑤ 혼인 당시 당사자 일방에 부부생활을 계속할 수 없는 악질 기타 중

대한 사유가 있음을 알지 못한 때

⑥ 사기 또는 강박으로 인해 혼인의 의사표시를 한 때.

다음 페이지에 혼인신고서 서식을 소개한다(출처: 대한민국 법원 홈페이지).

2. 혼인의 효과

법률상 혼인이 유효하게 성립하면 부부 사이에는 신분상, 재산상 여러 법적 효과가 발생한다.

(1) 신분상 효과

사례

A(남)는 뇌출혈로 의식이 혼미하고 마비증세가 발생해 3년간 병원에 입원해서 치료를 받고 있다. 입원 초기에는 A의 처인 B가 A를 간병하는 등 돌보았으나 입원이 장기화되자 방치했고, 그 후에는 A의 모(母)인 C가 A를 돌보았다. 그동안 A의 병원비와 간병비 등으로 1억 원을 지급한 C는 B에게 자신이 지출한 병원비와 간병비의 지급을 청구했다. C의 청구는 타당한가?

1) 친족관계 발생

혼인이 유효하게 성립하면, 부부는 배우자로서 친족이 된다. 또한 배우자의 혈족, 배우자의 혈족의 배우자와의 사이에 인척관계가 성립한다. 친족 사이에는 부양의무가 있는데, 부양순위와 부양정도 및 방법상 차이가 있다.

제1차적 부양의무는 배우자 사이, 미성년자녀와 부모 사이에 인정된다. 제2차적 부양의무는 직계혈족 및 그 배우자 사이, 기타 친족 사이에

[양식 제10호]

혼 인 신 고 서
(년 월 일)

※ 신고서 작성 시 뒷면의 작성 방법을 참고하고, 선택항목에는 '영표(○)'로 표시하기 바랍니다.

구 분			남 편(부)			아 내(처)		
①혼인당사자(신고인)	성명	한글	*(성) / (명)		㉑ 또는 서명	*(성) / (명)		㉑ 또는 서명
		한자	(성) / (명)			(성) / (명)		
	본(한자)			전화		본(한자)	전화	
	출생연월일							
	*주민등록번호		-			-		
	*등록기준지							
	*주소							
②부모(양부모)	부 성명							
	주민등록번호		-			-		
	등록기준지							
	모 성명							
	주민등록번호		-			-		
	등록기준지							

③외국방식에 의한 혼인성립일자	년 월 일	
④성·본의 협의	자녀의 성·본을 모의 성·본으로 하는 협의를 하였습니까?	예□아니요□
⑤근친혼 여부	혼인당사자들이 8촌이내의 혈족사이에 해당됩니까?	예□아니요□
⑥기타사항		

⑦증인				
	성 명	㉑ 또는 서명	주민등록번호	-
	주 소			
	성 명	㉑ 또는 서명	주민등록번호	-
	주 소			

⑧동의자				후견인		
남편	부	성명	㉑ 또는 서명		성명	㉑ 또는 서명
	모	성명	㉑ 또는 서명		주민등록번호	-
아내	부	성명	㉑ 또는 서명		성명	㉑ 또는 서명
	모	성명	㉑ 또는 서명		주민등록번호	-

⑨신고인 출석여부		[1] 남편(부) [2] 아내(처)		
⑩제출인	성명		주민등록번호	-

※ 타인의 서명 또는 인장을 도용하여 허위의 신고서를 제출하거나, 허위신고를 하여 가족관계등록부에 실제와 다른 사실을 기록하게 하는 경우에는 **형법에 의하여 처벌**받을 수 있습니다. **눈표(*)로 표시한 자료**는 국가통계작성을 위해 통계청에서도 수집하고 있는 자료입니다.

※ 아래 사항은 **「통계법」 제24조의2에 의하여 통계청에서 실시하는 인구동향조사입니다.** 「통계법」 제32조 및 제33조에 의하여 성실 응답의무가 있으며 개인의 비밀사항이 철저히 보호되므로 사실대로 기입하여 주시기 바랍니다.

※ 첨부서류 및 혼인당사자의 국적은 국가통계작성을 위해 통계청에서도 수집하고 있는 자료입니다.

인 구 동 향 조 사

㉮ 실제 결혼 생활 시작일		년 월 일부터 동거		
㉯혼인종류	남편	[1]초혼 [2]사별 후 재혼 [3]이혼 후 재혼	아내	[1]초혼 [2]사별 후 재혼 [3]이혼 후 재혼
㉰ 최종 졸업학교	남편(부)	[1]학력 없음 [2] 초등학교 [3] 중학교 [4] 고등학교 [5] 대학(교) [6] 대학원 이상	아내(처)	[1]학력 없음 [2] 초등학교 [3] 중학교 [4] 고등학교 [5] 대학(교) [6] 대학원 이상
㉱ 직업	남편(부)	[1] 관리직 [2] 전문직 [3] 사무직 [4] 서비스직 [5] 판매직 [6] 농림어업 [7] 기능직 [8] 장치·기계 조작 및 조립 [9] 단순노무직 [10] 군인 [11] 학생·가사·무직	아내(처)	[1] 관리직 [2] 전문직 [3] 사무직 [4] 서비스직 [5] 판매직 [6] 농림어업 [7] 기능직 [8] 장치·기계 조작 및 조립 [9] 단순노무직 [10] 군인 [11] 학생·가사·무직

인정되는데, 특히 기타 친족 사이의 부양의무는 생계를 같이하는 경우에만 인정된다(제974조).

2) 동거 · 협조 · 부양의무

부부 사이에는 동거 · 협조 · 부양의무가 있다(제826조). 부부 일방이 동거 · 협조의무를 정당한 사유 없이 이행하지 않는 경우 상대방은 위자료 등 손해배상을 청구할 수 있으며, 이는 이혼사유에도 해당된다. 부부 사이의 부양의무는 1차적 부양의무이므로 자신의 생활수준과 같은 정도로 상대방을 부양하여야 하며, 성년 자녀와 부모 사이와 같은 친족 간의 부양 의무(제974조)보다 우선한다. 부부의 생활비용은 부부가 공동으로 부담하는 것이 원칙이지만(제833조), 부부 중 일방만이 생활비용을 부담할 경제적 여력이 있는 경우에는 그가 비용을 부담하고, 다른 일방은 가사업무에 협조하는 형식으로 기여할 수 있을 것이다.

3) 자녀의 성(姓)과 본(本)

외국과 달리 부부의 성(姓)과 본(本)은 혼인을 해도 변경되지 않는다. 혼인한 부부 사이에 출생한 자녀의 성과 본은 부(父)의 성과 본을 따른다. 다만 혼인신고를 할 때 모(母)의 성과 본을 따르기로 협의한 경우에는 모의 성과 본을 따른다(제781조). 본래 성과 본은 조상을 표시하는 것이어서 이름과 달리 변경할 수 없었으나, 2005년 민법 개정으로 자녀의 복리를 위해 필요한 경우에는 가정법원의 허가를 받아 변경할 수 있게 되었다. 미성년자녀의 성과 본의 변경은 부모가 이혼한 후에 미성년자녀를 양육하던 모가 재혼한 경우, 미성년자녀의 성과 계부(繼父)의 성이 달라서 오는 자녀의 불이익을 막기 위해 이루어지는 것이 대부분이다. 통계자료(사법연감)에 따르면, 2021년에 처리된 성 · 본 변경사건은 총 4,721건이며, 이 중 성 · 본 변경신청을 인용한 것은 3,817건에 달한다.

4) 성년의제

미성년자이더라도 18세 이상인 자는 부모 또는 후견인의 동의를 얻어 혼인할 수 있는데, 미성년자가 혼인하면 사법관계에서는 성년자로 의제된다(제826조의 2). 그러나 공직선거법, 청소년보호법, 근로기준법 등 공법관계에서는 여전히 미성년자로 취급된다.

사례의 해결

부부 사이에는 상호 부양의무가 있으며(제826조), 친족 사이에도 부양의무가 있다(제974조). 그런데 부부 사이의 부양의무와 미성년자녀에 대한 부모의 부양의무는 제1차 부양의무인 데 반해, 친족 사이의 부양의무는 제2차 부양의무이다. 〈사례〉에서 B는 A에 대한 제1차 부양의무자이며 C는 제2차 부양의무자이므로, B의 부양의무가 우선한다. 따라서 C는 자신이 지급한 병원비, 간병비 등 A를 부양하기 위해 지출한 비용의 상환을 B에게 청구할 수 있다. 그러나 C가 B로부터 상환받을 수 있는 범위는 B가 A에게 부담하는 부양의무를 한도로 하므로 C가 지출한 비용 전액을 상환받을 수 있는지는 검토가 필요하다. 본래 부부간 생활비용은 공동으로 부담하는 것이 원칙이므로(제833조), A가 소득활동을 하지 않고 자산도 전혀 없어서 비용을 분담할 형편이 되지 않는 경우에 해당하지 않는 한, 모든 비용을 B가 전적으로 부담해야 하는 것은 아니기 때문이다.

(2) 재산상 효과

사례 1

B(여)의 남동생 C가 자동차판매대리점(X)에서 자동차를 할부로 구입하는 것과 관련해서, B가 보관하고 있던 남편 A의 인감도장을 이용해 남편 명의로 C의 할부금 채무에 대해 보증을 했다. 그런데 C가 할부금을 갚지 않자 X가 A에게 보증채무의 이행을 요구했다. 이러한 사정을 전혀 몰랐던 A는 보증채무를 이행해야 하는가?

사례 2

B(여)가 주거 목적으로 남편 A의 명의로 분양받은 아파트의 분양대금을 납부하기 위해 자신의 이름으로 D로부터 1억 원을 차용했다. B가 차용금을 변제하지 않자, D는 남편 A에게 차용금을 대신 변제할 것을 요구했다. 이에 A는 자신이 차용한 것이 아니므로 변제할 수 없다고 주장했다. 이 경우에 A는 차용금을 변제해야 하는가?

1) 부부재산제

혼인한 부부의 재산은 별산제를 원칙으로 한다. 즉 부부의 일방이 혼인 전부터 가진 고유(固有)재산과 혼인 중 자기의 명의로 취득한 재산은 그의 특유재산으로 하며, 부부 중 누구에게 속한 것인지 분명하지 아니한 재산은 부부의 공유로 추정한다(제830조). 특유재산은 각자 관리, 사용, 수익한다(제831조). 그러나 혼인 중 부부 일방의 명의로 취득한 재산이라도 그 취득에 다른 일방이 경제적 기여를 했음이 입증되면, 그 기여 정도에 따라 공유재산이 되거나 다른 일방의 단독 소유재산이 된다. 그런데 판례는 전업주부가 한 가사노동을 이러한 경제적 기여로 보지 않는다. 반면에 이혼 후 재산분할을 할 때는 전업주부의 가사노동도 남편이 혼인 중 재산을 취득하는 데 기여한 것으로 보아 재산분할을 인정한다.

부부는 혼인의 성립 전에 부부재산약정을 체결해, 혼인 중 취득하는 재산의 귀속 및 관리방법과 이혼 시 처분방법을 민법의 규정(별산제)과 달리 정할 수 있다(제829조). 부부재산약정이 있음을 제3자에게 대항하기 위해서는 부부재산약정등기를 해야 한다.

2) 일상가사대리권 및 연대책임

부부는 일상가사에 대해 서로 대리권을 가지며(제827조), 어느 일방이 일상가사에 관해 제3자와 계약 등 법률행위를 해서 발생한 채무에 대해 다른 일방도 연대책임을 진다(제832조). 그러나 다른 일방이 이미 제3자에게 연대책임을 지지 않겠다는 의사를 표시한 경우에는 그러하지 아니하다.

일상가사행위는 부부가 자녀와 함께 공동생활을 하면서 통상적으로 필요로 하는 거래행위를 말하는데, 부부의 생활수준과 생활장소에 따라 다소 차이가 있겠으나 일상적인 생활용품의 구입, 주거비용의 지출, 자녀 양육비 · 교육비 지출 등이 이에 해당한다. 반면에 부동산매각행위, 사업자금 차용행위 등은 일상가사행위가 아니다.

부부 중 어느 일방이 일상가사의 범위를 넘는 계약(가령 부동산매매계약)을 다른 일방의 명의로 체결한 경우, 이는 무권대리행위가 되어 무효이므로 다른 일방은 그 계약에 따른 이행책임이 없다. 다만 그 경우에도 부부 일방과 계약을 체결한 상대방이 그 일방에게 대리권이 있다고 믿을 만한 정당한 사유가 있는 경우에는 예외적으로 계약이 유효하게 될 수 있다(제126조 참조).

사례 1의 해결

B(여)가 남편 A의 명의로 체결한 보증계약이 유효하기 위해서는 A의 명의로 보증계약을 체결할 대리권이 B에게 인정되어야 하는데, A는 B에게 이러한 대리권을 준 바 없다. 물론 부부 사이에는 일상가사에 대해 법률상 당연히 대리권이 있지만(제827조), C(처남)의 자동차 할부금채무에 대해 보증을 서는 것이 일상가사에 해당한다고 볼 수 없다. 따라서 B가 A 명의로 체결한 보증계약은 A에게 그 효력을 주장할 수 없으므로 A는 보증채무의 이행을 거부할 수 있다.

사례 2의 해결

부부 중 일방이 일상가사와 관련해 부담하게 된 채무에 대해서는 다른 일방도 연대채무를 부담한다(제832조). 일반적으로 1억 원이나 되는 고액의 채무를 지는 것은 일상가사에 해당하지 않는다. 그러나 판례에 따르면, 부부가 거주할 목적으로 구입한 주택의 대금을 마련하기 위해 금전을 차용하는 행위는 일상가사에 해당한다.

제시된 〈사례〉에서 B가 D로부터 1억 원을 차용한 것은 주거 목적으로 구입한 아파트의 분양대금을 마련하기 위한 것이므로 일상가사에 해당한다. 따라서 1억 원의 차용금채무는 B와 A가 연대해 변제할 책임이 있으며, B가 변제하지 못하면 A가 변제해야 한다(대판 1999. 3. 9, 98다46877 참조).

제2절

이혼

I 이혼절차

"교수님! 제가 아는 사람이 이혼하려고 하는데 어떤 절차를 거쳐야 하나요? 부부 사이에 아이가 있는데, 아이의 양육문제는 어떻게 되나요?"

1. 협의이혼절차

사례

A(남)와 B(여)는 부부이다. A가 사업에 실패해 빚에 쪼들리게 되자, A와 B는 얼마 남지 않은 A의 재산이라도 보전하기 위해 당분간 형식상 이혼했다가 나중에 재결합하기로 하고, 협의이혼절차를 거쳐 이혼신고를 했다. A는 남은 재산 1억 원 정도를 위자료 및 재산분할 명목으로 B에게 주었다. 이혼 후 채권자들을 피해 지방에 머물고 있던 A는 한 달에 한 번 정도 B를 방문해 자고 가기도 했다. 2년 후 A는 사업 재기에 성공했는데, 갑작스러운 교통사고로 사망했다. B는 A와의

협의이혼은 진정한 이혼의사 없이 이루어진 것이므로 무효라고 하면서, A의 유산(5억 원 상당)에 대해 상속권이 있다고 주장한다. B의 주장은 타당한가?

이혼이란 유효하게 성립한 혼인을 당사자 쌍방의 협의에 의해 종료시키는 것(협의이혼) 혹은 일방이 청구하는 재판절차를 통해 종료시키는 것(재판이혼)을 말한다. 이 중에서 협의이혼이 유효하게 성립하기 위해서는, 혼인관계를 종료시키는 것에 대해 부부 쌍방의 의사가 합치하고(이혼의사의 합치), 이러한 이혼의사에 대해 가정법원의 확인을 받은 후에 어느 일방이 「가족관계의 등록 등에 관한 법률」에 따라 이혼신고를 해야 한다(제836조). 통계자료(사법연감)에 따르면, 2021년에 가족관계등록부에 등록된 총 103,038건의 이혼건수 중 협의이혼은 82,859건(80.42%), 재판이혼은 20,179건(19.58%)이다. 2021년 이혼건수인 103,038건은 2010년 이혼건수 117,388건에 비하여 약간 감소하였다(87.8%). 다만 2010년 혼인신고가 총 328,749건이었으나 2021년 혼인신고는 총 201,152건이었으므로, 전체 혼인건수 대비 이혼건수의 비율은 대폭 증가하였다.

(1) 이혼의사의 합치

부부 쌍방의 이혼의사는 이혼신고서를 작성해 가정법원의 확인을 받을 때뿐만 아니라 이혼신고를 할 때에도 존재해야 한다. 따라서 이혼신고서를 작성하고 가정법원의 확인을 받았더라도 아직 이혼신고가 접수되기 전이면 부부 중 어느 일방은 시 · 읍 · 면 · 구의 장에게 이혼의사를 철회할 수 있으며(「가족관계의 등록 등에 관한 규칙」 제80조), 이혼의사가 적법하게 철회된 이후에는 다른 일방이 이혼신고를 하더라도 수리되지 않으며, 설사 수리되었더라도 무효이다. 부부 중 일방이 성년후견개시의 심판을 받은 자인 경우 부모 또는 성년후견인의 동의를 받아 이혼의사를 표시해야 한다. 부부 일방이 상대방 또는 제3자의 사기 또는 강박으로 인해 이혼의사를 표시한 때에는 설사 협의이혼절차를 거쳐 이혼신고가 되었더라도 가정법원에 이혼취소소송을 제기할 수 있다(제838조).

한편 부부가 실제로는 혼인관계를 종료시킬 의사가 없음에도 다른 목적(가령 남편이 사업에 실패해 빚을 많이 지게 되어 이혼하는 경우) 때문에 협의이혼절차를 거쳐 이혼신고를 한 경우, 이러한 이혼이 유효한지 여부가 문제가 된다. 일반적으로 판례는, 혼인에서 실제로 부부관계를 형성할 의사 없이 다른 목적을 위해 혼인신고를 한 경우 이를 가장혼인이라고 해서 무효라고 하는 데 반해, 이혼에서는 실제로 부부관계를 종료시킬 의사 없이 다른 목적을 위해 협의이혼절차를 거쳐 이혼신고를 한 경우에도 이혼은 유효하다고 한다. 이러한 차이는 혼인에서는 혼인의사를 법원이 확인하는 절차가 없으나 이혼에서는 가정법원이 이혼의사를 확인하는 절차를 거친다는 점이 크게 작용한 결과라고 할 수 있다.

(2) 가정법원의 확인

1) 이혼의사 확인신청

협의이혼을 하기 위해서는 가정법원에서 이혼의사의 확인을 받아야 한다. 그러기 위해서는 먼저 부부가 가족관계등록 기준지 혹은 주소지를 관할하는 가정법원에 함께 출석해 협의이혼의사 확인신청서를 제출하고, 이혼에 관한 안내를 받아야 한다(제836조의 2, 「가족관계의 등록 등에 관한 규칙」 제73조). 이혼안내는 법원사무관 또는 가사조사관 등이 한다. 협의이혼안내서와 이혼신고서를 신청당사자 쌍방에게 교부한 후 이혼절차, 이혼의 결과(재산분할과 친권 및 양육에 관한 사항 결정 등), 이혼이 자녀에게 미치는 영향 등을 안내해야 한다. 법원사무관 또는 가사조사관 등은 이혼하려는 부부에게 상담위원의 상담을 받을 것을 권고할 수 있고, 특히 미성년자녀가 있는 경우에는 양육과 친권자 결정에 관해 상담위원의 상담을 받도록 권고해야 한다.

2) 숙려기간

협의이혼의사 확인신청서를 제출한 부부는 이혼에 관한 안내를 받은 날부터 3개월(양육해야 할 자녀가 있는 경우) 또는 1개월(양육해야 할 자녀가 없는 경우)이 경과해야 가정법원으로부터 이혼의사의 확인을 받을 수 있다. 다만 가정법원은 폭력으로 인해 당사자 일방에게 참을 수 없는 고통이 예상되는 등 이혼을 해야 할 급박한 사정이 있는 경우에는 위 기간(숙려기간)을 단축 또는 면제할 수 있다.

3) 미성년자녀의 양육과 친권에 관한 결정

부부 사이에 미성년자녀가 있는 경우에는 미성년자녀의 양육과 친권자 결정에 관한 협의서 또는 가정법원의 심판정본을 제출해야 한다. 협의서는 이혼의사 확인기일 1개월 전까지, 심판정본은 확인기일까지 제출해야 한다(가족관계등록예규 제453호, 「협의이혼의 의사확인사무 및 가족관계등록사무 처리 지침」 제2조)

4) 가정법원의 이혼의사 확인

가정법원은 이혼의사 확인기일에 부부 양쪽을 출석시켜 그 진술을 듣고 이혼의사의 유무, 부부 사이에 미성년자녀가 있는지 여부, 미성년인 자녀가 있는 경우 그 자녀에 대한 양육과 친권자 결정에 관한 협의서 또는 가정법원의 심판정본 등을 제출했는지 여부를 확인해야 한다(「가족관계의 등록 등에 관한 규칙」 제74조). 가정법원은 부부 양쪽의 이혼의사 등을 확인하면 확인서를 작성해야 하고, 미성년자녀의 양육과 친권자 결정에 관한 협의를 확인하면 그 양육비부담조서도 함께 작성해야 한다(「가족관계의 등록 등에 관한 규칙」 제78조). 양육비부담조서는 집행권원이 되므로 부부의 일방이 양육비부담조서에 따른 양육비를 지급하지 않으면 다른 일방(양육권자)은 곧바로 강제집행을 할 수 있다. 법원사무관은 작성된 이혼의사확인서등본을(미성년자녀가 있는 경우 양육과 친권자 결정에 관한 협의서등본 및 양육비부담조서정본 또는 심판정본 및 확정증명서도 함께) 부부 양쪽에게 교부하거나 송달해야 한다.

(3) 이혼신고

협의이혼은 이혼신고를 해야 효력을 발생한다. 협의이혼의 신고는 이혼의사확인서등본을 교부 또는 송달받은 날부터 3개월 이내에 확인서등본을 첨부해 시 · 읍 · 면 · 구에서 한다. 이혼신고 없이 3개월이 경과하면 가정법원의 확인은 효력을 상실하므로 확인절차를 다시 밟아야 한다. 이혼신고는 부부 중 어느 한쪽이 할 수 있다.

사례의 해결

판례는, 협의이혼에서 이혼의사는 법률상 부부관계를 해소하려는 의사를 말하며, 일시적으로나마 법률상 부부관계를 해소하려는 합의하에 가정법원의 이혼의사 확인절차를 밟아 이혼신고가 된 이상, 설사 그 협의이혼에 다른 목적이 있었더라도 당사자들 사이에 이혼의사가 없었다고 말할 수 없다고 했다.
이러한 판례에 따르면, 〈사례〉에서 A(남)와 B(여)가 협의이혼을 한 것이 비록 A의 재산을 보전하기 위한 목적이었더라도 일시적으로나마 법률상 부부관계를 해소할 의사가 없었다고 볼 수 없다. 결국 A와 B의 협의이혼은 유효하며, B는 A의 법률상 배우자가 아니므로 B는 A의 유산에 대해 상속인이 될 수 없다.

다음 페이지에 이혼신고서 서식을 소개한다(출처: 대한민국 법원 홈페이지).

[양식 제11호]

이혼(친권자 지정)신고서

(년 월 일)

※ 신고서 작성 시 뒷면의 작성 방법을 참고하고, 선택항목에는 '영표(○)'로 표시하기 바랍니다.

구 분			남 편(부)				아 내(처)			
①이혼당사자(신고인)	성 명	한글	* (성) / (명)		㉑ 또는 서명		* (성) / (명)		㉑ 또는 서명	
		한자	(성) / (명)				(성) / (명)			
	본(한자)			전화			본(한자)		전화	
	*주민등록번호		-				-			
	출생연월일									
	*등록기준지									
	*주 소									
②부모(양부모)	부(양부)성명									
	주민등록번호		-				-			
	모(양모)성명									
	주민등록번호		-				-			
③기 타 사 항										
④재판확정일자 ( )			년 월 일			법원명	법원			

아래 친권자란은 협의이혼 시에는 법원의 협의이혼의사확인 후에 기재합니다.

⑤친권자지정							
	미성년인 자의 성명						
	주민등록번호	-			-		
	친권자	①부 ②모 ③부모	효력발생일 / 원인	년 월 일 / ① 협의 ② 재판	①부 ②모 ③부모	효력발생일 / 원인	년 월 일 / ① 협의 ② 재판
	미성년인 자의 성명						
	주민등록번호	-			-		
	친권자	①부 ②모 ③부모	효력발생일 / 원인	년 월 일 / ① 협의 ② 재판	①부 ②모 ③부모	효력발생일 / 원인	년 월 일 / ① 협의 ② 재판

⑥신고인 출석여부		① 남편(부) ② 아내(처)		
⑦제출인	성 명		주민등록번호	-

※ 타인의 서명 또는 인장을 도용하여 허위의 신고서를 제출하거나, 허위신고를 하여 가족관계등록부에 실제와 다른 사실을 기록하게 하는 경우에는 **형법에 의하여 처벌**받을 수 있습니다. **눈표(*)로 표시한 자료**는 국가통계작성을 위해 통계청에서도 수집하고 있는 자료입니다.

※ 아래 사항은 「**통계법**」 제24조의2에 의하여 **통계청에서 실시하는 인구동향조사**입니다. 「통계법」 제32조 및 제33조에 의하여 성실응답의무가 있으며 개인의 비밀사항이 철저히 보호되므로 사실대로 기입하여 주시기 바랍니다.

※ 첨부서류 및 이혼당사자의 국적은 국가통계작성을 위해 통계청에서도 수집하고 있는 자료입니다.

인구동향조사

㉮ 실제 결혼 생활 시작일		년 월 일부터	㉰ 19세 미만 자녀 수		명
㉯ 실제 이혼 연월일		년 월 일부터			
㉱ 최종 졸업학교	남편(부)	①학력 없음 ②초등학교 ③중학교 ④고등학교 ⑤대학(교) ⑥대학원 이상	아내(처)	①학력 없음 ②초등학교 ③중학교 ④고등학교 ⑤대학(교) ⑥대학원 이상	
㉲ 직업	남편(부)	①관리직 ②전문직 ③사무직 ④서비스직 ⑤판매직 ⑥농림어업 ⑦기능직 ⑧장치·기계 조작 및 조립 ⑨단순노무직 ⑩군인 ⑪학생·가사·무직	아내(처)	①관리직 ②전문직 ③사무직 ④서비스직 ⑤판매직 ⑥농림어업 ⑦기능직 ⑧장치·기계 조작 및 조립 ⑨단순노무직 ⑩군인 ⑪학생·가사·무직	

2. 재판이혼절차

사례

A(남)와 B(여)는 10년 전에 혼인신고를 한 부부이며, 슬하에 딸 C(9세)가 있다. A는 의사이고, B는 전업주부이다. A와 B는 혼인 초부터 혼인관계가 원만하지 못했는데, 결혼 5년째부터 A가 지방 병원에 근무하면서 따로 살게 되었다. A는 결혼 4년째 즈음부터 초등학교 동창생인 D(여)와 부정한 관계를 맺어왔고, B가 이러한 사실을 알게 되어 항의했음에도 D와의 교제를 2년간 더 지속했다. 결혼 7년째부터 A는 B와 전혀 부부관계를 갖지 않았으며, 생활비도 주지 않는 등 갈등관계가 심화되었다. A는 결혼 4년째부터 이혼을 거듭 요구했으나 B는 매번 이를 거부하면서, 이혼하려면 재산분할 명목으로 5억 원과 양육비로 매월 400만 원을 달라고 말하기도 했다. B가 계속 협의이혼을 거부하자 A는 이혼소송을 제기했다. A의 이혼청구는 타당한가?

재판상 이혼은, 부부의 합의에 의한 이혼이 불가능할 때 부부 중 일방의 청구로 가정법원의 판결에 의해 혼인관계를 종료시키는 것을 말한다.

(1) 재판상 이혼사유

협의이혼에서는 이혼사유를 묻지 않으나, 재판상 이혼을 청구하기 위해서는 민법이 정한 이혼사유가 존재해야 한다. 제840조가 정한 이혼사유는 다음과 같다.

① 배우자가 부정한 행위를 했을 때(다만 다른 일방이 사전에 동의하거나 사후에 용서한 때 또는 이를 안 날부터 6월, 사유가 있은 날부터 2년을 경과한 때에는 이혼을 청구하지 못함)

② 배우자가 악의로 다른 일방을 유기한 때

③ 배우자 또는 그 직계존속으로부터 심히 부당한 대우를 받았을 때

④ 자기의 직계존속이 배우자로부터 심히 부당한 대우를 받았을 때

⑤ 배우자의 생사가 3년 이상 분명하지 아니한 때

⑥ 기타 혼인을 계속하기 어려운 중대한 사유가 있을 때(다만 다른 일방이 사유를 안 날부터 6월, 그 사유가 있은 날부터 2년을 경과하면 이혼을 청구하지 못함)

(2) 유책배우자의 이혼청구

혼인관계가 회복할 수 없을 정도로 파탄된 경우에 혼인파탄에 주된 책임이 있는 배우자(유책배우자)가 이혼을 청구할 수 있는가? 판례는 과거에는 축출이혼(가령 남편이 다른 여자와 부정행위를 해서 혼인관계를 파탄시켰으면서도 그 여자와 결혼하기 위해 이혼청구를 하는 경우)을 방지하기 위해 유책배우자의 이혼청구를 허용하지 않는 엄격한 태도를 취했다. 그 후 판례는 이를 완화해 이혼청구의 상대방 역시 이혼의사가 있으면서도 오기나 보복적 감정에서 이혼에 응하지 않고 있는 경우, 또는 혼인파탄의 책임이 부부 쌍방에게 거의 동등한 정도로 있는 경우에는 유책배우자의 이혼청구도 허용한다고 했다(대판 1987. 12. 8, 87므44 · 45 등). 최근에는 이에 더 나아가 이혼을 청구하는 배우자의 유책성을 상쇄할 정도로 상대방 배우자 및 자녀에 대한 보호와 배려가 이루어진 경우, 세월의 경과에 따라 혼인파탄 당시 현저했던 유책배우자의 유책성과 상대방 배우자의 정신적 고통이 점차 약화되어 쌍방의 책임의 경중을 엄밀히 따지는 것이 더 이상 무의미할 정도가 된 경우 등과 같이 그 유책성이 이혼청구를 배척해야 할 정도로 남아 있지 아니한 특별한 사정이 있는 경우에는 예외적으로 유책배우자의 이혼청구를 허용할 수 있다고 했다(대판 2015. 9. 15, 2013므568).

(3) 재판이혼절차

1) 조정절차

재판상 이혼을 하려는 사람은 이혼소송에 앞서서 가정법원에 조정을 신청해야 한다(가사소송법 제50조). 만약 조정을 신청하지 않고 이혼소송을 제기한 경우 가정법원은 이혼청구를 먼저 조정에 회부해야 한다. 조정장이나 조정담당 판사는 조정을 하기 전에 가사조사관에게 사건에 관한 사실을 조사하게 해야 한다.

조정절차에서 이혼당사자 사이에 이혼의 합의가 이루어져 조정조서가 작성되면 조정이 성립하게 되는데, 이는 재판상 화해와 동일한 효력이 있다. 따라서 곧바로 이혼이 성립하게 된다. 조정이 성립하면 조정을 신청한 사람은 조정성립일로부터 1개월 이내에 이혼신고를 해야 하는데, 이혼은 이미 조정이 성립한 때 효력을 발생하므로 이때 이혼신고는 보고적 신고이다.

2) 소송절차

이혼조정이 성립하지 않으면 정식 이혼소송을 하게 된다. 이혼소송의 당사자 사이에 미성년자녀가 있는 경우, 가정법원은 이혼청구가 인용될 경우를 대비해 미성년자녀의 친권자로 지정될 사람, 미성년자녀의 양육 및 면접교섭권에 관한 사항을 협의하도록 권고해야 한다(가사소송법 제25조). 그러나 협의가 이루어지지 않으면, 가정법원은 이혼청구를 인용하는 판결을 할 때 이들 사항들에 대해서도 직권으로 결정해야 한다. 이혼소송에서 이혼청구를 인용하는 판결이 확정되면 이혼이 성립한다. 이혼소송을 제기한 사람은 이혼판결이 확정된 날부터 1개월 이내에 이혼신고를 해야 하는데, 이혼은 이미 이혼판결이 확정된 때 효력을 발생하므로 이때 이혼신고는 보고적 신고이다.

사례의 해결

〈사례〉에서 A(남)와 B(여)의 혼인관계는 실질적으로 파탄되었고 재결합 가능성은 희박하다고 판단되며, 이렇게 혼인관계가 파탄된 데 대한 주된 책임은 A에게 있다. 판례는, 혼인관계가 파탄된 데에 주된 책임이 있는 자의 재판상 이혼청구는 원칙적으로 허용되지 않는다고 한다. 다만 상대방도 혼인을 계속할 의사가 없으면서 단지 오기나 보복적 감정에서 이혼에 응하지 않고 있을 뿐이라는 등의 특별한 사정이 있는 경우에는 유책배우자의 재판상 이혼청구도 예외적으로 허용된다. 〈사례〉에서는 B가 단순히 오기나 보복적인 감정에서 이혼을 거부하고 있는 것으로 보이지는 않는다. 따라서 A의 이혼청구는 기각되어야 한다(대판 2010. 12. 9, 2009므844 참조).

II 이혼의 효과

"교수님! 이혼할 때 아이를 엄마가 양육하기로 하고 아빠는 매월 100만 원을 양육비로 지급하기로 했는데, 아빠가 이를 지급하지 않고 있어요. 어떻게 해야 되나요? 그리고 이혼할 때 재산분할은 얼마나 인정되나요? 그 밖에 이혼의 경우에 다른 효과도 있는 것인지요?"

1. 자녀에 대한 양육권

사례

A(남)와 B(여)가 이혼하면서 조정절차를 통해 미성년자녀 C의 친권자 및 양육자를 A로 합의했다. 그 후 A와 B가 재결합해 혼인신고 없이 C와 동거하다가, 다시 불화가 발생해 B가 C를 데리고 나와 양육했다. 그 후 1년이 지나 B는 A에게 1년간 C를 양육한 비용 600만 원(월 50만 원×12개월)과 향후 양육비로 매월 50만 원씩 지급할 것과 C에 대한 친권자 및 양육자를 A에서 B로 변경해달라는 청구를 했다. B의 청구는 타당한가?

(1) 양육에 관한 사항

이혼하는 부부 사이에 미성년자녀가 있는 경우 자녀의 양육에 관한 사항을 정해야 한다. 양육에 관한 사항이란 ① 양육자의 결정, ② 부부 중 양육하지 않는 자가 부담할 양육비의 결정, ③ 부부 중 양육하지 않는 자의 면접교섭권 행사 여부 및 그 방법 등이다.

양육이란 자녀를 보호하고 교양하는 것을 말한다. 양육권자는 통상 미성년자녀의 부모 중 일방으로 정해지지만, 부모 이외에 조부모, 외조부모 등 제3자가 될 수도 있다. 자녀를 양육하지 않는 부모는 양육비를 부담한다. 자녀를 양육하는 부모에게 수입이 있는 때에는 양육비의 일부를 분담하게 할 수 있다. 자녀의 양육에 관한 협의나 심판이 있기 전에 부모 중 일방이 자녀를 양육한 경우 과거의 양육비도 청구할 수 있다(대결 1994. 5. 13, 92스21).

(2) 양육에 관한 사항 결정절차

1) 협의이혼의 경우

협의이혼의 경우, 부부가 함께 가정법원에 출석해 협의이혼의사 확인신청서를 제출하면, 법원사무관 또는 가사조사관 등은 협의이혼안내를 하는데, 부부 사이에 미성년자녀가 있을 때에는 양육과 친권자 결정에 대해 상담위원의 상담을 받도록 권고해야 한다.

자녀의 양육에 관한 사항은 일단 부부가 협의에 의해 결정한다. 협의 내용이 자녀의 복리에 반하는 경우 가정법원은 보정을 명할 수 있으며, 부부가 보정명령에 불응하는 경우 가정법원은 이혼의사확인서를 작성하지 아니한다(「가족관계의 등록 등에 관한 규칙」 제78조). 이혼의사 확인기일에 가정법원은 양육에 관한 협의 내용을 확인하고 양육비부담조서를 작성한다. 부부가 양육에 관한 사항을 협의할 수 없는 경우, 가정법원에 그에 관한 심판을 청구할 수 있다. 가정법원은 자녀의 의사, 연령과 부모의 재산상황, 그 밖의 사정을 참작해 양육에 관한 사항을 정한다. 특히 자녀가 13세 이상인 경우에는 원칙적으로 심판에 앞서 그 자녀의 의견을 청취해야 한다(가사소송규칙 제100조). 양육에 관한 협의서는 이혼의사 확인기일 1개월 전까지, 양육에 관한 가정법원의 심판정본은 확인기일까지 제출해야 한다. 또한 가정법원은 양육에 관한 심판을 할 때 직권으로 또는 이혼당사자의 신청에 의해 당사자들의 재산상태를 구체적으로 밝힌 재산목록의 제출을 명하거나, 공공기관, 금융기관 등에 당사자들 명의의 재산을 조회할 수 있다(가사소송법 제48조의 2 · 제48조의 3).

2) 재판이혼의 경우

재판이혼의 경우, 먼저 조정절차를 거치는데 조정절차에서 이혼과 함께 미성년자녀의 양육에 관해 당사자들 사이에 합의가 된 경우 이를 조정조서에 기재하며, 이는 재판상 화해와 동일한 효력이 있다.

조정이 성립하지 않는 경우 이혼소송절차로 이행(移行)하게 되는데, 이혼소송절차에서 가정법원은 이혼청구가 인용될 경우를 대비해 미성년자녀의 양육 및 면접교섭권에 관한 사항을 협의하도록 권고하고, 협의가 이루어지지 않으면 가정법원이 직권으로 결정한다(제837조, 가사소송법 제25조). 이혼당사자들의 협의 내용이 자녀의 복리에 반하는 경우 가정법원은 보정을 명하거나 직권으로 결정한다(가사소송규칙 제18조). 가정법원이 양육에 관한 사항을 직권으로 정하는 경우, 자녀의 연령이 13세 이상인 때에는 원칙적으로 자녀의 의견을 청취해야 한다(가사소송규칙 제18조의 2). 가정법원은 이혼청구를 인용하는 판결을 할 때 미성년자녀의 양육에 관한 협의 내용 또는 직권결정사항을 판결주문에 기재해야 한다(가사소송규칙 제18조).

3) 양육에 관한 결정의 변경

이혼할 때 협의 또는 심판에 의해 결정한 양육에 관한 사항도 그 후 자녀의 복리를 위해 변경할 필요가 있는 경우에는 가정법원은 부, 모, 자녀 및 검사의 청구 또는 직권으로 이를 변경하거나 다른 적당한 처분을 할 수 있다(제837조 제5항).

(3) 양육비 확보방안

가령 협의 또는 심판에 의해 이혼 후 자녀에 대한 양육권은 모에게 인정하고 부는 양육비를 부담하는 것으로 결정되었으나, 부가 부담하기로 한 양육비를 지급하지 않는 경우 자녀에 대한 적절한 양육에 장애가 되므로 양육비 확보방안이 필요하다.

우선 ① 양육비부담에 관한 사항을 부부가 협의에 의해 정하고 양육비 부담조서가 작성된 경우, ② 양육비부담에 대해 조정이 성립되어 조정조서가 작성된 경우, ③ 양육비부담에 대해 심판이 있는 경우 이들 양육비 부담조서와 조정조서 및 심판은 모두 집행권원이 된다. 따라서 양육비지급의무자가 이를 지급하지 않는 경우, 별도로 지급청구소송을 제기할 필요 없이 곧바로 양육비지급의무자의 재산에 대해 강제집행을 할 수 있다.

양육비를 정기적으로 지급할 의무가 있는 사람이 정당한 사유 없이 2회 이상 양육비를 지급하지 않는 경우, 가정법원은 양육비지급의무자에게 정기적으로 급여를 지급하는 자(예: 회사)가 양육비에 해당하는 급여를 직접 양육권자에게 지급할 것을 명할 수 있다(가사소송법 제63조의 2). 또한 가정법원은 양육비를 정기적으로 지급할 의무가 있는 사람이 정당한 사유 없이 이행을 하지 않는 경우 양육비지급의무자에게 상당한 담보의 제공을 명할 수 있으며, 담보를 제공하지 않는 경우 양육비의 전부 또는 일부를 일시금으로 지급하도록 명할 수 있다(가사소송법 제63조의 3).

가정법원은 양육비지급의무자가 정당한 사유 없이 양육비지급의무를 이행하지 않는 경우 일정한 기간 내에 이행할 것을 명할 수 있으며, 이러한 이행명령을 위반할 경우 1,000만 원 이하의 과태료 또는 이행할 때까지 30일 범위에서 감치(監置)할 수 있다(가사소송법 제64조 · 제67조 · 제68조).

양육비의 원활한 이행확보를 지원하기 위해「양육비 이행확보 및 지원에 관한 법률」이 제정되었으며,「양육비이행관리원」을 두어 양육비와 관련한 상담, 법률지원, 양육비 긴급지원, 양육비지급의무 불이행자에 대한 제재조치(예. 운전면허 정지, 출국금지, 명단공개) 등의 업무를 수행하도록 하고 있다.

(4) 면접교섭권

면접교섭권은 자녀를 양육하고 있지 않은 부 또는 모와 자녀가 직접 만나거나 편지나 전화 등을 통해 접촉할 수 있는 권리를 말한다(제837조의 2). 면접교섭권은 양육권을 침해하지 않는 범위, 양육권과 조화되는 범위에서만 인정되어야 한다. 2016년 민법 개정으로 조부모에게도 제한적으로 면접교섭권이 인정된다. 즉 면접교섭권이 있던 부 또는 모가 사망하였거나 질병, 외국 거주, 그 밖에 불가피한 사정으로 면접교섭을 할 수 없는 경우 조부모에게 면접교섭권이 인정될 수 있다.

면접교섭권의 행사방법과 범위는「양육에 관한 사항」에 포함되므로(제837조 제2항), 이혼할 때 당사자 간 협의 또는 가정법원의 심판에 의해「양육에 관한 사항」을 결정할 때 면접교섭권의 행사방법과 범위에 대해서도 정해야 한다. 구체적인 절차는 전술한「양육에 관한 사항 결정절차」를 참조하면 된다.

양육권자는 면접교섭권을 가진 부 또는 모에게 자녀와의 면접교섭을 허용할 의무를 지는데, 양육권자가 정당한 이유 없이 이러한 의무를 이행하지 않는 경우 가정법원은 이행명령을 내릴 수 있고, 이행명령에도 불응하는 경우 1,000만 원 이하의 과태료를 부과할 수 있다(가사소송법 제64조 · 제67조).

이혼할 때 협의 또는 심판에 의해 결정한 면접교섭권의 행사방법과 범위를 자녀의 복리를 위해 변경할 필요가 있는 경우에는, 가정법원은 부, 모, 자녀 및 검사의 청구 또는 직권으로 이를 변경하거나 다른 적당한 처분을 할 수 있다(제837조 제5항). 특히 가정법원은 부 또는 모의 면접교섭권의 행사가 오히려 자녀의 복리에 반하는 경우 당사자의 청구 또는 직권에 의해 면접교섭을 제한하거나 배제할 수 있다(제837조의 2).

사례의 해결

조정절차에서 A(남)를 C의 양육자로 정한 것이 그 후 다른 협의나 심판에 의해 변경되지 않는 한 B(여)는 C를 양육할 권리가 없고, 가사소송법 제62조에 따른 사전처분 등을 받지 아니한 채 임의로 B가 C를 양육했다면 이는 A에 대한 관계에서 위법한 양육이라고 할 수 있으므로 B는 A에게 과거의 위법한 양육에 대해 양육비의 지급을 청구할 수 없다.

그러나 협의나 심판에 의해 정한 친권 및 양육에 관한 사항도 당초의 결정이 적절하지 않은 경우에는 협의 또는 심판에 의해 변경될 수 있다(제837조 제5항). 법원이 기존의 양육사항을 변경할 때에는 여러 사정을 고려해야 하지만, 〈사례〉에서 B가 C를 데리고 나와 1년간 이미 양육한 사정 등을 참작할 때 C에 대한 양육자를 A에서 B로 변경해달라는 청구는 타당하다고 생각된다. 양육자를 A에서 B로 변경할 경우 A는 양육비를 부담할 수 있다. 이때 A가 부담할 양육비는 C의 나이와 교육비, A와 B의 수입 정도, 재산 및 생활수준 등 여러 사정을 고려해 결정된다(대결 2006. 4. 17, 2005스18 · 19 참조).

2. 자녀에 대한 친권

친권자는 미성년자녀를 보호하고 교양할 권리와 의무를 가지며(제913조), 미성년자녀의 법정대리인으로서(제911조) 자녀의 재산에 대한 관리권, 자녀를 대신해 계약 등 법률행위를 체결할 대리권, 자녀가 한 법률행위에 대한 동의권 등 광범위한 권한을 가진다. 부모가 혼인 중인 경우에는 미성년자녀에 대한 친권을 공동으로 행사하지만, 부모가 이혼하는 경우에는 공동으로 친권을 행사하기 곤란하므로 부모 중 누구를 친권자로 할 것인지를 정해야 한다(제909조). 그러나 친권자로 지정되지 않은 사람도 부모로서 권리와 의무는 가진다. 부모와 자녀 사이의 부양의무와 상속권 등이 그러하다.

(1) 친권과 양육권의 관계

친권의 내용 중 자녀를 보호·교양할 권리는 이혼할 때 부부 중 한 사람에게 인정되는 양육권과 그 내용이 같다. 따라서 이혼할 때 친권은 부(父)에게, 양육권은 모(母)에게 있는 것으로 정한 경우 양자의 의사가 충돌할 수 있는데, 그 경우 양육권이 우선하므로 자녀를 보호하고 교양하는 일은 모의 의사에 따른다. 그러나 친권자는 미성년자녀를 보호·교양할 권리 이외에도 미성년자녀의 법정대리인으로서 자녀의 재산에 대한 관리권, 자녀를 대신해 법률행위를 체결할 대리권, 자녀가 한 법률행위에 대한 동의권 등을 가지므로 이러한 권리들은 양육권자가 아니라 친권자가 행사한다.

그러나 이처럼 친권자와 양육권자를 분리해 정하는 것은 매우 불편한 일일 뿐만 아니라 자녀의 복리에도 반할 수 있으므로 가능한 한 양육권과 친권 모두를 부모 중 한 사람에게 귀속시키는 것이 바람직하다.

우리나라가 외국과 달리 친권제도 이외에 양육권제도를 둔 것은, 1990년 민법 개정 전에는 이혼하면 친권은 원칙적으로 부에게 귀속되어서 모가 자녀를 양육할 수 없었으므로 친권자가 아닌 모가 자녀를 양육할 수 있게 하기 위한 목적 때문이었다. 그러나 현재는 이혼 후 모도 친권자가 될 수 있으므로 양육권제도를 별도로 인정할 필요성은 그만큼 감소되었다.

(2) 친권자 지정절차

이혼할 때 부부 중 친권자를 지정하는 절차는 양육권자를 정하는 절차와 유사하다.

1) 협의이혼의 경우

협의이혼의 경우, 일단 부부가 협의해 친권자를 정한다. 협의 내용이 자녀의 복리에 반하는 경우 가정법원은 보정을 명할 수 있으며, 부부가 보정명령에 불응하는 경우 가정법원은 이혼의사확인서를 작성하지 아니한다. 협의를 할 수 없거나 협의가 이루어지지 아니한 경우, 이혼당사자는 가정법원에 친권자를 지정하는 심판을 청구할 수 있다. 친권자를 정한 협의서는 이혼의사 확인기일 1개월 전까지, 친권자를 지정하는 가정법원의 심판정본은 확인기일까지 제출되어야 이혼의사확인서를 받을 수 있다.

통상 부부 중 한 사람을 친권자이면서 양육권자로 정하지만 양자를 분리해 정하는 것도 가능하며(가령 자녀가 유아여서 양육권은 모에게 인정하지만, 자녀의 재산에 대한 관리권과 법률행위 대리권 등은 부에게 인정하는 것이 적절한 경우), 이혼에도 불구하고 부모를 공동친권자로 하는 것도 가능하다(대판 2012. 4. 13, 2011므4719). 양육권과 달리 부모가 아닌 제3자를 친권자로 지정하는 것은 가능하지 않다.

2) 재판이혼의 경우

재판이혼의 경우, 먼저 조정절차에서 이혼과 함께 친권자를 지정하는 것에 대해 당사자들 사이에 합의가 된 경우 이를 조정조서에 기재하며, 이는 재판상 화해와 동일한 효력이 있다. 조정이 성립하지 않는 경우 이혼소송절차로 이행(移行)하게 되는데, 이혼소송절차에서 가정법원은 이혼청구가 인용될 경우를 대비해 친권자로 지정할 사람에 대해 협의하도록 권고하고, 협의가 이루어지지 않으면 가정법원이 직권으로 결정한다(제837조, 가사소송법 제25조). 이혼당사자들의 협의 내용이 자녀의 복리에 반하는 경우 가정법원은 보정을 명하거나 직권으로 결정한다. 가정법원이 친권자로 지정될 사람을 직권으로 정하는 경우, 자녀의 연령이 13세 이상인 때에는 원칙적으로 자녀의 의견을 청취해야 한다. 가정법원은 이혼청구를 인용하는 판결을 할 때 친권자로 지정할 사람에 관한 협의 내용 또는 직권결정사항을 판결주문에 기재해야 한다.

(3) 친권자의 변경

이혼할 때 협의 또는 심판에 의해 부모 중 한 사람이 친권자로 지정되었더라도, 가정법원은 자녀의 복리를 위해 필요하다고 인정되는 경우에는 자녀의 4촌 이내의 친족의 청구에 의해 친권자를 부모 중 다른 사람으로 변경할 수 있다(제909조). 자녀가 아직 미성년인 상태에서 친권자로 지정된 부 또는 모가 사망한 경우 미성년자녀, 생존하는 부 또는 모, 기타 친족은 사망한 사실을 안 날부터 1개월, 사망한 날부터 6개월 내에 가정법원에 생존하는 부 또는 모를 친권자로 지정할 것을 청구할 수 있다(제909조의 2). 이러한 지정청구가 없는 경우에는 후견인이 선임된다.

가정법원은 친권자로 지정된 사람이 친권을 남용해 자녀의 복리를 해치거나 해칠 염려가 있는 경우에는 친권의 상실 또는 일시 정지를 선고할 수 있으며(제924조), 자녀의 재산을 부적당하게 관리해 재산을 위태롭게 한 경우에는 법률행위의 대리권과 재산관리권의 상실을 선고할 수 있으며(제925조), 특정한 사항에 대해서만 친권을 행사하는 것이 부적당한 경우에는 구체적인 범위를 정해 친권의 일부를 제한할 수도 있다(제924조의 2).

3. 재산분할청구권

사례 1

A(남)와 B(여)는 혼인한 지 10년이 된 부부이다. A와 B는 무일푼으로 출발했으나 A가 목수로서 건축업에 종사했고 B는 가사에 전념하면서 현재 A 명의로 10억 원 상당의 재산이 형성되었다. 그런데 가정형편이 나아지자 1년 전부터 B가 춤바람이 나서 가사를 소홀히 하더니 급기야 C와 부정행위를 하게 되어 혼인관계가 파탄되었다. 이에 A와 B는 협의이혼을 했다. 이혼 후 B가 A를 상대로 재산분할청구를 했고, 이에 대해 A는 혼인관계가 파탄된 데에는 B에게 책임이 있으므로 재산분할을 해줄 수 없다고 했다. B의 재산분할청구는 타당한가?

사례 2

A(남)와 B(여)는 혼인한 지 10년이 된 부부로서 슬하에 딸 C(10세)가 있다. A가 사업에 실패해 빚에 쪼들리게 되었고, B와의 사이에도 불화가 발생했다. 결국 A와 B는 협의이혼절차를 밟아 이혼하게 되었으며, C는 B가 양육하기로 했다. 이혼 당시 A에게는 유일한 재산으로 부부가 거주하던 X아파트(시가 2억 원)가 있었는데, 재산분할과 C에 대한 양육비 명목으로 B에게 소유권이전등기를 해주었다. 그러자 A에게 3억 원의 금전채권을 가지고 있던 D가 B를 상대로, A가 X아파트의 소유권을 B에게 이전한 것은 채권자를 해치는 사해행위이므로 취소한다고 하면서 소유권이전등기를 말소하라는 청구를 했다(제406조 참조). D의 주장은 타당한가?

(1) 재산분할청구권의 의의 및 법적 성질

재산분할청구권이란 이혼할 때 부부가 혼인 중 쌍방의 협력으로 취득한 재산에 대해 재산분할을 청구할 수 있는 권리이다(제839조의 2 · 제843조). 이혼한 날부터 2년 내에 청구해야 하며, 이혼하기 전에 미리 청구할 수는 없다. 재판상 이혼의 경우에는 통상 이혼소송을 제기함과 동시에,

이혼청구가 받아들여질 경우를 대비해서 재산분할청구를 함께 한다. 재산분할청구권은 이혼한 때(협의이혼과 재판이혼 모두 포함) 이외에도 혼인이 취소된 경우, 사실혼관계가 해소된 경우(사망에 의해 해소된 경우 제외)에도 인정된다.

재산분할청구권은 청산적 성격과 부양적 성격을 갖는다. 청산적 성격을 갖는다는 것은, 혼인 중 부부 일방이 취득한 재산이라고 하더라도 다른 일방이 그 취득에 협력한 경우에는 이혼할 때 다른 일방에게 그가 협력(기여)한 만큼 돌려주어야 한다는 것이다. 이때 협력은 금전적 기여와 같은 경제적 협력에 한정되는 것이 아니라 내조(內助)와 같이 부부간 협조의무를 이행한 것도 포함된다. 전업주부의 가사노동도 당연히 이러한 협력에 포함된다. 부양적 성격을 갖는다는 것은, 이혼으로 인해 경제적 능력이 없게 되는 배우자를 재산분할청구권을 통해 보호해야 한다는 것이다. 이는 혼인생활의 파탄에도 불구하고 경제능력의 상실에 대한 두려움 때문에 이혼을 할 수 없는 배우자에게 재산분할청구권이 이혼의 자유를 보장한다는 것이다.

(2) 재산분할의 대상

1) '혼인 중 쌍방의 협력에 의해 취득한 재산'

재산분할청구권의 대상이 되는 재산은 혼인 중 부부 쌍방의 협력에 의해 취득한 재산이다. 부부 일방의 명의로 취득했더라도 그 취득에 다른 일방의 실질적인 협력이 있었으면 재산분할의 대상이 된다. 가령 혼인 후 10년 만에 남편 명의로 X주택을 매수했는데 남편과 부인이 모두 소득활동을 해 저축한 돈으로 매수대금을 지급했거나, 남편만이 소득활동을 해 저축한 돈으로 매수대금을 지급했으나 부인은 가사에 전념하면서 남편을 내조한 경우, X주택은 재산분할의 대상이 된다.

부부 일방이 혼인 전부터 가지고 있던 고유(固有)재산이거나, 혼인 중 부부 일방이 취득한 재산이지만 그 취득에 다른 일방의 협력이 없었던 경우에는 재산분할의 대상이 되지 않는다. 가령 혼인 후 10년 만에 남편 명의로 X주택을 취득했는데, 남편이 부모로부터 X주택을 증여 또는 상속을 받은 것이거나, 남편이 매수한 것이지만 매수대금을 부모로부터 증여 또는 상속받은 돈으로 지급한 경우, X주택은 재산분할의 대상이 되지 않는다.

그러나 부부 일방이 혼인 전부터 가지고 있던 고유(固有)재산이거나 혼인 중 증여 또는 상속받은 재산으로서 그 취득에 다른 일방의 협력이 없었던 재산이라고 하더라도 그 재산을 유지하는 데에 다른 일방이 협력했으면 예외적으로 재산분할의 대상이 될 수 있다(대결 2002. 8. 28, 2002스36). 가령 남편이 혼인 전부터 X주택을 소유하고 있었는데, 혼인 중 남편은 소득활동을 하지 않았기 때문에 부인의 소득 전부를 생활비용에 충당해 이혼 당시 남편은 X주택을 온전하게 유지하고 있지만 부인은 별다른 재산이 없는 경우, X주택은 재산분할의 대상이 된다.

2) 퇴직금 및 연금

아직 확정되지 않은 재산이지만 장래 취득할 개연성이 높은 재산이 재산분할의 대상이 되는지에 대해 논란이 있다. 이러한 재산 중 최근에 문제가 된 재산으로 퇴직금 및 연금이 있다. 우선 퇴직금과 관련해, 가령 혼인 후 10년 만에 이혼하게 되었는데 이혼 당시 남편이 15년째 회사에 재직 중인 경우, 남편이 장차 퇴직하면 받게 될 퇴직금에 대해 부인이 재산분할을 청구할 수 있는가? 남편이 장차 퇴직하면 받게 될 퇴직금은 확정되지 않은 재산이다. 언제 퇴직하느냐에 따라 퇴직금액에 차이가 있으며, 회사 사정에 따라 퇴직금을 수령하지 못하는 경우도 발생할 수 있다. 이러한 사정 때문에 과거의 판례는 장래 수령할 퇴직금은 재산분할의 대상이 아니고 단지 재산분할비율을 정할 때에 이를 고려할 수 있을 뿐이라고 했다. 그러나 최근 판례(대판 2014. 7. 16, 2013므2250)는 이혼 당시 퇴직한다고 가정했을 경우 받게 될 퇴직금을 기준으로 재산분할의 대상이 된다고 했다. 따라서 위 사안의 경우 남편이 이혼 당시 퇴직한다고 가정했을 때 받게 될 퇴직금 중 부인이 기여한 부분(전체 재직기간 15년 중 10년분)은 재산분할의 대상이 된다.

다음으로 연금과 관련해, 가령 혼인 후 20년 만에 이혼하게 되었는데 공무원으로 30년간 재직했다가 퇴직한 남편이 이혼 당시 공무원퇴직연금을 매달 200만 원씩 받고 있었던 경우, 부인은 남편이 장차 사망하게 될 때까지 받을 연금에 대해 재산분할을 청구할 수 있는가? 최근 판례(대판 2014. 7. 16, 2012므2888)는 남편의 총 재직기간 중 혼인기간 동안의 근무에 대해서는 부인의 협력이 인정되므로 퇴직연금수급권 중 적어도 부인과 혼인 중이었던 재직기간에 해당하는 부분은 재산분할의 대상이 되며, 그 경우 구체적으로는 연금수급권자인 남편이 매월 수령할 퇴직연금액 중 일정 비율에 해당하는 금액을 부인에게 정기적으로 지급하는 방식의 재산분할도 가능하다고 했다. 한편 국민연금법 제64조는 이를 법률적으로 명시하고 있다. 즉 부부 중 일방이 국민연금법상 노령연금을 받을 수 있는 권리를 갖고 있고, 그의 국민연금 가입기간 중 5년 이상의 기간 동안 다른 일방과 혼인관계에 있었던 경우, 다른 일방은 분할연금을 받을 수 있다. 이때 분할연금액은 배우자의 노령연금액 중 혼인기간에 해당하는 연금액을 다시 균등하게(1/2) 나눈 금액이 된다. 공무원연금법 제45조 역시 퇴직연금과 관련하여 유사한 내용으로 규정하고 있으며, 동 규정은 사립학교교직원연금법에도 적용된다.

3) 기타 확정할 수 없는 재산

반면에 혼인 중 부부 일방이 의사 또는 변호사 자격증을 취득했고 다른 일방이 소득활동을 하거나 가사노동 등을 통해 그러한 자격증 취득에 협력을 했더라도, 이러한 자격증(내지는 자격증을 통해 장차 취득할 소득)은 확정적인 재산이 아니므로 재산분할의 대상이 되지 않는다. 단지 재산분할비율을 정할 때에 고려 요소가 될 뿐이다. 판례 역시 혼인 중 박사학위를 취득하고 교수가 된 사정은 재산분할의 액수와 방법을 정하는 데 참작하면 충분하다고 했다(대판 1998. 6. 12, 98므213). 그러나 재산분할 대상이 되는 재산이 적으면 그 분할비율을 아무리 높인다고 해도 소용이 없을 것이다.

4) 채무

혼인 중 부부 일방이 제3자에게 부담한 채무 중 일상가사에 관한 채무와 공동재산의 형성에 수반해 부담한 채무(예: 주택을 구입하기 위해 채무를 진 경우)는 재산분할을 할 때 청산의 대상이 된다. 즉 혼인 중 쌍방의 협력에 의해 취득한 총 재산에서 청산의 대상이 되는 채무를 공제한 나머지에 대해 재산분할을 한다. 그러나 부부 일방의 개인적인 채무는 청산의 대상이 되지 않는다.

혼인 중 쌍방의 협력에 의해 취득한 총 재산가액에서 청산의 대상이 되는 채무액을 공제하면 남는 것이 없는 경우에도 재산분할이 인정된다(대판 2013. 6. 20, 2010므4071 · 4088). 즉 부부 중 일방이 본인에게 귀속되어야 할 몫보다 더 적은 재산을 보유하고 있거나 채무를 더 많이 부담하고 있는 경우에는 다른 일방에게 재산의 분배를 청구하거나 자신이 부담하는 채무의 분담을 요구하는 형식으로 재산분할을 청구할 수 있다.

(3) 재산분할의 방법과 비율

재산분할의 방법과 비율은 먼저 이혼당사자의 협의에 의해 정하며, 협의가 되지 않거나 협의할 수 없는 때에는 가정법원이 당사자의 청구에 의해 당사자 쌍방의 협력으로 이룩한 재산의 액수 기타 사정을 참작해 분할의 액수와 방법을 정한다(제839조의 2). 가정법원이 재산분할심판을 할 때에는 당사자에게 재산상태를 구체적으로 밝힌 재산목록을 제출하도록 명할 수 있으며(가사소송법 제48조의 2), 재산목록의 제출만으로는 부족하다고 인정할 경우에는 공공기관, 금융기관 등에 당사자 명의의 재산에 관

사례 1의 해결

이혼할 때 재산분할은 부부가 혼인 중 쌍방의 협력으로 취득한 실질적인 공동재산을 이혼하면서 청산하는 성격과 이혼 후에도 경제생활을 유지하게 하는 부양적 성격을 동시에 가지고 있다. 부부 중 혼인관계가 파탄된 데에 책임이 있는 자에 대해서도, 비록 부양적 성격의 재산분할은 인정되지 않는다고 하더라도, 청산적 성격의 재산분할은 인정되어야 한다.

〈사례〉에서 B(여)는, 비록 혼인관계가 파탄된 데에 책임이 있는 유책당사자이지만, 최소한 혼인 이후 이혼하기 1년 전까지 9년 동안은 가사에 전념하면서 A(남)의 재산 형성에 기여했다. 따라서 B의 재산분할청구는 타당하다(대결 1993. 5. 11, 93스6).

사례 2의 해결

이혼할 때 부부 일방이 다른 일방에게 재산분할을 한 것이 상당한 범위를 넘어 과도한 경우, 이로 인해 손해를 입게 된 채권자는 상당한 범위를 넘어서 재산분할한 부분에 대해 채권자취소권을 행사할 수 있다(대판 2005. 1. 28, 2004다58963). 문제는 재산분할로서 상당한 범위가 어디까지인가 하는 것이다.

통상적으로 가사에 전념한 배우자(처)에게 50%를 넘어서 재산분할을 하면 특별한 사정이 없는 한 상당한 범위를 초과한 것이라고 인정될 수 있으므로, 〈사례〉에서 A(남)가 B(여)에게 자신의 전 재산인 X아파트의 소유권을 이전한 것은 과도한 측면이 있다. 그러나 다른 한편 A는 재산분할 명목 이외에도 미성년자녀인 C를 B가 양육한 것에 대한 양육비 명목을 포함해 X아파트의 소유권을 이전한 것이므로 이 점을 고려하면 상당한 범위가 더욱 확대될 수도 있다. 결국 법원은 이러한 모든 사정을 고려해 상당한 범위를 정해야 하고, 이를 초과하는 부분에 대해서는 D의 채권자취소권 행사를 인용해야 한다.

해 조회할 수 있다(가사소송법 제48조의 3). 부부 일방이 다른 일방의 재산분할청구를 면하거나 감축시킬 목적으로 이혼을 전후(前後)하여 재산을 처분해버린 경우, 그 다른 일방은 채권자취소소송을 제기해 재산처분행위를 취소하고 원상회복을 청구할 수 있다(제839조의 3 · 제406조).

재산분할의 방법으로는 금전지급에 의한 분할, 경매분할, 현물분할, 공유로 하는 분할과 이들 방식들을 결합한 방식 등이 있다. 재산분할비율은 당사자 쌍방의 협력으로 이룩한 재산의 액수 기타 사정을 참작해 정하는데, 기타 사정으로는 혼인기간, 혼인기간 중 협력의 정도, 이혼 후 당사자의 경제적 자립 가능성, 이혼 당시 생활 정도, 혼인관계 파탄에 대한 책임 유무와 정도 등이 있다.

4. 위자료청구권

부부가 이혼하는 경우 혼인관계가 파탄된 데에 책임이 있는 유책배우자는 상대방에 대해 정신적 손해(위자료)에 대한 배상책임을 진다. 부부 쌍방의 책임 정도가 대등한 때에는 위자료청구권이 인정되지 않는다. 혼인파탄의 책임이 제3자에게 있는 경우, 가령 제3자가 부부 일방과 간통 등 부정행위를 한 경우, 부부 일방의 부모가 다른 배우자에게 부당한 행위를 한 경우 등에는 제3자도 손해배상책임을 진다. 위자료 액수는 부부가 협의하면 그에 따르고, 협의가 되지 않으면 가정법원에 손해배상청구소송을 제기한다. 법원은 혼인파탄의 원인과 책임, 재산상태, 혼인기간, 부부의 연령, 자녀의 부양관계 등의 사정을 참작해 위자료액을 결정한다. 이러한 위자료청구권은 원칙적으로 양도되거나 상속될 수 없다. 그러나 이혼당사자 사이에 이미 그 배상에 관한 합의가 성립되었거나 소송을 제기한 후에는 그러하지 아니하다(제843조 · 제806조).

제3절

부모와 자(子)

I 친자관계

"교수님! 친자관계가 무엇인가요? 그리고 자녀는 항상 아버지의 성(姓)을 따라야 하는 것인가요?"

1. 친자관계의 의의 및 종류

친자관계란 부모와 자(子)라는 신분관계를 가리키며, 그것은 부부관계와 더불어 친족적 공동생활의 기초를 이룬다.

친자관계에는 친생(親生) 친자관계와 법정(法定) 친자관계가 있다. 친생 친자관계는 부모와 자녀의 관계가 혈연에 기초한 것이고, 법정 친자관계는 법률에 의한 것이다. 현행법상 법정 친자관계로는 양부모와 양자의 관계인 양친자관계가 있다.

친생 친자관계에서의 자녀인 친생자는 부모와 혈연관계가 있는 자녀인데, 친생자에는 「혼인 중의 출생자」와 「혼인 외의 출생자」가 있다. 혼인 외의 출생자에는 부(父)에게 인지된 자녀와 인지되지 않은 자녀가 있다.

2. 친자의 성(姓)

과거에 민법은 자녀는 부(父)의 성과 본을 따르고, 성과 본은 어떠한 경우에도 바꿀 수 없다는 입장이었다. 그러나 2005년에 민법을 개정해 자녀는 원칙적으로 부의 성과 본을 따르되, 다만 부모가 혼인신고 시 모(母)의 성과 본을 따르기로 협의한 경우에는 모의 성과 본을 따르도록 했다(제781조 제1항).

II 친생자(親生子)

"교수님! 친생 친자관계에서의 자녀가 친생자라고 하셨는데 친생자에 대해 자세히 설명해주세요. 그리고 인공수정자 등에 대해서도 알려주세요."

사례 1

A(남)는 3년 전 병원에서 혈액검사를 하던 중 우연히 그와 법률상의 부부관계에 있는 B(여)가 혼인 중 포태한 자(子)인 C가 사실은 자신의 자일 수가 없다는 것을 알게 되었다. 그럼에도 불구하고 원만한 부부관계를 유지하기 위해 아무런 문제를 삼지 않고 지내오던 중 상속관계 등을 고려해 C와의 친자관계를 부인하고자 한다. 이것이 가능한가?

사례 2

위 〈사례 1〉에서 D가 자신이 C의 친부라고 하면서 인지하고자 한다. 이것이 가능한가?

1. 혼인 중의 출생자

(1) 의의

혼인 중의 출생자란 혼인관계에 있는 부모 사이에서 태어난 자녀를 말한다. 혼인 중의 출생자에는 ① 출생 시부터 혼인 중의 출생자의 지위를 취득하는 생래적 혼인 중의 출생자와 ② 출생 시에는 혼인 외의 출생자였으나 후에 부모의 혼인에 의해 혼인 중의 출생자의 지위를 취득하는 준정(準正)에 의한 혼인 중의 출생자가 있다.

(2) 친생자의 추정을 받는 혼인 중의 출생자

친생자의 추정이란 자녀가 모의 남편의 친생자로 추정되는 것을 가리킨다.

1) 친생자 추정의 요건

아내가 혼인 중에 임신한 자녀는 남편의 자녀로 추정한다(제844조 제1항). 그리고 혼인이 성립한 날부터 200일(최단 임신기간) 후에 출생한 자녀는 혼인 중에 임신한 것으로 추정하며(제844조 제2항), 혼인관계가 종료된 날부터 300일(최장 임신기간) 이내에 출생한 자녀는 혼인 중에 임신한 것으로 추정한다(제844조 제3항). 그 결과 혼인이 성립한 날부터 200일 후 또는 혼인관계가 종료한 날부터 300일 내에 출생한 자녀는 친생자의 추정을 받는 혼인 중의 출생자가 된다.

2) 친생자 추정의 효과

친생자의 추정은 반증이 허용되지 않는 강한 추정이어서, 그 추정을 번복하려면 부 또는 모가 친생부인의 소를 제기해야 하고 친생자관계 부존재 확인의 소에 의할 수는 없다. 그리고 다른 사람의 친생자로 추정되는 자녀에 대해서는, 친생부인의 소의 판결이 확정되기 전에는 아무도 그 자녀가 자신의 자녀라고 인지할 수 없다.

그런데 오늘날 이혼이 크게 증가하고 혼인 파탄으로부터 법률상 이혼까지 시간 간격이 크게 늘어나게 됨에 따라, 여성이 전남편 아닌 생부의 자(子)를 포태하여 혼인 종료일로부터 300일 이내에 그 자(子)를 출산할 가능성이 크게 증가하게 되었다. 그리하여 헌법재판소는 2015년 4월 30일, 혼인관계 종료 후 300일 이내에 출생한 자녀를 전남편(夫)의 친생자로 추정하는 개정전 민법 제844조 제2항 중 「혼인관계 종료의 날로부터 300일 내에 출생한 자」에 관한 부분이, 입법재량의 한계를 일탈하여 모(母)가 가정생활과 신분관계에서 누려야 할 인격권, 혼인과 가족생활에 관한 기본권을 침해해 헌법에 합치되지 않는다는 결정을 선고했다(헌재 2015. 4. 30, 2013헌마623). 이에 따라 최근(2017. 10. 31) 민법을 개정하여, 구민법 제844조 제2항은 그 내용을 그대로 두면서 단지 제2항과 제3항으로 나누어 규정하는 한편, 2개의 조문을 신설하여 "어머니 또는 어머니의 전(前) 남편은 제844조 제3항의 경우에 가정법원에 친생부인의 허가를 청구할 수 있"고(제854조의 2 제1항 본문), "생부(生父)는 제844조 제3항의 경우에 가정법원에 인지의 허가를 청구할 수 있다"(제855조의 2 제1항 본문)고 규정하고 있다. 그 결과 이 경우에는 친생자의 추정이 엄격한 친생부인의 소에 의하여 뿐만 아니라 일정한 자의 친생부인의 허가청구(제854조의 2) 또는 인지 허가청구(제855조의 2)에 의하여도 번복될 수 있게 되었다. "다만, 혼인 중의 자녀로 출생신고가 된 경우에는 그러하지 아니하다"(제854조의 2 제1항 단서, 제855조의 2 제1항 단서).

(3) 친생자의 추정을 받지 않는 혼인 중의 출생자

혼인이 성립한 날부터 200일이 되기 전에 출생한 자녀는 친생자의 추정을 받지 못하며, 이때는 친생자관계 부존재 확인의 소에 의해 부자관계를 부정할 수 있다(제865조 참조).

(4) 친생자의 추정이 미치지 않는 자녀

민법에 명문의 규정은 없으나, 판례는 부부의 한쪽이 장기간에 걸쳐 해외에 나가 있거나 사실상의 이혼으로 부부가 별거하고 있는 경우 등과 같이 부부가 같이 살지 않아 처가 남편의 자녀를 임신할 수 없는 것이 외관상 명백한 사정이 있는 경우에는 친생자의 추정이 미치지 않는다고 한다(대판(전원) 1983. 7. 12, 82므59). 그러나 "아내가 혼인 중 남편이 아닌 제3자의 정자를 제공받아 인공수정으로 자녀를 출산한 경우에도 친생추정 규정을 적용하여 인공수정으로 출생한 자녀가 남편의 자녀로 추정된다고 보는 것이 타당하"며, 또한 "혼인 중 아내가 임신하여 출산한 자녀가 남편과 혈연관계가 없다는 점이 밝혀졌더라도 친생추정이 미치지 않는다고 볼 수 없다"고 한다(대판(전원) 2019. 10. 23, 2016므2510).

(5) 친생부인(親生否認)의 소(訴)

친생부인의 소는 부부의 일방이 그 자녀의 친생자 추정을 번복해서 부자관계를 부정하기 위해 제기하는 소이다(제846조). 친생자 추정은 오직

사례 1의 해결

C는 A의 처 B가 혼인 중에 임신한 자(子)이므로 A의 자로 추정된다. 이러한 친생자의 추정은 반증이 허용되지 않는 강한 추정이어서, 그 추정을 번복하려면 부 또는 모가 친생부인의 소를 제기해야 한다. 그런데 이 친생부인의 소는 그 사유가 있음을 안 날부터 2년 내에 제기해야 한다. 이 〈사례〉에서는 A가 그 사유가 안 날부터 2년이 지났기 때문에 A는 친생부인의 소를 제기하지 못한다.

사례 2의 해결

C는 A의 친생자로 추정을 받고 있는데 이를 번복하기 위해서는 친생부인의 소를 제기해야 한다. 그런데 친생부인의 소는 원칙적으로 남편 또는 처만이 제기할 수 있기 때문에 제3자인 D는 친생부인의 소를 제기하지 못한다.

친생부인의 소에 의해서만 번복될 수 있다. 친생부인의 소는 원칙적으로 남편 또는 처(자녀의 모)만이 제기할 수 있고(제846조), 자녀는 제기하지 못한다. 친생부인의 소는 그 사유가 있음을 안 날부터 2년 내에 제기해야 한다(제847조 제1항).

2. 혼인 외의 출생자

(1) 의의

혼인 외의 출생자는 부모가 혼인하지 않은 상태에서 출생한 자녀이다. 부모의 혼인이 무효인 때의 출생자는 혼인 외의 출생자로 본다(제855조 제1항 제2문). 혼인 외의 출생자는 모와의 사이에서는 출산과 동시에 친자관계가 발생하나, 생부(生父)와의 사이에서는 인지가 있어야 친자관계가 발생한다. 한편 혼인 외의 출생자는 그 부모가 나중에 혼인하게 되면 그때부터 혼인 중의 출생자로 보게 되는데(제855조 제2항), 이를 준정(準正)이라고 한다.

(2) 인지(認知)

1) 인지의 의의

인지란 혼인 외의 출생자의 생부 또는 생모가 그를 자기의 자녀로 인정해 법률상의 친자관계를 발생시키는 일방적인 의사표시이다. 인지에는 부 또는 모가 스스로 인지의 의사표시를 하는 경우와, 부 또는 모를 상대로 인지의 소를 제기해 인지의 효과를 발생하게 하는 경우가 있다. 전자를 임의인지라고 하고, 후자를 강제인지라고 한다.

2) 임의인지(任意認知)

생전의 인지는 「가족관계의 등록 등에 관한 법률」이 정한 바에 의해 신고함으로써 그 효력이 생긴다(제859조 제1항). 여기서의 신고는 창설적 신고로서, 신고가 없으면 인지의 효과가 생기지 않는다.

인지는 유언으로도 할 수 있는데, 그때에는 유언집행자가 이를 신고해야 한다(제859조 제2항). 유언에 의한 인지의 경우 유언의 효력이 발생한 때, 즉 유언자가 사망한 때에 인지의 효력이 발생한다(제1073조). 따라서 여기서의 신고는 보고적 신고로서, 신고가 없더라도 인지의 효력이 생긴다.

부가 혼인 외의 출생자에 대해 친생자 출생의 신고를 한 때에는, 그 신고는 인지의 효력이 있다(「가족관계의 등록 등에 관한 법률」 제57조).

3) 강제인지(强制認知)

부 또는 모가 임의로 인지하지 않는 경우에는 자녀와 그 직계비속 또는 그 법정대리인은 부 또는 모를 상대로 해서 인지청구의 소를 제기할 수 있다(제863조). 이 경우 부 또는 모가 사망한 때에는 그 사망을 안 날부터 2년 내에 검사를 상대로 인지청구의 소를 제기할 수 있는데(제864조), 이에 의한 인지를 강제인지 또는 재판상 인지라 한다.

4) 인지의 효력

인지의 효력은 혼인 외의 출생자와 부(또는 모) 사이에 친자관계를 발생시키는 것이다. 이러한 효력은 임의인지나 강제인지나 마찬가지이다.

인지는 그 자녀의 출생 시에 소급해 효력이 생긴다(제860조 본문).

3. 친생자관계 존부 확인의 소

친생자관계 존부 확인의 소는 특정인 사이에 친생자관계의 존재 여부가 명확하지 않은 경우에 그에 대한 확인을 구하는 소이다(제865조 참조). 이 소의 제소기간에 대해서는 제한이 없으므로 언제든지 소를 제기할 수 있다. 다만 당사자 일방이 사망한 때에는 그 사망을 안 날부터 2년 내에 검사를 상대로 해서 소를 제기해야 한다(제865조 제2항).

4. 인공수정자 · 체외수정자 · 대리모 출산

자녀가 민법이 예정하지 않은 방법으로 태어나는 경우들이 있다.

(1) 인공수정자

인공수정이란 남녀 간의 자연적인 성적 교섭에 의하지 않고 인공적으로 기구를 사용해 남성의 정액을 여성의 체내에 주입해 임신하게 하는 것이다. 인공수정에는 남편의 정액에 의한 경우(AIH), 제3자의 정액에 의한 경우(AID), 독신여성이 인공수정을 받는 경우 등이 있다.

(2) 체외수정자

체외수정은 처에게 불임원인이 있는 경우에 난자와 정자를 체외(시험관)에서 수정시켜 처의 자궁에 착상시키는 것을 말한다. 이처럼 시험관에서 수정시킨 아기를 흔히 시험관 아기라고 한다. 체외수정에는 ① 남편의 정자+처의 난자, ② 제공자의 정자+처의 난자, ③ 남편의 정자+제공자의 난자 등의 경우가 있다.

(3) 대리모 출산

남편과 처 사이의 체외수정란을 제3자인 여성의 자궁에 착상시켜서 출생시키는 경우에 그 제3자인 여성을 '대리모'라고 한다. 이러한 경우에는 배우자 사이의 체외수정과는 달리 적지 않은 법률관계를 발생시킨다. 그 중의 하나는 대리모와 난자 제공자, 두 사람 중에서 어느 쪽이 모(母)인가 하는 것이다. 이때 대리모계약, 즉 난자 제공자인 처와 대리모 사이에 체결된 계약은 현행법상 선량한 풍속 기타 사회질서에 반하는 법률행위로서 무효가 될 것이다.

III 양자

"교수님! 요즘 친양자제도가 생기고, 또 예전의 양자제도도 많이 바뀌었다고 들었어요. 양자제도에 대해 전반적으로 자세히 설명해주세요."

사례

A(남)는 1967년 12월 5일 B(여)와 혼인신고를 마치고 법률상 부부가 되었으나 불화로 별거하게 되었다. 그러던 중 1982년 말경 C와 D 사이에서 태어나 당시 생후 5개월가량 된 E를 입양하기로 하고 C와 D로부터 입양 승낙을 받은 다음 자신의 집에 데려와 양육하다가, 1988년 7월 20일 혼자서 E를 자신과 B 사이에 태어난 친생자로 출생신고를 해 그대로 호적에 등재되었다. 그 후 A는 1995년 2월 9일 사망했고, B는 E의 상속인으로서의 자격을 부인하기 위해 E를 상대로 친생자관계 부존재 확인의 소를 제기했다. 이 소는 받아들여질까?

1. 서설

(1) 양자제도의 의의

양자제도는 자연 혈연적 친자관계가 없는 사람들 사이에 인위적으로 법률상 친자관계를 의제하는 제도이다.

(2) 양자제도의 변천

양자제도는 역사적으로 「가(家)를 위한 양자」로부터 「양친(養親)을 위한 양자」를 거쳐 오늘날에는 「양자(養子)를 위한 양자」의 단계로 발전했다. 그리고 현대의 양자법은 입양의 성립과정에 있어서 양친자관계의 창설을 단순한 사적 계약으로 보는 「계약형 양자」에서 국가기관이 자녀의 복리를 위해 입양의 성립에 적극적으로 관여하는 「복지형 양자」로 변천하고 있으며, 입양의 효과 면에서 양자와 친생부모의 친족관계를 존속시키는 「불완전 양자」에서 양자와 친생부모의 친족관계를 단절시키는 「완전 양자」로 발전하고 있다.

(3) 친양자제도(親養子制度)의 도입

민법은 2005년 개정 시에 기존의 양자제도를 그대로 유지하면서, 양자와 친생부모의 친족관계를 단절시키고 양부(養父)의 성과 본을 따르도록 하는 친양자제도(완전양자제도에 해당)를 도입했다(제908조의 2 이하 참조).

2. 입양의 성립

(1) 입양의 의의 및 성립요건

입양이란 양친자관계를 창설할 것을 목적으로 하는 양자와 양친 사이의 합의이다. 입양은 「가족관계의 등록 등에 관한 법률」에 의해 일정한 방식으로 신고해야 성립하는 요식행위이다(제878조). 따라서 입양이 성립하기 위해서는 ① 당사자 사이의 합의와 ② 입양신고가 있어야 한다.

[입양신고 대신에 출생신고를 하는 경우]

종래 우리나라에서는 입양을 할 때 입양 사실을 외부에 드러내지 않기 위해 입양신고 대신에 친생자 출생신고를 하는 경우가 많았다. 이러한 경우에 대해 판례는 당사자 사이에 양친자관계를 창설하려는 명백한 의사가 있고 기타 입양의 실질적 성립요건이 모두 구비된 때에는 입양의 효력이 있다고 한다(대판(전원) 1977. 7. 26, 77다492 등).

(2) 입양의 장애사유

다음과 같은 사유가 있는 때에는 가족관계 등록사무 담당 공무원이 입양신고를 수리하지 않는다. 그러나 그러한 사유가 있다고 하더라도 신고가 수리되면 입양은 성립하며, 단지 입양의 무효 또는 취소의 문제가 생길 뿐이다.

1) 양부모는 성년자일 것

미성년자는 입양을 할 수 없으며, 입양을 하려는 자는 성년자이어야 한다(제866조). 부부가 입양하는 경우에는 부부 모두가 성년자이어야 한다.

2) 미성년자 입양의 경우

① 가정법원의 허가를 받아야 한다(제867조 제1항). 가정법원은 양자가 될 미성년자의 복리를 위해 그 양육상황, 입양의 동기, 양부모의 양육능력, 그 밖의 사정을 고려해 입양의 허가를 하지 아니할 수 있다(제867조 제2항).

② 13세 이상의 미성년자의 경우에는 법정대리인의 동의를 받아 입양

을 승낙한다(제869조 제1항).

③ 13세 미만의 미성년자인 경우에는 법정대리인이 그를 갈음해 입양을 승낙해야 한다(제869조 제2항). 이러한 승낙을 입양대락(入養代諾)이라고 한다.

④ 부모의 동의를 받아야 한다(제870조 제1항).

3) 양자가 될 성년자도 부모의 동의를 받을 것

양자가 될 사람이 성년인 경우에도 부모의 동의를 받아야 한다(제871조 제1항 본문). 다만 부모의 소재를 알 수 없는 등의 사유로 동의를 받을 수 없는 경우에는 동의를 받지 않아도 무방하다(제871조 제2항 제1문).

4) 피성년후견인의 경우

피성년후견인은 성년후견인의 동의를 받아 입양을 할 수 있고 양자가 될 수 있다(제873조 제1항). 피성년후견인이 입양을 하거나 양자가 되는 경우에는 가정법원의 허가를 받아야 한다(제873조 제2항).

5) 배우자가 있는 경우(부부의 공동입양)

배우자가 있는 사람은 배우자와 공동으로 입양해야 한다(제874조 제1항). 그리고 배우자가 있는 사람은 그 배우자의 동의를 받아야만 양자가 될 수 있다(제874조 제2항).

6) 양자는 양친의 존속 또는 연장자가 아닐 것

존속이나 연장자를 입양할 수 없다(제877조). 여기서의 존속은 직계와 방계를 포함하며, 존속일 경우에는 연장자가 아니라도 양자로 삼을 수 없다.

7) 위반의 효과

위 1) - 6)에서 설명한 내용을 위반한 신고는 수리되지 않으나(제881조 참조), 잘못해 수리된 경우 2)의 ①·③과 6)의 위반 시에는 입양이 무효이고(제883조 제2호), 나머지의 위반 시에는 입양을 취소할 수 있다(제884조 제1항 제1호).

사례의 해결

이 〈사례〉에서는 크게 두 가지가 문제된다.
첫째, 당사자 사이에 양친자관계를 창설하려는 의사가 있으면서 입양신고 대신에 친생자 출생신고를 한 경우에 입양으로서의 효력이 있는가 하는 점이다. 이 점에 관해 대법원은 「당사자 사이에 양친자관계를 창설하려는 명백한 의사가 있고, 기타 입양의 실질적 요건이 구비된 경우에 입양신고 대신에 친생자 출생신고가 있다면 형식에 다소 잘못이 있다고 하더라도 입양으로서의 효력이 발생한다고 보아야 한다」고 판시했다.
둘째, 배우자가 있는 사람은 배우자와 공동으로 입양을 해야 하는데, 이 〈사례〉에서 A는 혼자서 E를 자신과 B 사이에 태어난 친생자로 출생신고를 했다. 이는 입양의 취소사유가 된다(제884조 제1항 제1호). 그런데 이러한 사유로 인한 입양의 취소는 그 사유가 있음을 안 날부터 6개월, 그 사유가 있었던 날부터 1년 이내에 청구해야 하며, 이 기간이 지나면 그 취소를 청구하지 못한다. 이 〈사례〉에서는 이 기간이 도과되었기 때문에, 부부공동입양의 원칙을 위반했다는 이유로 입양의 취소를 청구하지는 못한다.
결론적으로, A와 E의 양친자관계는 유효하게 존속한다. 다만 B는 입양의 의사가 없었기 때문에 B의 입양은 무효이며, 따라서 B와 E 사이에는 양친자관계가 발생하지 않는다(대판 1998. 5. 26, 97므25 참조).

3. 입양의 효과

(1) 법정 혈족관계의 창설

양자는 입양된 때, 즉 입양신고일(제878조)부터 양부모의 친생자와 같은 지위를 가지며(제882조의 2 제1항), 양부모의 혈족 · 인척과의 사이에도 친족관계가 발생한다(제772조).

(2) 양자의 생가 친족과의 관계

양자와 그 친생부모 및 혈족, 인척 사이의 친족관계는 입양에 의해 영향을 받지 않고 존속한다(제882조의 2 제2항). 따라서 생가의 친족에 대한 부양관계 · 상속관계 등 친족적 효과가 그대로 유지된다.

(3) 양자의 성(姓)

입양 후에도 양자의 성은 변경되지 않는다. 그러나 개정된 민법에 의하면 자녀의 복리를 위해 필요한 때에는 가정법원의 허가를 받아 자녀의 성과 본을 변경할 수 있으므로(제781조 제6항), 그에 의해 변경할 수 있을 것이다.

4. 파양(罷養)

(1) 의의

파양은 유효하게 성립한 양친자관계를 인위적으로 해소하는 것이다.

(2) 파양의 종류

파양에는 협의상 파양과 재판상 파양이 있다.

1) 협의상 파양

양부모와 양자는 협의해 파양할 수 있는데(제898조 본문), 그 경우의 파양이 협의상 파양이다.

협의상 파양이 성립하려면, 파양의 합의와 파양신고가 있어야 한다(제904조 · 제878조). 다만 양자가 미성년자 또는 피성년후견인인 경우에는 협의파양은 허용되지 않는다(제898조 단서).

2) 재판상 파양

재판상 파양은 일정한 원인이 있는 경우에 파양청구의 소를 제기해 파양하는 것이다. 파양원인은 다음과 같다(제905조 제1호-제4호).

① 양부모가 양자를 학대 또는 유기하거나 그 밖에 양자의 복리를 현저히 해친 경우
② 양부모가 양자로부터 심히 부당한 대우를 받은 경우
③ 양부모나 양자의 생사가 3년 이상 분명하지 않은 경우
④ 그 밖에 양친자관계를 계속하기 어려운 중대한 사유가 있는 경우

(3) 파양의 효과

협의상 파양이나 재판상 파양이 성립하면, 양부모와 양자 사이의 양친자관계를 비롯한 친족관계가 모두 소멸한다(제776조). 그리고 재판상 파양을 한 때에는, 과실 있는 상대방에 대해 이로 인한 재산적 · 정신적 손해배상을 청구할 수 있다(제908조 · 제806조).

5. 친양자(親養子)

(1) 서설

친양자제도는 양자를 양친의 친생자와 같이 다루는 것으로서, 입양이 법원의 재판에 의해 성립한다는 점에서 종래의 계약형 양자제도와 현저히 다른 특징을 보인다. 친양자제도가 도입됨에 따라 우리 민법상 양자제도는 보통양자와 친양자로 이원화되었다.

(2) 친양자 입양의 요건

친양자 입양이 성립하려면 친양자를 입양하려는 사람이 일정한 요건

을 갖추어 가정법원에 친양자 입양을 청구해야 하고(제908조의 2), 가정법원이 그 청구를 인용하는 재판을 해야 한다.

1) 일정한 요건을 갖춘 청구

① 3년 이상 혼인 중인 부부로서 공동으로 입양할 것. 다만 1년 이상 혼인 중인 부부의 일방이 그 배우자의 친생자를 친양자로 하는 경우에는 단독으로 입양할 수 있다.

② 친양자가 될 사람이 미성년자일 것.

③ 친양자가 될 사람의 친생부모가 친양자 입양에 동의할 것. 다만 부모가 친권상실의 선고를 받거나 소재를 알 수 없거나 그 밖의 사유로 동의할 수 없는 경우에는 동의를 요하지 않는다.

④ 친양자가 될 사람이 13세 이상인 경우에는 법정대리인의 동의를 받아 입양을 승낙할 것.

⑤ 친양자가 될 사람이 13세 미만인 경우에는 법정대리인이 그를 갈음해 입양을 승낙할 것.

2) 가정법원의 입양재판

요건을 갖춘 친양자 입양청구가 있으면, 가정법원은 친양자가 될 사람의 복리를 위해 그 양육상황, 친양자 입양의 동기, 양부모의 양육능력, 그 밖의 사정을 고려해 친양자 입양이 적당한지 여부를 결정하며, 적당하지 않다고 인정되는 경우에는 그 청구를 기각할 수 있다(제908조의 2 제3항). 그리고 일정한 사유(제908조의 2 제2항 제1호 - 제3호 참조)가 있으면 위 1)의 ③ · ④의 「동의」 또는 ⑤의 「승낙」이 없어도 친양자 입양청구를 인용할 수 있다(제908조의 2 제2항).

(3) 친양자 입양의 효력

1) 혼인 중 출생자로 의제됨

친양자는 부부의 혼인 중의 출생자로 본다(제908조의 3 제1항). 그리하여 친양자는 양친의 성을 따르게 된다.

2) 입양 전의 친족관계의 종료

친양자가 되면, 친양자의 입양 전의 친족관계는 친양자 입양의 청구에 의한 친양자 입양이 확정된 때에 종료한다(제908조의 3 제2항 본문). 다만 부부의 일방이 그 배우자의 친생자를 단독으로 입양한 경우에 있어서의 배우자 및 그 친족과 친생자 간의 친족관계는 종료하지 않는다(제908조의 3 제2항 단서).

제4절

친권(親權)

I 서설

"교수님! 친권이 무엇인가요? 그리고 누가 친권에 따르게 되는 것인가요?"

친권은 부모가 미성년의 자녀를 보호 · 교양하는 권리임과 동시에 의무이다(제913조).

가부장제 가족제도하에서 자녀는 가장인 부(父)의 권위에 절대 복종해야 하는 대상에 지나지 않았다. 이러한 관계는 법에도 그대로 반영되어 1960년에 시행된 민법에 의하면 부만이 미성년자인 자녀의 친권자가 되고 부가 없거나 친권을 행사할 수 없는 경우에만 모(母)가 친권자가 될 수 있었다. 그 후 1977년에 개정된 민법은 혼인 중에는 부모가 공동으로 친권을 행사하도록 했다. 나아가 2005년에 개정된 민법은 친권을 행사함에 있어서는 자(子)의 복리를 우선적으로 고려해야 한다는 규정(제912

조)을 신설해, 친권이 더 이상 부모의 자녀에 대한 지배권이 아니라 자녀의 복리실현을 위해 인정된 부모의 권리임과 동시에 의무라는 점을 분명히 했다.

친권에 따르는 사람은 미성년의 자녀이다(제909조 제1항). 그런데 미성년의 자녀라도 혼인을 한 때에는, 성년자로 의제되어서(제826조의 2) 친권에 따르지 않는다.

II 친권자

"교수님! 친권자는 누가 되나요? 친권자가 한번 정해지면 변경될 수 없는 것인가요?"

1. 혼인 중의 출생자의 경우

미성년자인 자녀가 혼인 중의 출생자인 경우에는 그 부모가 친권자가 된다(제909조 제1항 제1문).

친권의 행사는 부모가 혼인 중인 때에는 부모가 공동으로 해야 한다(제909조 제1항 1문). 그러나 부모의 의견이 일치하지 않는 경우에는 당사자의 청구에 의해 가정법원이 친권의 행사방법을 정한다(제909조 제2항 단서). 그리고 부모의 일방이 친권을 행사할 수 없을 때에는 다른 일방이 이를 행사한다(제909조 제3항).

2. 혼인 외의 출생자의 경우

혼인 외의 출생자가 아직 인지되지 않은 경우에는 그 모가 친권자가 된다. 그리고 임의인지가 된 경우에는 부모의 협의로 친권자를 정해야 하고, 협의를 할 수 없거나 협의가 이루어지지 않는 때에는 가정법원이 직권으로 또는 당사자의 청구에 따라 친권자를 지정해야 한다(제909조 제4항 본문). 다만 부모의 협의가 자녀의 복리에 반하는 경우에는 가정법원이 보정을 명하거나 직권으로 친권자를 정한다(제909조 제4항 단서). 강제인지의 경우에는 가정법원이 직권으로 친권자를 정한다(제909조 제5항).

3. 양자의 경우

양자의 경우에는 양부모가 친권자가 된다(제909조 제1항 제2문). 친양자의 경우에도 같다. 이때 친권 행사의 방법은 혼인 중의 출생자의 경우에서와 같다.

4. 부모의 이혼 등의 경우

부모가 협의이혼을 한 경우에는 부모의 협의로 친권자를 정해야 하고, 협의할 수 없거나 협의가 이루어지지 않는 경우에는 가정법원이 직권으로 또는 당사자의 청구에 따라 친권자를 정해야 한다(제909조 제4항 본문). 다만 부모의 협의가 자녀의 복리에 반하는 경우에는 가정법원이 보정을 명하거나 직권으로 친권자를 정한다(제909조 제4항 단서). 재판상 이혼의 경우(제909조 제5항), 부모의 혼인이 취소된 경우(제909조 제5항), 부모의 혼인이 무효인 경우(「가족관계의 등록 등에 관한 법률」 제25조)에는 가정법원이 직권으로 친권자를 정한다.

5. 친권자의 변경

혼인 외의 출생자의 인지, 부모의 이혼, 혼인의 무효·취소 등으로 부모 중 일방이 친권자로 결정된 경우에도, 가정법원은 자녀의 복리를 위해 필요하다고 인정되는 때에는 자녀의 4촌 이내의 친족의 청구에 의해 정해진 친권자를 다른 일방으로 변경할 수 있다(제909조 제6항).

6. 정해진 친권자가 없게 된 경우

사례

A(남)와 B(여)는 법률상 부부로서 자녀로 C를 두고 있었다. A와 B는 이혼하면서 재산이 많았던 B가 단독으로 C의 친권자가 되기로 합의했다. B는 자신의 어머니인 D와 함께 C를 양육하던 중 사망했다. C는 B의 재산을 모두 상속했는데 아직 미성년자였다. 이에 A는 자신이 C의 친권자라고 주장하면서 C의 재산을 관리하고자 했다. 그러나 A를 믿지 못하던 D는 자신이 그동안 실제로 C를 키워왔다고 하면서 C의 후견인이 되고자 한다. 가능한가?

(가) 과거에는, 가령 이혼 후 단독 친권자로 되어 있던 부모 중 일방이 사망한 때에는 다른 일방의 친권이 자동으로 부활되었다(대판 1994. 4. 29, 94다1302). 그런데 이에 의하면 그 다른 일방이 부적격자일지라도 친권을 행사하게 되는 불합리함이 생기게 된다. 그리하여 2011년 5월 19일에 민법을 개정해 이와 같은 불합리함을 제거할 수 있도록 했다(이를 세간에서는 최진실법이라고 부름).

(나) 개정된 민법에 따르면 부모가 이혼한 경우, 혼인 외의 자가 인지된 경우, 혼인이 취소된 경우 등에 있어서 단독 친권자로 정해진 부모의 일방이 사망한 때에는, 생존하는 부 또는 모, 미성년자, 미성년자의 친족은 그 사실을 안 날부터 1개월, 사망한 날부터 6개월 내에 가정법원에 생존하는 부 또는 모를 친권자로 지정할 것을 청구할 수 있다(제909조의 2 제1항). 만약 이 기간 내에 친권자 지정의 청구가 없을 때에는, 가정법원은 직권으로 또는 미성년자 · 미성년자의 친족 · 이해관계인 · 검사 · 지방자치단체의 장의 청구에 의해 미성년후견인을 선임할 수 있다(제909조의 2 제3항 제1문).

사례의 해결

과거에는 이러한 경우 A의 친권이 자동적으로 부활했었는데, 그렇게 되면 다른 일방이 부적격자일지라도 친권을 행사하게 되는 불합리한 점이 있었다. 그리하여 2011년 5월 19일 법을 개정했으며, 이 법에 의하면 제시된 〈사례〉에서 일정한 기간 내에 A를 친권자로 지정할 것을 청구할 수 있게 되었고, 가정법원은 A를 친권자로 지정청구하는 것이 여러 사정을 고려해 C의 복리를 위해 적절하지 않다고 인정하면 청구를 기각할 수 있다(제909조의 2 제4항 제1문). 그리고 이 경우 가정법원은 직권으로 D를 미성년후견인으로 선임할 수 있다(제909조의 2 제4항 제2문). 그럴 경우 미성년자 후견이 개시된다(제928조 참조).

한편 가정법원은 위의 친권자 지정청구나 후견인 선임청구가 여러 사정을 고려해 미성년자의 복리를 위해 적절하지 않다고 인정하면 청구를 기각할 수 있다(제909조의 2 제4항 제1문). 그리고 이 경우 가정법원은 직권으로 미성년후견인을 선임하거나 생존하는 부 또는 모, 친생부모 일방 또는 쌍방을 친권자로 지정해야 한다(제909조의 2 제4항 제2문). 가정법원이 미성년후견인을 선임하게 되면 미성년자 후견이 개시된다(제928조 참조).

(다) 개정된 민법은 입양이 취소되거나 파양된 경우 또는 양부모가 모두 사망한 경우에도 위와 유사한 내용을 인정한다(제909조의 2 제2항 · 제4항 · 제6항 참조).

(라) 민법은 미성년자에게 법정대리인이 없는 기간이 생기지 않도록 하기 위해 일정한 경우 후견인의 임무를 대행할 사람을 선임할 수 있는 제도를 두고 있다(제909조의 2 제5항).

III 친권의 내용

"교수님! 친권은 다른 권리처럼 권리의 성격만 있나요? 친권의 내용에는 어떤 것들이 있는지요?"

1. 자녀의 신분에 관한 권리 · 의무

(1) 자녀의 보호 · 교양에 관한 권리 · 의무

친권자는 자녀를 보호하고 교양할 권리 · 의무가 있다(제913조). 자녀를 보호 · 교양한다는 것은 실제로 양육 · 감호 · 교육하는 것이며, 그에 필요한 비용을 부담하는 것과는 별개의 문제이다. 그 비용은 특약이 없으면 부부가 공동으로 부담한다(제833조).

(2) 거소(居所)지정권

친권자는 보호 · 교양을 위해 필요한 범위 안에서 자녀의 거소를 지정해 그 장소에 거주시킬 수 있다(제914조).

(3) 영업허락권

친권자는 법정대리인으로서 미성년의 자녀에게 특정한 영업을 허락할 수 있고(제8조 제1항), 그 허락을 취소 또는 제한할 수 있다(제8조 제2항 본문).

(4) 신분상의 행위에 대한 대리권 · 동의권

1) 대리권

친권자는 미성년의 자녀의 법정대리인으로서 법률에 특별규정이 있는 경우에 한해 자녀의 신분상의 행위를 대리할 수 있다. 인지청구의 소 제기(제863조), 상속의 승인(제1019조 · 제1020조), 인지무효의 소 제기(가사소송법 제28조 · 제23조) 등이 그 예이다.

2) 동의권

자녀의 친족행위(신분행위)에 대한 동의는 친권자로서보다는 부모의 자격으로 하는 것이 대부분이다.

2. 자녀의 재산에 관한 권리 · 의무

사례

A(남)와 B(여)는 법률상 부부인데 자녀로는 C(남)와 D(여)가 있다. 그런데 재산이 많았던 A가 사망해 그 재산은 B, C, 그리고 D가 상속했다. B는 친권자로서 미성년자인 C와 D의 재산을 관리하던 중 C와 D를 대리해 D가 상속받았던 토지를 C에게 증여했다. 이 증여는 유효한가?

(1) 재산관리권

자녀가 자기의 명의로 취득한 재산은 그의 특유재산으로 하고, 법정대리인인 친권자가 이를 관리한다(제916조). 친권자가 재산관리권을 행사하는 때에는 「자기의 재산에 관한 행위와 동일한 주의」로써 해야 한다(제922조).

(2) 재산상의 행위에 대한 대리권 · 동의권

1) 대리권

법정대리인인 친권자는 자녀의 재산에 관한 법률행위에 대해 그 자녀를 대리한다(제920조 본문). 그러나 그 자녀의 행위를 목적으로 하는 채무를 부담할 경우에는 본인인 자녀의 동의를 얻어야 한다(제920조 단서).

친권자가 그의 자녀에 대한 법률행위의 대리권을 행사함에 있어서는 「자기의 재산에 관한 행위와 동일한 주의」로써 해야 한다(제922조).

2) 동의권

친권자는 미성년의 자녀가 재산상의 법률행위를 하는 데 대해 동의권을 가진다(제5조 제1항 본문). 다만 자녀가 권리만을 얻거나 의무만을 면하는 행위는 그 미성년의 자녀가 단독으로 할 수 있다(제5조 제1항 단서).

3) 이해상반행위(利害相反行爲)에 있어서 친권 행사의 제한

예를 들어 친권자가 자기의 영업자금을 마련하기 위해 미성년자인 아들을 대리해 그 아들 소유의 토지에 저당권을 설정하는 경우와 같이, 친권자와 그의 자녀 사이에 이해가 충돌하는 경우에는 친권의 공정한 행사를 기대하기 어렵다. 친권에 따르는 자녀들 사이에 이해가 충돌하는 경우에도 마찬가지이다. 그리하여 민법은 이러한 이해상반행위에 대해서는 친권자의 친권 행사를 제한하고 가정법원이 선임한 특별대리인으로 하여금 대신하도록 하고 있다(제921조).

사례의 해결

D가 C에게 토지를 증여하는 것은 D와 C의 이해가 충돌하는 경우로서, 이처럼 친권에 따르는 자녀들 사이에 이해가 충돌되는 경우에는 친권자인 B의 공정한 친권 행사를 기대하기 어렵다. 그리하여 민법은 이러한 이해상반행위에 대해서는 B의 친권 행사를 제한하고 가정법원이 선임한 특별대리인으로 하여금 대신하도록 하고 있다(제921조).

3. 친권자의 동의를 갈음하는 재판

친권자의 동의가 필요한 행위에 대해 친권자가 정당한 이유 없이 동의하지 않음으로써 자녀의 생명, 신체 또는 재산에 중대한 손해가 발생할 위험이 있는 경우에는, 가정법원은 자녀 · 자녀의 친족 · 검사 또는 지방자치단체의 장의 청구에 의해 친권자의 동의를 갈음하는 재판을 할 수 있다(제922조의 2).

IV 친권의 소멸·정지·제한과 회복

"교수님! 친권자나 자녀가 사망한 때 등에는 친권이 소멸할 것 같은데요, 친권자가 살아 있는데도 친권이 소멸하거나 제한될 수도 있는 건가요?"

1. 친권의 소멸

(1) 절대적으로 소멸하는 경우

자(子)가 사망하거나, 성년자가 된 때 또는 혼인한 때에는 친권이 절대적으로 소멸한다.

(2) 상대적으로 소멸하는 경우

친권자가 사망한 때, 자(子)가 다른 사람의 양자가 되었을 때, 입양이 무효 또는 취소되거나 양자가 파양되었을 때, 친권자가 심판으로 변경된 때 등에는 다른 사람이 친권자로 되거나 후견이 개시된다.

2. 친권의 상실 · 일시 정지

가정법원은 부 또는 모가 친권을 남용해 자녀의 복리를 현저히 해치거나 해칠 우려가 있는 경우에는 자녀 · 자녀의 친족 · 검사 또는 지방자치단체의 장의 청구에 의해 그 친권의 상실 또는 일시 정지를 선고할 수 있다(제924조 제1항).

친권의 일시 정지를 선고할 때에는 자녀의 상태, 양육상황, 그 밖의 사정을 고려해 그 기간을 정해야 하며, 그 기간은 2년을 넘을 수 없다(제924조 제2항). 이 기간은 한 차례만 연장할 수 있다(제924조 제3항)

3. 친권의 일부 제한

가정법원은 거소의 지정이나 그 밖의 신상에 관한 결정 등 특정한 사항에 관해 친권자가 친권을 행사하는 것이 곤란하거나 부적당한 사유가 있어 자녀의 복리를 해치거나 해칠 우려가 있는 경우에는, 자녀 · 자녀의 친족 · 검사 또는 지방자치단체의 장의 청구에 의해 구체적인 범위를 정해 친권의 일부 제한을 선고할 수 있다(제924조의 2).

4. 대리권과 재산관리권의 상실

가정법원은 법정대리인인 친권자가 부적당한 관리로 인해 자녀의 재산을 위태롭게 한 경우에는 자녀의 친족 · 검사 또는 지방자치단체의 장의 청구에 의해 그 법률행위의 대리권과 재산관리권의 상실을 선고할 수 있다(제925조).

5. 친권의 상실 등과 부모의 자녀에 대한 권리 · 의무

친권의 상실, 일시 정지, 일부 제한 또는 대리권과 재산관리권의 상실이 선고된 경우에도 부모의 자녀에 대한 그 밖의 권리와 의무는 변경되지 아니한다(제925조의 3).

6. 실권회복(失權回復)

가정법원은 친권의 상실, 일시 정지, 일부 제한 또는 대리권 · 재산관리권의 상실선고가 있은 후 그 선고의 원인이 소멸된 경우에는 본인 · 자녀 · 자녀의 친족 · 검사 또는 지방자치단체의 장의 청구에 의해 실권(失權)의 회복을 선고할 수 있다(제926조).

7. 대리권 · 재산관리권의 사퇴와 회복

법정대리인인 친권자는 정당한 사유가 있는 때에는 법원의 허가를 얻어 그 법률행위의 대리권과 재산관리권을 사퇴할 수 있다(제927조 제1항). 그 사유가 소멸한 때에는 그 친권자는 법원의 허가를 얻어 사퇴한 권리를 회복할 수 있다(제927조 제2항).

제5절

상속

I 서설

"교수님! 상속의 의미는 무엇인지, 상속에는 어떤 종류가 있는지 알고 싶습니다."

1. 상속의 의의

사람들은 살아 있는 동안 경제적 활동을 하게 되며 죽을 때에는 대부분의 사람들이 그 경제적 활동의 결과를 남기게 된다. 사람이 사망한 후 남겨진 경제적 활동의 결과를 어떻게 처리할 것인지를 정하는 것이 유언과 상속제도이다.

상속이란 사람이 사망한 경우에 그의 재산상의 지위(또는 권리 · 의무)가 법률규정에 의해 타인에게 포괄적으로 승계되는 것을 말한다. 이때 사망하여 그의 재산상의 지위가 승계되는 자를 피상속인이라 하고, 그 지위를 승계하는 자를 상속인이라고 한다.

2. 상속의 유형

(1) 제사상속 · 호주상속 · 재산상속

제사상속은 조상의 제사를 주재하는 지위를 승계하는 것이고, 호주상속은 호주 내지 가장(家長)의 지위를 승계하는 것이며, 재산상속은 피상속인의 재산을 상속하는 것이다.

과거 관습법에서는 이들 모두가 인정되었으나 민법에서는 호주상속과 재산상속만 인정되다가, 1990년에 호주상속이 호주승계로 명칭이 바뀌어 친족편으로 옮겨졌으며, 2005년 개정 시에 호주제도가 폐지되면서 호주승계제도도 삭제되었다. 그리하여 이제는 명실공히 재산상속만이 상속으로 남게 되었다.

(2) 법정상속 · 유언상속

상속인이 될 자의 범위와 순위가 법률상 정해져 있는 상속이 법정상속이고, 상속인이 피상속인의 유언에 의해 지정되는 상속이 유언상속이다.

민법은 법정상속만을 규정하며, 유언에 의한 상속인의 지정을 허용하지 않는다. 다만 민법상 유언(유증을 포함)의 자유가 인정되므로 포괄적 유증을 하면 상속인을 지정한 것과 같은 효과가 생긴다(제1078조). 이를 유언상속이라고 부르기도 하지만 정확한 용어라고 보기는 어렵다. 어쨌든 우리 민법상 유언의 자유가 인정되기 때문에 법정상속에 관한 규정은 유언이 없거나 유언이 무효인 경우에 보충적으로만 적용된다.

II 상속의 개시

"교수님! 상속은 사람이 사망할 때에만 일어나는 것인가요? 구체적으로 상속이 일어나는 시점은 언제인가요?"

1. 상속개시의 원인

상속은 사람이 사망한 때로부터 개시된다(제997조). 여기서의 사망에는 자연적 사망과 법원의 실종선고에 의한 의제사망이 있다. 그리고 인정사망의 경우에는 사망의 확증은 없으나 사망이 추정되어 상속이 개시된다.

2. 상속개시의 시기

(1) 서설

상속개시의 시기는 ① 상속인의 자격 · 범위 · 순위를 결정하는 기준이 되고, ② 상속에 관한 권리 행사기간의 기산점이 되며, ③ 상속의 효력발생, 상속재산 · 상속분 · 유류분의 기준시기가 되는 등 여러 가지 면에서 법적으로 중요하다.

(2) 구체적인 시기

1) 자연사망

자연사망의 경우에는 피상속인이 실제로 사망한 시기, 즉 호흡과 혈액 순환이 영구적으로 멈춘 때에 상속이 개시된다.

2) 인정사망

인정사망의 경우에는 관공서가 인정한 시기에 상속이 개시된다(「가족관계의 등록 등에 관한 법률」 제87조 참조).

3) 실종선고

실종선고의 경우에는 실종기간이 만료된 때에 상속이 개시된다(제28조 참조).

4) 동시사망의 추정

동시에 사망한 것으로 추정되는 사람들은 상속하는가? 상속인은 피상속인이 사망한 때에 권리능력을 가지고 있어야만 한다는 동시존재의 원칙상, 그들 상호 간에는 상속이 개시되지 않는다. 그러나 대습상속은 받을 수 있다(대판 2001. 3. 9, 99다13157 참조)

III 상속인

"교수님! 상속은 어떤 사람이 받게 되는 것인가요? 상속을 받을 수 있는 사람이 못 받게 되거나 원래는 못 받을 사람인데 상속을 받게 되는 경우도 있는지요?"

1. 상속인의 자격

(1) 상속능력

상속능력은 상속인이 될 수 있는 능력(지위 · 자격)을 말한다. 상속에 의해 상속인은 피상속인의 권리 · 의무를 승계하므로 상속능력이 있으려면 당연히 권리능력이 있어야 한다. 그리고 민법은 상속인을 피상속인의 일정한 친족에 한정하고 있으므로 자연인만이 상속인이 될 수 있고 법인은 상속인이 되지 못한다(법인이 포괄유증을 받을 수는 있음).

어떤 자가 상속인으로서 상속을 받을 수 있으려면 피상속인이 사망할 당시에 생존하고 있어야 한다. 이를 동시존재의 원칙이라고 한다. 태아는 상속에 관해서는 이미 출생한 것으로 본다(제1000조 제3항).

(2) 상속결격

1) 의의

어떤 자에게 상속에 적합하지 않은 일정한 사유가 있는 경우에 상속인으로서의 자격을 상실하게 하는 것을 상속결격이라고 한다.

2) 결격사유

민법은 결격사유로 다음의 다섯 가지를 규정하고 있다(제1004조).

① 고의로 직계존속, 피상속인, 그 배우자 또는 상속의 선순위나 동순위에 있는 자를 살해하거나 살해하려 한 경우. 판례에 의하면, 태아가 선순위나 동순위에 있는 경우에 그를 낙태하면 여기의 상속결격사유에 해당한다(대판 1992. 5. 22, 92다2127).

② 고의로 직계존속, 피상속인과 그 배우자에게 상해를 가해 사망에 이르게 한 경우

③ 사기 또는 강박으로 피상속인의 상속에 관한 유언 또는 유언의 철회를 방해한 경우

④ 사기 또는 강박으로 피상속인의 상속에 관한 유언을 하게 한 경우

⑤ 피상속인의 상속에 관한 유언서를 위조 · 변조 · 파기 또는 은닉한 경우

3) 결격의 효과

상속결격사유에 해당하는 행위를 한 자는 상속인이 되지 못한다. 이 상속결격의 효과는 결격자 본인에게만 한정되므로 그의 직계비속이나 배우자가 대습상속을 하는 데는 지장이 없다. 그리하여 예를 들어 A(피상속인)에게 아들 B와 C가 있고 B는 처 D와 딸 E가 있는 경우에 B가 A를 살해했다면 B는 상속결격이 되어 상속을 받지 못하나, B가 받았을 몫을 B의 처 D와 딸 E가 대습상속하게 된다.

2. 상속인의 순위

(1) 혈족상속인

1) 제1순위: 피상속인의 직계비속(제1000조 제1항 제1호)

직계비속이면 모두 여기에 해당하므로 피상속인의 자녀 외에 손자녀 · 증손자녀 등도 포함된다. 그리고 부계혈족뿐만 아니라 모계혈족(외손자녀 · 외증손자녀)도, 자연혈족뿐만 아니라 법정혈족(양자녀 및 그의 직계비속)도 포함된다. 직계비속의 성별, 혼인 여부, 혼인 중의 자녀인지 여부, 연령의 많고 적음 등은 묻지 않는다.

직계비속이 여럿 있는 경우에 피상속인과 그들 사이의 촌수가 다르면 최근친이 선순위자로서 상속인이 되고, 최근친인 직계비속이 여럿 있는 때에는 그들은 공동상속인이 된다(제1000조 제2항).

2) 제2순위: 피상속인의 직계존속(제1000조 제1항 제2호)

직계존속이면 부계인지 모계인지, 양가(養家) 쪽인지 생가(生家) 쪽인지(친양자의 생가 쪽은 제외됨), 성별, 이혼했는지 여부 등을 묻지 않는다.

직계존속이 여럿 있는 경우에는 최근친이 선순위가 된다는 점, 최근친인 직계존속이 여럿 있으면 공동상속인이 된다는 점은 직계비속의 경우와 마찬가지이다.

3) 제3순위: 피상속인의 형제자매(제1000조 제1항 제3호)

형제자매도 부계 · 모계를 모두 포함한다. 그리하여 부는 다르고 모는 같은 경우(이성동복. 異姓同腹)와 부는 같고 모는 다른 경우(동성이복. 同姓異腹)도 포함된다. 형제자매이면 성별, 혼인 여부, 자연혈족인지 법정혈족인지 등을 묻지 않는다.

형제자매가 여럿 있으면 동순위로 상속인이 된다.

4) 제4순위: 4촌 이내의 방계혈족(제1000조 제1항 제4호)

4촌 이내의 방계혈족이면 되고 부계인지 모계인지, 성별, 혼인 여부 등은 묻지 않는다.

4촌 이내의 방계혈족이 여럿 있는 경우에는 최근친(예컨대 피상속인과 3촌인 자)이 선순위가 되고, 선순위인 자(같은 촌수인 자)가 여럿 있으면 공동상속인이 된다.

(2) 배우자상속인

피상속인의 배우자는 피상속인의 직계비속이나 직계존속이 있는 때에는 그 상속인과 공동상속인이 되고, 그 상속인이 없는 때에는 단독상속인이 된다(제1003조 제1항).

여기서의 배우자는 혼인신고를 한 법률상의 배우자만을 가리키며, 사실혼의 배우자는 포함되지 않는다.

3. 대습상속(代襲相續)

대습상속이란 상속이 개시되기 전에 상속인이 될 피상속인의 직계비속 또는 형제자매가 사망하거나 결격된 경우 그의 직계비속과 배우자가 사망 또는 결격된 자의 순위에 갈음해 상속하는 것을 말한다. 예를 들어 A(피상속인)에게 아들 B와 C, B의 처 D와 그의 딸 E가 있었는데, A가 사망하기 전에 B가 먼저 사망했다고 하자. 이 경우에 A에 대해 상속이 개시될 당시 B는 존재하지 않아서 상속을 받을 수 없다. 그리고 C와 E는 모두 A의 직계비속으로서 상속의 제1순위자이나 C가 최근친자여서 – 대습상속제도가 없다면 – A의 모든 재산을 C가 단독으로 상속하게 될 것이다. 그런데 민법은 대습상속을 인정하고 있으므로 B가 상속받았을 몫을 B의 직계비속인 E와 배우자 D가 대신 상속하게 된다.

민법상 대습상속이 인정되는 경우는 다음의 세 가지이다.

① 상속인이 될 피상속인의 직계비속이 상속개시 전에 사망하거나 결격된 때에는 그의 직계비속이 대습상속한다(제1001조).

② 상속인이 될 피상속인의 형제자매가 상속개시 전에 사망하거나 결격된 때에는 그의 직계비속이 대습상속한다(제1001조).

③ 상속인이 될 피상속인의 직계비속 또는 형제자매가 상속개시 전에 사망하거나 결격된 때에는 그의 배우자는 그의 직계비속과 공동으로 대습상속하고, 직계비속이 없으면 단독으로 상속한다(제1003조 제2항).

IV 상속의 효과

"교수님! 상속이 되면 구체적으로 어떤 효과가 생기나요? 그리고 누가 어느 정도씩 상속을 받게 되나요?"

1. 일반적 효과

(1) 상속재산의 원칙(제1005조)

상속인은 상속이 개시된 때에 피상속인의 재산에 관한 모든 권리 · 의무를 포괄적으로 승계한다. 승계되는 것은 적극재산(권리)뿐만 아니라 소극재산(채무)도 포함된다. 그러나 재산적인 권리 · 의무에 한하며, 인격권(예: 생명권, 신체권)이나 친족법상의 권리(예: 친권, 배우자의 권리)는 승계되지 않는다. 그리고 재산적인 권리 · 의무일지라도 피상속인의 일신에 전속한 것은 승계되지 않는다.

(2) 제사용 재산의 특별승계(제1008조의 3)

1) 서설

민법은 일정한 제사용 재산은 상속인에게 포괄적으로 승계되는 일반 상속재산에서 제외되는 특별재산으로 하고, 법정의 상속인이 아닌 특정의 자가 이를 승계하는 것으로 하고 있다.

2) 제사용 재산의 내용

제사용 재산은 ① 분묘에 속하는 1정보 이내의 금양임야(禁養林野. 분묘 또는 그 예정지 주위의 벌목이 금지되는 임야), ② 600평 이내의 묘토(墓土. 위토라고도 하며, 그로부터의 수익으로 제사비용 등 각종 비용에 충당하는 토지)인 농지, ③ 족보, ④ 제구(祭具. 분묘의 부속시설인 비석도 포함됨)로 구성된다.

3) 제사용 재산의 승계자(상속인)

제사용 재산은 「제사를 주재하는 자」가 이를 승계한다. 누가 「제사를 주재하는 자」인지에 관해서는 논란이 있다. 판례는 과거에는, 제사주재자는 우선적으로 망인의 공동상속인들 사이의 협의에 의해 정하되, 협의가 이루어지지 않는 경우에는 제사주재자의 지위를 유지할 수 없는 특별한 사정이 있지 않는 한 망인의 장남(장남이 이미 사망한 경우에는 장손자)이 제사주재자가 되고, 공동상속인들 중 아들이 없는 경우에는 망인의 장녀가 제사주재자가 된다고 하였다(대판(전원) 2008. 11. 20, 2007다27670). 그런데 대법원은 최근에, 공동상속인들 사이에 협의가 이루어지지 않는 경우에는 제사주재자의 지위를 인정할 수 없는 특별한 사정이 있지 않는 한 피상속인의 직계비속 중 남녀, 적서를 불문하고 최근친의 연장자가 제사주재자로 우선한다고 판례를 변경하였다(대판(전원) 2023. 5. 11, 2018다248626).

2. 상속분

(1) 상속분의 의의

상속분은 여러 가지 의미가 있으나, 보통 상속분이라고 하면 「각 공동상속인이 상속재산에 대해 가지는 권리 · 의무의 비율」을 가리킨다.

(2) 법정상속분

1) 혈족상속인의 상속분

같은 순위의 상속인이 여럿인 때에는 그 상속분은 균분(똑같이 나눔)으로 한다(제1009조 제1항). 성별, 부계인지 모계인지, 혼인 중의 자녀인지 여부 등은 전혀 묻지 않는다.

2) 배우자상속인의 상속분

피상속인의 배우자의 상속분은 직계비속과 공동으로 상속하는 때에는 직계비속의 상속분에 5할을 더하고, 직계존속과 공동으로 상속하는 때에는 직계존속의 상속분에 5할을 더한다(제1003조 제2항). 예를 들어 A가 그의 처 B와 아들 C와 D, 딸 E를 남기고 사망한 경우에는 B와 C, D, E는 각각 상속재산을 1.5 : 1 : 1 : 1로 상속한다. 그 결과 B의 상속분은 1.5/4.5

이고, C와 D, E의 상속분은 모두 똑같이 1.0/4.5씩이다.

피상속인에게 배우자만 있고 직계비속도 직계존속도 없는 때에는 배우자가 단독으로 상속한다.

(3) 특별수익자의 상속분

1) 특별수익의 반환제도

공동상속인 중 한 사람 또는 여러 사람이 피상속인으로부터 재산의 증여 또는 유증을 받은 경우에 그 특별수익을 고려하지 않고 상속한다면 불공평하게 된다. 그리하여 민법은, 특별수익자는 그 수증재산이 자기의 상속분에 달하지 못한 때에는 그 부족한 부분의 한도에서 상속분이 있다고 규정한다(제1008조).

이에 따르면 특별수익자가 있는 경우의 구체적인 상속분의 산정방법은 다음과 같다. 먼저 피상속인이 상속개시 당시에 가지고 있던 재산의 가액에 생전 증여의 가액을 더한 후, 이 가액에 각 공동상속인별로 법정상속분을 곱해 상속분의 가액을 정한다. 이 가액이 각 공동상속인의 상속분이 되나, 특별수익자의 상속분은 이 가액에서 수증재산인 증여 또는 유증의 가액을 공제한 것이 된다. 이것이 특별수익의 반환제도이다. 이는 실제로 수증재산을 반환하는 것이 아니고, 상속재산에 그 가액을 포함시킬 뿐이다.

예를 들어 A가 자녀 B와 C를 남기고 사망했는데 사망 당시 A가 남긴 재산가액은 1억 원이었다. 그리고 A는 사망하기 1년 전에 B를 결혼시키면서 생활자금으로 쓰라고 2,000만 원을 증여했다. 이 경우에 특별수익의 반환제도가 없다면, B와 C는 각각 5,000만 원씩 상속하게 될 것이다. 그러나 특별수익의 반환제도가 있는 현행법하에서는 상속재산은 1억 원에 증여된 2,000만 원이 더해져 1억 2,000만 원이 되고, 그리하여 B와 C의 상속분은 일단 6,000만 원씩이 된다. 그런데 B의 상속분은 이 6,000만 원에서 이미 증여받은 2,000만 원을 공제한 4,000만 원이 된다.

(4) 기여분(寄與分)

1) 의의

기여분제도는 공동상속인 중에 피상속인의 재산의 유지 또는 증가에 관해 특별히 기여하거나 피상속인을 특별히 부양한 자가 있는 경우에 상속분을 정함에 있어서 그러한 기여나 부양을 고려하는 제도이다. 구체적으로는 상속개시 당시의 피상속인의 재산가액에서 특별기여자의 기여분을 공제한 것을 상속재산으로 보고 각 공동상속인의 상속분을 산정한 뒤, 그 산정된 상속분에 기여분을 더한 액을 기여자의 상속분으로 하는 것이다.

2) 기여의 종류와 정도

민법은 고려되는 기여로 특별부양과 재산상의 특별기여의 두 가지를 인정하고 있다(제1008조의 2 제1항). 따라서 이들에 해당하지 않는 정신적인 협력이나 원조는 기여가 아니다. 그리고 여기서 특별부양 또는 특별기여라 함은 그 부양 또는 기여가 가족관계 내지 친족관계에 있어서 일반적으로 기대되는 공헌의 정도를 넘어서기 때문에, 이를 무시하고 본래의 상속분에 따라 분할한다면 불공평하게 되는 것을 의미한다.

3) 기여분의 결정

기여분은 1차적으로 모든 공동상속인의 협의에 의해 정하고, 협의가 되지 않거나 협의할 수 없는 때에는 기여자의 청구에 의해 가정법원이 심판으로 결정한다(제1008조의 2 제2항).

그리고 기여분은 상속이 개시된 때의 피상속인의 재산가액에서 유증의 가액을 공제한 액을 넘지 못한다(제1008조의 2 제3항). 이는 기여분보다는 유증을 우선시키기 위한 것이다.

V 상속의 승인과 포기

"교수님! 상속을 안 받을 수도 있나요? 만약 그것이 가능하다면 어떤 절차를 거쳐야 하나요?"

1. 서설

(1) 상속의 승인 · 포기의 자유

민법은 한편으로 상속에 의한 권리 · 의무의 당연승계를 인정하면서, 다른 한편으로 이를 승인하거나 포기할 수 있도록 하고 있다. 상속인에게 권리취득 또는 불이익 부담(채무가 적극재산보다 많은 경우)을 강요하지 않기 위해서이다. 이것이 상속의 승인 · 포기의 자유이다.

민법이 규정하는 승인에는 단순승인과 한정승인의 두 가지가 있다. 단순승인은 권리 · 의무의 승계에 대한 전면적인 승인이고, 한정승인은 피상속인의 채무를 상속재산의 한도 내에서 변제하겠다는 조건하에 상속을 승인하는 것이다.

민법은 단순승인 · 한정승인 · 포기 가운데 단순승인을 원칙으로 한다.

(2) 승인 · 포기의 고려기간

상속인은 상속개시가 있음을 안 날부터 3개월 내에 단순승인 · 한정승인 또는 포기를 할 수 있다(제1019조 제1항). 그리고 상속인은 승인 또는 포기를 하기 전에 상속재산을 조사할 수 있다(제1019조 제2항). 이 3개월의 기간은 상속인이 상속재산을 조사해보고 난 후에 승인이나 포기를 할 수 있도록 부여된 것으로서, 고려기간 또는 숙려기간이라고 한다.

상속인이 이 기간 내에 한정승인이나 포기를 하지 않으면, 단순승인을 한 것으로 의제된다. 3개월의 고려기간은 이해관계인 또는 검사의 청구에 의해 가정법원이 이를 연장할 수 있다(제1019조 제1항).

[상속자에 대한 금융거래 조회서비스]

상속인이 상속을 승인 또는 포기할 것인지의 여부를 결정하기 위해서는 피상속인의 금융재산 및 채무를 확인할 필요가 있다. 상속인이 이러한 확인을 하는 데 따르는 시간적 · 경제적 어려움을 덜어주기 위해 금융위원회와 금융감독원에서는 「상속자에 대한 금융거래 조회서비스」를 제공하고 있다.

2. 단순승인(單純承認)

(1) 단순승인의 의의

단순승인은 상속의 승인 가운데 무제한적인 것이다. 즉 피상속인의 권리 · 의무가 제한 없이 승계되는 것을 승인하는 상속인의 의사표시이다. 단순승인의 방식에는 제한이 없다. 따라서 그 의사가 어떤 형식으로든 외부에 표시되면 충분하다. 그런데 실제에 있어서는 단순승인의 의사표시가 행해지는 일이 거의 없으며, 고려기간 내에 한정승인이나 포기를 하지 않거나 그 밖의 일정한 사유가 있어 단순승인으로 의제되는 경우가 대부분이다.

(2) 법정 단순승인

민법은 다음의 사유가 있는 경우에는 상속인에게 단순승인의 의사가 있는지를 묻지 않고 단순승인을 한 것으로 본다.

① 상속인이 상속재산에 대한 처분행위를 한 때(제1026조 제1호)

② 상속인이 3개월의 고려기간 내에 한정승인 또는 포기를 하지 않은 때(제1026조 제2호)

③ 상속인이 한정승인 또는 포기를 한 후에 상속재산을 숨기거나 부정하게 소비하거나 고의로 재산목록에 기입하지 않은 때(제1026조 제3호)

(3) 단순승인의 효과

단순승인의 경우에는 상속인은 피상속인의 권리 · 의무를 제한 없이 승계한다(제1025조). 그 결과 상속인은 피상속인의 소극재산이 그의 적극재산을 넘는 때에도 변제를 거절하지 못한다. 그리고 상속채권자(피상속인의 채권자)는 상속인의 고유재산에 대해 강제집행을 할 수 있으며, 상속인의 채권자는 상속재산에 대해 강제집행을 할 수 있다.

3. 한정승인(限定承認)

(1) 의의

[예 1] 갑이 사망하자 갑의 유일한 자녀인 을은 갑에게 빚이 적극재산보다 더 많은 줄 알고 상속을 포기했다. 그런데 그 후에 보니 갑에게 알려지지 않은 토지가 있었고, 그 토지의 가격은 갑의 채무액보다 훨씬 높았다. 이러한 경우에 을은 상속포기를 되돌릴 수 없으며(제1024조 제1항), 그는 아쉬움을 참는 도리밖에 없다. 만약 을이 상속을 한정승인했으면 그러한 아쉬움은 남지 않았을 것이다.

[예 2] 병이 사망하자 병의 유일한 자녀인 정은 병에게 빚이 있다는 것은 알았지만 적극재산이 빚보다 더 많은 줄 알고 상속을 단순승인했다. 그런데 그 후에 보니 병에게는 적극재산의 몇 배가 되는 빚이 있었다. 이러한 경우에도 정이 한정승인을 했더라면 상속으로 빚을 물려받는 일은 피할 수 있었을 것이다.

한정승인은 상속으로 취득하게 될 재산의 한도에서 피상속인의 채무와 유증을 변제할 것을 조건으로 상속을 승인하는 의사표시이다(제1028조). 피상속인이 여럿인 때에는, 각 상속인은 그의 상속분에 응해 취득할 재산의 한도에서 그의 상속분에 응한 피상속인의 채무와 유증을 변제할 것을 조건으로 상속을 승인(한정승인)할 수 있다. 이러한 한정승인은 위의 [예 1], [예 2]에서처럼 상속재산이 채무초과 상태인지 불분명한 경우에 유용하게 이용할 수 있는 제도이다.

(2) 한정승인을 할 수 있는 경우

한정승인은 원칙적으로 상속인이 상속개시가 있음을 안 날부터 3개월 내에 할 수 있다(제1019조 제1항). 그 외에 상속채무가 상속재산을 초과하는 사실을 중대한 과실 없이 고려기간 내에 알지 못하고 단순승인을 했거나 또는 제1026조 제1호(상속재산에 대한 처분행위를 한 때) · 제2호(고려기간 내에 한정승인 · 포기를 하지 않은 때)에 의해 단순승인으로 의제된 경우에는 그 사실을 안 날부터 3개월 내에 한정승인을 할 수 있다(제1019조 제3항). 따라서 위의 [예 2]에서 상속채무가 상속재산을 초과한다는 사실을 안 지 3개월 내이면, 정은 한정승인을 할 수 있다. 그런데 그 기간이 지났으면 되돌릴 수가 없게 된다. 그런가 하면 미성년자인 상속인이 상속채무가 상속재산을 초과하는 상속을 성년이 되기 전에 단순승인한 경우에는 성년이 된 후 그 상속의 상속채무 초과사실을 안 날부터 3개월 내에 한정승인을 할 수 있다(제1019조 제4항 제1문. 2022. 12. 13. 신설). 미성년자인 상속인이 제 1019조 제3항에 따른 한정승인을 하지 않았거나 할 수 없었던 경우에도 또한 같다(제1019조 제4항 제2문).

(3) 한정승인의 방법

한정승인을 하려면 상속인이 일정한 기간 내에 상속재산의 목록을 첨부해 가정법원에 한정승인의 신고를 해야 한다(제1030조). 그리고 위의 제1019조 제3항의 규정에 의해 한정승인을 한 경우, 상속재산 중 이미 처분한 재산이 있는 때에는 그 목록과 가액을 함께 제출해야 한다. 한정승인 신고를 함에 있어서 상속재산을 고의로 재산목록에 기입하지 않으면 단순승인으로 의제된다.

(4) 한정승인의 효과

한정승인을 한 상속인은 상속으로 인해 취득할 적극재산의 한도에서 피상속인의 채무와 유증을 변제하면 된다. 이는 상속채무는 전부 승계하지만 책임의 범위가 상속재산에 한정된다는 의미이다(물적 유한책임).

4. 상속의 포기

(1) 의의

상속의 포기란 자기를 위해 개시된 불확정한 상속의 효력을 확정적으로 소멸하게 하는 일방적 의사표시이다. 포기는 단독상속인은 물론 공동상속인도 할 수 있다.

(2) 상속포기의 방법

상속인이 상속을 포기할 때에는 3개월의 고려기간 내에 가정법원에 포기의 신고를 해야 한다(제1041조).

(3) 상속포기의 효과

1) 포기의 소급효

상속의 포기는 상속이 개시된 때에 소급해 그 효력이 있다(제1042조). 그 결과 포기자는 처음부터 상속인이 아니었던 것으로 된다. 포기자의 직계비속은 포기자를 대습상속하지 않는다. 민법이 피대습자의 사망과 결격만을 대습원인으로 규정하고 있기 때문이다.

2) 포기자의 상속분의 귀속

상속인이 여럿인 경우에 어느 상속인이 상속을 포기한 때에는, 그의 상속분은 다른 상속인의 상속분의 비율로 그 상속인에게 귀속된다(제1043조).

상속인 전원이 상속을 포기하면, 그 전원이 상속개시 시부터 상속인이 아니었던 것과 같은 지위에 놓이게 되므로 다음 순위에 있는 자가—대습상속인이 아니고—본위 상속인으로서 상속하게 된다.

제6절

유언

I 서설

"교수님! 사람이 죽으면서 재산을 남겨주는 것만 유언인가요? 유언은 누구나 할 수 있는 것인가요?"

1. 유언의 의의 및 법적 성질

(1) 의의

유언은 사람이 그의 사망 후의 법률관계 중 일정 사항에 관해 정하는 일방적인 의사표시이다.

유언을 할 수 있는 사항은 법으로 정해져 있는데 ① 재단법인의 설립을 위한 재산출연행위, ② 친생부인, ③ 인지, ④ 미성년후견인의 지정, ⑤ 미성년후견감독인의 지정, ⑥ 상속재산의 분할방법의 지정 또는 위탁, ⑦ 상속재산의 분할금지, ⑧ 유증, ⑨ 유언집행자의 지정 또는 위탁, ⑩ 신탁의 설정 등이 유언사항이다. 따라서 어떤 자가 사망하기 전에 자신이 사망하면 화장을 하라는 장례 지시 등과 같은 유언을 하는 것은 자유이지만, 법적으로는 아무런 효과가 없다.

(2) 법적 성질

유언은 법률행위로서 상대방 없는 단독행위이다.

유언은 일정한 방식에 따라서 해야 하는 요식행위이며, 그 방식에 따르지 않은 유언은 무효이다(제1060조). 이와 같이 유언을 요식행위로 규정한 이유는 유언이 유언자의 사망 후에 효력이 생기기 때문에 미리 본인의 진의를 확보해두기 위해서이다.

유언은 유언자의 독립한 의사에 의해 행해져야 하는 행위이다. 따라서 유언의 대리는 허용되지 않으며, 제한능력자라도 법정대리인의 동의를 필요로 하지 않는다(제1062조).

2. 유언과 법정상속의 관계

우리 법상 인정되는 사적 자치의 한 내용으로 유언의 자유가 인정된다. 그러므로 유언능력이 있는 사람은 언제든지 자유롭게 유언을 할 수 있고, 그 유언을 변경 · 철회할 수 있으며, 특히 유산의 처분에 관해 자유롭게 결정할 수 있다.

민법이 정하는 법정상속은 유증이 없거나 무효인 부분에 관해서만 일어난다.

3. 유언능력

우리 민법에 있어서 유언능력은 「17세가 되고 의사능력이 있는 것」이다.

(1) 우리 법상 17세 미만인 자는 유언을 할 수 없다(제1061조). 그리고 17세 이상인 사람이라도 의사능력이 없는 상태에서는 유효하게 유언을 할 수 없다.

(2) 미성년자는 17세가 된 뒤에는 법정대리인의 동의 없이 모든 유언사항에 대해 유언을 할 수 있으며, 법정대리인의 동의가 없음을 이유로 취소할 수 없다(제1062조).

(3) 피성년후견인은 의사능력이 회복된 때에만 유언을 할 수 있다(제1063조 제1항). 피성년후견인이 의사능력을 회복한 때에 유언을 하려면 의사가 심신회복의 상태를 유언서에 부기하고 서명날인해야 한다(제1063조 제2항). 그리고 피성년후견인이 적법하게 한 유언은 취소할 수 없다(제1062조).

(4) 피한정후견인은 17세에 달하고 있으면–한정후견인의 동의가 유보된 경우에도–단독으로 유효하게 유언을 할 수 있으며, 그의 유언은 동의가 없음을 이유로 취소할 수 없다(제1062조).

II 유언의 방식

"교수님! 예를 들어 어떤 사람이 죽기 직전에 자녀들을 모아놓고 어느 재산은 누구에게 준다는 식으로 말만 해도 유언으로 인정받을 수 있나요? 아니면 유언에 특별한 방식이 정해져 있는 것인가요?"

1. 서설

(1) 유언의 요식성(要式性)

유언은 유언자가 사망한 때에 효력이 발생하므로 유언의 존재 및 내용에 관해 다툼이 생기면 본인에게 이를 확인할 수가 없다. 그리하여 민법은 유언자의 진의를 명확하게 하고 분쟁과 혼란을 예방하기 위해 유언은 일정한 방식에 따라서만 하도록 규정하고 있다. 그 방식에 따르지 않은 유언은 설사 유언자의 진정한 의사에 합치하더라도 무효이다.

(2) 유언방식의 종류

민법이 정하는 유언의 방식에는 다섯 가지가 있다. 자필증서 · 녹음 · 공정증서 · 비밀증서 · 구수증서에 의한 유언이 그것이다(제1065조). 이 중 앞의 네 가지는 통상의 경우에 사용하는 방식이고, 구수증서는 질병 기타 급박한 사유로 보통의 방식에 의할 수 없는 경우에 사용하는 방식이다.

(3) 증인의 결격

자필증서에 의한 유언을 제외한 나머지 유언의 경우에는 증인이 참여하게 된다. 그런데 유언에 참여한 증인의 서명 · 기명날인 · 구술은 유언의 유효 · 무효를 판단하는 자료가 된다. 그리하여 민법은 유언의 정확성을 보장하기에 부적절한 사람을 증인결격자로 규정하고 있다.

우선 ① 미성년자, ② 피성년후견인과 피한정후견인, ③ 유언에 의해 이익을 받을 자, 그 배우자와 직계혈족은 유언에 참여하는 증인이 되지 못한다(제1072조 제1항). 그리고 공정증서에 의한 유언에는 「공증인법」에 의한 결격자는 증인이 되지 못한다(제1072조 제2항). 결격자가 참여한 유언은 그 전체가 무효로 된다.

2. 자필증서에 의한 유언

자필증서에 의한 유언은 유언자가 그 전문(全文)과 연월일 · 주소 · 성명을 스스로 쓰고 날인함으로써 성립하는 유언이다(제1066조 제1항). 이 유언은 간편하나 문자를 모르는 사람이 이용할 수 없고, 유언자의 사망 후 유언서의 존재 여부가 쉽게 판명되지 않을 수 있으며, 위조 · 변조의 위험성이 있다.

자필증서에 문자의 삽입, 삭제 또는 변경을 할 때에는, 유언자가 이를 스스로 쓰고 날인해야 한다(제1066조 제2항).

3. 녹음에 의한 유언

녹음에 의한 유언은 유언자가 유언의 취지, 그의 성명과 연월일을 말하고 이에 참여한 증인이 유언이 정확하다는 것과 그의 성명을 말함으로써 성립하는 유언이다(제1067조). 이 유언은 문자를 모르는 사람도 이용할 수 있으나 위조 · 변조가 쉽다는 단점이 있다.

4. 공정증서에 의한 유언

공정증서에 의한 유언은 유언자가 증인 두 사람이 참여한 공증인의 면전에서 유언의 취지를 말로 진술하고 공증인이 이를 필기 · 낭독해 유언자와 증인이 그것이 정확하다는 것을 승인한 뒤 각자 서명 또는 기명날인함으로써 성립하는 유언이다(제1068조). 이 유언은 가장 확실한 방법이나 복잡하고 비용이 들며 유언 내용이 누설되기 쉬운 단점이 있다.

5. 비밀증서에 의한 유언

비밀증서에 의한 유언은 유언자가 유언의 취지와 필자의 성명을 기입한 증서를 단단히 봉해 날인하고 이를 두 사람 이상의 증인의 면전에 제출해 자기의 유언서임을 표시한 뒤 그 봉서 표면에 제출 연월일을 기재하고 유언자와 증인이 각자 서명 또는 기명날인한 다음 일정 기간 내에 확정일자를 받음으로써 성립하는 유언이다(제1069조 제1항). 이 유언은 유언의 존재는 분명히 하면서 그 내용은 비밀로 하고 싶을 때 유용하게 쓸 수 있는데, 비밀증서의 성립에 다툼이 생기기 쉽고 분실·훼손의 위험이 있다.

비밀증서 유언방식에 의한 유언봉서는 그 표면에 기재된 날부터 5일 내에 공증인 또는 법원 서기에게 제출해 그 봉인 위에 확정일자인을 받아야 한다(제1069조 제2항).

비밀증서에 의한 유언이 그 방식에 흠결이 있는 경우에 그 증서가 자필증서의 방식에 적합한 때에는, 자필증서에 의한 유언으로 본다(제1071조).

6. 구수증서(口授證書)에 의한 유언

구수증서에 의한 유언은 질병 기타 급박한 사유로 인해 자필증서·녹음·공정증서·비밀증서의 방식에 의한 유언을 할 수 없는 경우에 유언자가 두 사람 이상의 증인이 참여한 가운데 그중 한 사람에게 유언의 취지를 말로 진술하고 그 진술을 받은 사람이 이를 필기·낭독해, 유언자와 나머지 증인이 그것이 정확하다는 것을 승인한 뒤 각자 서명 또는 기명날인함으로써 성립하는 유언이다(제1070조 제1항). 이 유언은 보통의 방식에 의한 유언이 가능한 경우에는 허용되지 않는다.

구수증서에 의한 유언은 그 증인 또는 이해관계인이 급박한 사유가 종료한 날부터 7일 내에 법원에 그 검인(檢認)을 신청해야 한다(제1070조 제2항). 검인신청기간 내에 검인신청을 하지 않은 구수증서 유언은 무효이다.

III 유언의 철회

"교수님! 유언은 한번 하면 바꿀 수 없는 것인가요? 유언을 하고 나서 마음이 바뀌면 어떻게 해야 하나요?"

1. 유언철회의 자유

유언은 사람의 최종의사를 존중하는 제도이므로 유언자가 유효하게 유언을 했다 하더라도 그 유언을 언제든지 철회할 수 있도록 해야 한다. 그리하여 민법은 유언자의 유언철회의 자유를 인정하고(제1108조 제1항), 그 자유를 보장하기 위해 유언자가 유언을 철회할 권리를 포기하지 못한다고 규정하고 있다(제1108조 제2항).

2. 유언철회의 방식

(1) 임의철회

유언자는 언제든지 유언 또는 생전행위로써 유언의 전부나 일부를 철회할 수 있다(제1108조 제1항). 유언으로 철회하는 경우 철회유언도 유언의 방식에 의해야 하나, 철회된 유언과 같은 방식으로 할 필요는 없다.

(2) 법정철회

가령 A에게 X부동산을 준다고 유언한 뒤 B에게도 X부동산을 준다고 유언한 경우와 같이 전후의 유언이 저촉되는 경우에는 그 저촉된 부분의 종전 유언은 철회한 것으로 본다(제1109조).

유언 후의 생전행위가 유언과 저촉되는 경우에는 그 저촉된 부분의 종전 유언은 철회한 것으로 본다(제1109조).

유언자가 고의로 유언증서 또는 유증의 목적물을 파괴한 때에는 그 파괴한 부분에 관한 유언은 철회한 것으로 본다(제1110조).

3. 유언철회의 효과

유언이 철회되면 유언(또는 유언의 철회된 부분)은 처음부터 없었던 것으로 된다.

IV 유언의 효력

"교수님! 유언을 하고 나면 어떤 효력이 생기는지 알고 싶어요. 유언으로 재산을 나누어주는 경우를 중심으로 설명해주셨으면 해요."

1. 유언의 일반적 효력

유언은 유언자가 사망한 때부터 그 효력이 생긴다(제1073조 제1항).

2. 유증(遺贈)

(1) 서설

1) 유증의 의의

유증이란 유언에 의해 재산상의 이익을 타인에게 무상으로 주는 단독행위이다. 유증은 원칙적으로 자유롭게 행해질 수 있다. 그러나 여기에는 제한이 있으며, 그중 가장 중요한 것이 유류분제도에 의한 제한이다.

2) 유증의 종류

유증은 포괄적 유증과 특정유증으로 나누어진다. 포괄적 유증은 유증의 목적의 범위를 상속재산의 전부 또는 그에 대한 비율로 표시하는 유증이고, 특정유증은 유증의 목적이 특정되어 있는 유증이다(특정물 외에 금전 또는 종류물을 목적으로 하는 것도 특정유증임).

(2) 포괄적 유증

유증의 효력이 발생하면 포괄적 수증자는 상속인과 마찬가지로 유증사실을 알든 모르든 수증분에 해당하는 유증자의 권리 · 의무를 법률상 당연히 포괄적으로 승계한다(제1078조).

포괄적 수증자와 상속인이 있을 때, 혹은 포괄적 수증자만 수인이 있을 때 이러한 자 사이에는 공동상속인 사이에서의 공동상속관계와 같은 관계가 생긴다. 즉 상속재산의 공유관계가 생기며, 분할의 협의를 하게 된다.

포괄적 유증의 승인 · 포기에 대해서는 상속의 승인 · 포기에 관한 규정이 적용되고, 유증의 승인 · 포기에 관한 규정이 적용되지 않는다. 후자는 특정유증에 관한 것이기 때문이다.

(3) 특정유증

특정유증의 경우에는 포괄적 유증과 달리 목적재산권이 일단 상속인에게 귀속하고, 수증자는 유증의무자에 대해 유증을 이행할 것을 청구할 수 있는 채권만을 취득하게 된다. 그리고 이 이행청구권을 행사해 이행이 완료되는 때에 목적재산권이 수증자에게 귀속하게 된다.

유증을 받을 자는 유언자의 사망 후에 언제든지 유증을 승인 또는 포기할 수 있고(제1074조 제1항), 그 승인이나 포기는 유언자가 사망한 때에 소급해 효력이 생긴다(제1074조 제2항).

제7절

유류분(遺留分)

I 서설

"교수님! 유류분이라는 용어가 아주 생소한데 유류분이 무엇인가요? 그리고 누가 유류분에 대한 권리를 가지며, 권리자는 그 권리가 침해될 경우 어떻게 할 수 있는지요?"

1. 의의

예를 들어, A는 처 B와 아들 C를 두고 있다. 그런데 A는 미혼녀인 D를 만나 가까워지더니 급기야 D와 내연관계를 맺고 그와의 사이에서 E를 얻었다. 본가에 관심이 없던 A는 그의 재산을 전부 E에게 준다는 내용의 자필증서 유언서를 작성해두었다. 그런 상태에서 A가 사망했다. 만약 A의 E에 대한 유증이 없었다면 A의 재산은 B와 C, E가 공동으로 상속했을 것이다. 그런데 이 경우에는 A의 유증이 있어서 상속이 일어나지 않으며, 만약 유증이 모든 범위에서 그대로 관철된다면 법적으로 상속권이 있는 B와 C는 전혀 상속을 받지 못하게 된다. 이것은 매우 부당하며, 이를 보완하기 위한 것이 유류분제도이다.

유류분은 법률상 상속인에게 귀속되는 것이 보장되는 상속재산에 대한 일정 비율을 가리키며, 민법은 일정한 범위의 상속인에게 이러한 유류분을 인정하고 있다.

민법은 한편으로 법정상속을 규정하면서, 다른 한편으로 유산처분의 자유도 인정하고 있다. 그 결과 유증이 없으면 법정상속이 일어나게 되어 피상속인의 혈족과 배우자가 상속재산의 전부를 법률상 당연히 승계하게 된다. 그런데 피상속인이 그의 재산을 상속인이 아닌 자에게 생전에 증여하거나 유증한 때에는, 위의 예와 같이 극단적인 경우 상속인이 되었을 자가 전혀 상속을 받지 못할 수도 있다. 여기서 민법은 한편으로 피상속인의 유산처분의 자유를 빼앗지 않으면서, 일정 범위의 상속인에게는 최소한의 생활보장 내지 부양을 위해 유류분제도를 인정하고 있다.

2. 유류분과 그 포기

상속이 개시되면 일정 범위의 상속인은 상속재산에 대한 일정 비율을 취득할 수 있는 지위를 가지게 되는데, 이를 유류분권이라고 한다.

유류분권이 발생한 후에는 그것도 하나의 재산권이므로 유류분권자가 이를 포기할 수 있다. 그러나 상속이 개시되기 전에는 유류분권을 포기할 수 없다고 해석한다. 그렇게 새기지 않으면 피상속인이나 공동상속인이 포기를 강요할 가능성이 있고, 일정 범위의 상속인의 상속권 보장이라는 민법의 취지가 몰각될 우려가 있기 때문이다.

II 유류분의 범위

사례

A는 아내인 B와 아들 C, D를 남기고 사망했다. 그런데 A는 사망하기 5년 전에 자신의 명의로 된 시가 5억 원 상당의 주택과 예금 2억 원을 큰아들인 C에게 이전해주면서 B와 동생 D를 잘 돌볼 것을 부탁했다. 그러나 A가 사망하자 C는 그 주택을 5억 원에 매각하는 한편, B와 D를 부양하려 하지 않을 뿐만 아니라 생활비도 지급하지 않아 B와 D는 생계가 막연하다. 이에 B와 D는 C를 상대로 어떠한 조치를 취할 수 있을까?

1. 유류분권자와 그의 유류분

(1) 유류분권자

① 유류분을 가지는 자는 피상속인의 직계비속 · 배우자 · 직계존속 · 형제자매이다(제1112조).

② 유류분권을 행사할 수 있으려면 최우선 순위의 상속인이어서 상속권이 있어야 한다. 따라서 피상속인의 자녀와 부모가 있는 경우 부모는 유류분권을 행사할 수 없다.

③ 태아는 상속에 관해서는 이미 출생한 것으로 보므로(제1000조 제3항) 유류분권을 가진다.

(2) 유류분권자의 유류분

피상속인의 직계비속과 배우자의 유류분은 그의 법정상속분의 2분의 1이고, 피상속인의 직계존속과 형제자매의 유류분은 그의 법정상속분의 3분의 1이다(제1112조).

2. 유류분액의 산정

(1) 유류분 산정의 기초가 되는 재산

유류분 산정의 기초가 되는 재산은 피상속인이 상속개시 시에 가지고 있던 재산의 가액에 증여재산의 가액을 더하고 채무의 전액을 공제해 산정한다(제1113조 제1항).

1) 상속개시 시에 가진 재산

이는 상속재산 중 적극재산만을 의미한다.

2) 증여재산을 더하기

민법은 피상속인이 생전처분에 의해 유류분제도를 회피할 것을 우려해 일정한 범위의 생전처분을 유류분 산정의 기초가 되는 재산에 넣는다.

① 상속개시 전의 1년간에 행한 증여의 경우에는 그 가액을 계산에 넣는다(제1114조 제1문). 여기서의 1년이라는 기간은 증여계약의 이행시기가 아니고 체결시기를 기준으로 한다.

② 증여계약의 당사자 쌍방이 유류분권자에게 손해를 준다는 것을 알면서 증여를 한 때에는, 1년 전에 한 것도 더한다(제1114조 제2문).

③ 공동상속인 중에 피상속인으로부터 재산의 증여에 의해 특별수익을 한 자가 있는 경우에는 그 증여가 상속개시 전의 1년간에 행해졌는지에 관계없이 그 가액을 계산에 넣어야 한다(대판 1995. 6. 30, 93다11715)

(2) 유류분액의 계산

유류분권자의 유류분액은 이와 같이 산정된 「유류분 산정의 기초가 되는 재산」에 유류분권자의 유류분율을 곱한 것이다.

사례의 해결

A가 사망할 당시에는 A 소유의 재산은 전혀 없었으므로 상속은 발생하지 않는다. 그러나 A는 사망하기 5년 전에 자신의 전 재산인 7억 원 가액의 재산을 C에게 증여했다. 따라서 유류분 반환청구를 생각할 수 있다. 물론 유류분 산정의 기초가 되는 재산을 확정할 때 증여는 상속개시 전의 1년간에 행한 것만을 고려하는 것이 원칙이지만, 판례는 공동상속인에 대한 증여는 상속개시 전의 1년간에 행해졌는지에 관계없이 그 가액을 계산에 넣어야 한다고 했다.

〈사례〉에서 C는 공동상속인이므로 C에 대한 증여가 비록 상속개시 5년 전에 행해졌다고 하더라도 유류분 산정의 기초가 되는 재산에 넣는다. 그리고 B, C, D의 법정상속분은 각각 3/7, 2/7, 2/7이므로 B와 D의 유류분은 각각 3/14, 2/14이다. 따라서 B와 D는 C에 대해 각각 1억5천만 원, 1억 원의 유류분 반환청구권을 행사할 수 있다.

III 유류분의 보전(保全)

1. 유류분 반환청구권

유류분권자는 피상속인의 증여 또는 유증으로 인해 자신의 유류분에 부족이 생긴 경우에, 부족한 한도에서 증여 또는 유증된 재산의 반환을 청구할 수 있다(제1115조 제1항). 유류분을 침해하는 유증이나 증여가 당연히 무효로 되는 것이 아니고, 유류분권자에게 유류분 반환청구권이 생기게 될 뿐이다. 유류분 침해액(부족액)은 유류분액에서 상속인의 특별수익액과 순상속분액을 공제한 액이다.

2. 유류분 반환청구권의 행사

유류분 반환청구권은 유류분이 부족한 한도에서 행사해야 한다. 그리고 반환청구의 대상이 되는 증여와 유증이 병존하는 경우에는 먼저 유증에 대해 반환을 청구하고, 부족한 부분이 있으면 증여에 대해 반환을 청구해야 한다(제1116조).

3. 유류분 반환청구권의 소멸시효

유류분 반환청구권은 유류분권자가 상속의 개시와 반환해야 할 증여 또는 유증을 한 사실을 안 때부터 1년 내에 행사하지 않으면 시효에 의해 소멸한다(제1117조).

제4장

권리구제

제1절

민사소송절차

I 민사소송의 개념과 특징

"교수님! 지금까지 배운 내용들과 관련해 실제 소송이 진행되는 경우 전체적으로 어떻게 진행되는지 알 수 있을까요? 그리고 민사소송은 형사소송과 다르다고 하는데 민사소송에는 어떤 특징이 있나요?"

1. 민사소송의 개념

민사소송이란 민사상 권리관계에 대한 분쟁이 있는 경우 이를 해결하는 재판절차를 가리킨다. 민사소송은 개인이 갖는 권리를 보호하기 위한 제도이지만, 다른 한편으로는 이를 통해 전체적인 사법(私法)질서도 보호하는 기능을 한다.

넓은 의미의 민사소송은 가압류 · 가처분절차, 판결절차, 강제집행절차를 모두 가리키나, 좁은 의미의 민사소송은 판결절차만을 가리킨다. 판결절차에 대해서는 민사소송법이 규율하고 있으며, 가압류 · 가처분절차, 강제집행절차에 대해서는 민사집행법이 규율하고 있다.

2. 처분권주의와 변론주의

(1) 처분권주의

처분권주의는 절차의 개시, 심판의 대상과 범위, 절차의 종결을 당사자의 처분에 맡기는 입장이다. 민법상 사적 자치의 원칙이 인정되는데, 처분권주의는 사적 자치의 소송법적 측면이라고 볼 수 있다.

처분권주의가 적용되므로 법원의 심판 대상과 범위는 원고가 소를 제기한 사항에 한정된다. 그러므로 소를 제기하지 아니한 사항에 대해서는 판결할 수 없고, 소를 제기한 범위를 넘어서도 판결할 수 없다. 즉 1,000만 원의 지급을 구하는 소를 제기했는데 법원이 2,000만 원의 지급을 명하는 판결을 선고할 수는 없다.

(2) 변론주의

변론주의는 사실과 증거의 수집 · 제출 책임을 당사자가 부담하고, 당사자가 변론에서 제출한 사실과 증거만을 재판의 기초로 삼아야 한다는 원리이다. 이에 반해 직권탐지주의는 사실과 증거의 수집 · 제출 책임을 법원이 부담하는 것을 가리킨다. 민사소송에는 변론주의가 적용되기 때문에 승소할 수 있는 사안이라고 하더라도 유리한 사실을 주장하지 않거나 그에 관한 증거를 제출하지 않으면 패소할 수도 있다. 변론주의는 주요 사실, 즉 법률효과를 발생시키는 법규의 요건사실에 대해서만 적용된다.

II 민사소송절차 개관

민사소송절차의 전체 과정은 일반적으로 ① 가압류·가처분절차, ② 판결절차, ③ 강제집행절차의 순서로 진행된다.

가압류·가처분절차는 판결이 선고되어도 권리실현이 어렵게 될 위험을 방지하기 위해 판결절차 전에 취하는 잠정적 처분절차이다. 판결절차는 소를 제기해 판결을 받는 절차이며, 강제집행절차는 상대방이 판결에 따라 이행하지 않는 경우 국가의 공권력을 행사해 판결의 내용을 강제로 실현시키는 절차이다.

제2절

가압류와 가처분

I 가압류와 가처분의 의의

"교수님! 소송을 하려는 경우 소장을 제출하기 전에 가압류를 하는 것이 좋다는 말을 들었는데 가압류가 무엇인지요? 그리고 왜 소장을 제출하기 전에 가압류를 하는 것이 좋다고 하는지 설명해주시겠어요?"

1. 가압류의 의의

가압류는 금전채권의 집행을 위해서 미리 채무자의 재산을 동결시켜 잠정적으로 그 처분권을 빼앗는 것이다. 예컨대 채권자 A가 채무자 B를 상대로 금전채권의 지급을 구하는 소를 제기한 경우, 만일 소송이 진행되는 도중에 B가 자신의 재산을 모두 처분해버리면 A는 승소판결을 받더라도 그 판결을 집행할 수 없게 된다. 이러한 결과가 발생하는 것을 막기 위해 B가 자신의 재산을 처분할 수 없도록 만드는 것이 가압류제도이다.

2. 가처분의 의의

가처분은 다음의 두 가지 유형으로 나눌 수 있다.

첫째 유형은 「다툼의 대상에 관한 가처분」이다. 이는 현재의 상황이 바뀌면 권리 실행이 곤란할 염려가 있는 경우 현재 상황의 유지를 명하는 가처분이다. 예컨대 A가 자신의 물건을 가져간 B를 상대로 그 물건의 인도를 구하는 소를 제기한 경우, 만일 소송이 진행되는 도중에 B가 물건을 C에게 인도해버리면 A가 B를 상대로 한 판결에서 승소하더라도 이를 C에게 집행할 수 없다. 이러한 결과가 발생하는 것을 막기 위해 B가 점유를 이전할 수 없도록 가처분으로 금지할 수 있다(점유이전금지 가처분).

둘째 유형은 「임시의 지위를 정하기 위한 가처분」이다. 이는 다툼 있는 권리관계에 대해 본안재판이 끝날 때까지 현저한 손해를 피하거나 급박한 위험을 막기 위해 잠정적으로 발령하는 가처분이다. 그 예로는 직무집행정지 가처분, 건축공사중지 가처분, 업무방해금지 가처분, 출판물판매금지 가처분 등을 들 수 있다.

II 가압류와 가처분의 특성

1. 잠정성

가압류와 가처분은 권리 또는 법률관계를 잠정적으로 확보하거나 이에 대해 임시적으로 규율을 하는 것이고, 권리 또는 법률관계를 확정적으로 결정하는 것이 아니다. 따라서 가압류와 가처분은 그 효력이 끝나는 시기가 정해져 있는 경우가 많으며, 가압류와 가처분이 되었더라도 이후 본안소송의 결과에 따라 그 효력이 번복될 수도 있다.

2. 밀행성

가압류와 가처분은 채무자의 집행방해를 막기 위한 것이므로 채무자에게 알리지 않고 절차를 진행한다(밀행성). 그러므로 가압류와 가처분을 신청한 경우 변론 없이 가압류와 가처분 명령을 내릴 수 있다(민사집행법 제280조 제1항). 그러나 「임시의 지위를 정하기 위한 가처분」의 경우는 상대방에게 미치는 영향이 클 수 있으므로 변론기일 또는 채무자가 참석할 수 있는 심문기일을 열도록 하고 있다(민사집행법 제304조).

III 가압류절차와 가처분절차

사례

A는 B에게 1억 원을 빌려주었다. 변제기가 지나도 B가 이를 갚지 않자 A는 B를 상대로 소를 제기하려고 한다. 그런데 A가 조사해보니 B는 시가 2억 원 상당의 아파트 1채만을 소유하고 있는데, B가 곧 이 아파트를 제3자에게 매도할 계획이라는 것을 알게 되었다. A는 B에게 소를 제기하기 전에 어떤 조치를 취해야 하는가?

1. 가압류절차

채권자가 가압류명령신청서를 관할법원에 제출하면, 법원은 심리를 거쳐 가압류명령을 발령한다. 가압류신청을 받은 경우 법원은 서면심리, 즉 채권자가 제출한 신청서나 소명자료만 보고 가압류명령을 발령할 수 있다.

부동산가압류결정이 발령된 경우 가압류결정을 그 부동산의 등기부에 기입한다. 이는 법원사무관 등이 직권으로 등기관에게 기입을 촉탁해 이루어진다.

채권가압류결정은 제3채무자에게 송달되어야 효력이 발생한다. 예컨대 채권자 A가 채무자 B의 재산을 물색해 B가 C에 대해서 갖고 있는 채권을 가압류한 경우, C를 제3채무자라고 한다. 채권가압류결정을 제3채무자에게 송달한다는 것은, B가 C에 대해서 갖고 있는 채권이 가압류되었다는 것을 C에게 알려주는 의미를 갖는다.

사례의 해결

A가 B를 상대로 소를 제기해 승소판결을 받더라도, 만일 소송이 진행되는 도중에 B가 제3자에게 자신의 아파트를 매도해버리면 강제집행을 할 대상이 없어지게 된다. 그러므로 B가 자신의 아파트를 처분하지 못하도록 하는 조치를 취할 필요가 있다. A는 가압류신청을 해서 법원으로부터 B의 아파트에 대한 가압류결정을 받고, 그 이후에 소를 제기해야 할 것이다.

다음 페이지에 「부동산가압류신청서」와 「가압류명령」의 예를 소개한다(「부동산가압류신청서」는 대한민국 법원 전자민원센터에서 제공하는 양식을 기초로 해서, 「가압류명령」은 실제 법원 결정문을 기초로 해서 저자가 작성한 것임).

부동산 가압류 신청

채권자　　김이화(800101-2345678)
　　　　　서울 서대문구 이화여대길 50
채무자　　박삼화(850303-2348765)
　　　　　서울 서대문구 이화여대길 60

청구채권(피보전권리)의 내용　　2015. 2. 1.자 대여금
청구금액　　금 50,000,000원

신 청 취 지

채무자 소유의 별지 목록 기재 부동산을 가압류한다라는 결정을 구함.

신 청 이 유

1. 채권자는 2015. 2. 1. 채무자에게 50,000,000원을 변제기는 2015. 8. 1.로 정하여 대여하였습니다. 그런데 채무자는 위 변제기가 지났음에도 이를 지급하지 않고 있으므로 현재 채권자는 채무자를 상대로 하는 대여금 청구의 소를 준비 중입니다.
2. 채무자는 별다른 재산이 없고 별지 목록 기재 부동산이 채무자의 유일한 재산입니다. 그런데 채무자가 위 부동산을 다른 사람에게 매도하면 후에 채권자가 채무자를 상대로 한 본안소송에서 승소한다 하더라도 집행할 재산이 없게 될 우려가 있으므로 그 집행보전을 위하여 이 사건 가압류신청을 합니다.
3. 담보의 제공은 보증보험회사와 지급보증위탁계약을 체결한 문서를 제출하는 것으로 갈음하는 것을 허가하여 주시기 바랍니다.

소 명 방 법

1. 차용증서　　1통
2. 부동산 등기부등본　　1통
3. 가압류신청 진술서　　1통

2015. 9. 1.

채권자 김이화 (인)

서울서부지방법원 귀중

서울서부지방법원
결 정

사 건	2015카단1000 부동산가압류
채권자	김이화(800101-2345678)
	서울 서대문구 이화여대길 50
채무자	박삼화(850303-2348765)
	서울 서대문구 이화여대길 60

주 문

채무자 소유의 별지 기재 부동산을 가압류한다.
채무자는 다음 청구금액을 공탁하고 집행정지 또는 집행취소를 신청할 수 있다.

청구채권(피보전권리)의 내용	2015. 2. 1.자 대여금
청구금액	금 50,000,000원

이 유

이 사건 부동산 가압류 신청은 이유 있으므로 담보로 5,000,000원을 공탁하게 하고(또는 담보로 별지 첨부의 지급보증위탁계약을 맺은 문서를 제출받고) 주문과 같이 결정한다.

2015. 9. 7.

판사 최공평 (인)

2. 가처분절차

가처분절차도 가압류절차와 유사하다. 채권자가 가처분명령신청서를 관할법원에 제출하면, 법원은 심리를 거쳐 가처분명령을 발령한다. 가처분명령도 서면심리만으로 발령할 수 있으나, 「임시의 지위를 정하기 위한 가처분」의 경우는 변론기일 또는 채무자가 참석할 수 있는 심문기일을 열어야 한다(민사집행법 제304조).

점유이전금지 가처분은 집행관이 그러한 내용이 기재된 공시서를 건물에 붙여 게시하는 방법으로 집행하고, 부동산처분금지 가처분은 등기부에 기입하는 방법으로 집행한다. 그리고 직무집행정지 가처분은 이를 고지하면 바로 효력이 발생한다.

제3절

판결절차: 좁은 의미의 민사소송

I 판결절차 개관

"교수님! 설명을 듣고 보니 가압류와 가처분은 매우 중요한 제도라는 것을 알게 되었습니다. 그렇다면 이제 소를 제기해 시작되는 민사소송이 어떻게 진행되는지 알려주세요. 그리고 각 단계에서 어떤 점에 주의해야 하는지도 알고 싶습니다."

좁은 의미의 민사소송인 판결절차는 사법상 권리관계를 판결에 의해 확정하는 절차를 가리킨다. 판결절차는 원고가 소를 제기함으로써 시작되고, 법원이 선고한 판결이 확정되면 종료한다.

일반적인 판결절차는 ① 원고의 소장 제출, ② 소장 부본의 송달, ③ 피고의 답변서 제출, ④ 필요한 경우 변론준비절차, ⑤ 변론과 증거조사, ⑥ 판결 선고, ⑦ 판결에 불복하는 당사자의 상소의 순서로 진행된다.

II 소장 제출과 답변서 제출

사례

A는 B를 상대로 빌려준 돈 1,000만 원의 지급을 구하는 소를 제기했다. B는 법원으로부터 소장 부본을 송달받았지만, A로부터 돈을 빌린 사실이 없으므로 소장 내용이 터무니없다고 생각해 답변서를 제출하지 않았다. 이후의 소송절차는 어떻게 진행되는가?

1. 소의 제기

(1) 소장의 제출

원고가 소를 제기하려면 소장을 1심법원에 제출해야 한다. 소장에는 당사자, 법정대리인, 청구취지, 청구원인을 기재해야 한다(민사소송법 제249조 제1항). 그리고 소장을 제출하기 위해서는 「민사소송 등 인지법」에서 정한 인지를 붙이고, 송달비용도 납부해야 한다. 피고의 수만큼의 소장 부본도 첨부해야 한다.

(2) 청구취지와 청구원인

청구취지는 원고가 어떠한 내용의 판결을 구하는지 특정해 기재하는 부분이다. 민사소송에는 처분권주의가 적용되므로 법원은 청구취지의 범위 내에서만 판결을 할 수 있다. 그러므로 청구취지는 구체적으로 특정해서 명확하게 기재해야 한다. 예컨대 원고가 피고에게 1,000만 원의 지급을 구하는 경우, "피고는 원고에게 금 1,000만 원을 지급하라"고 기재한다.

청구원인은 청구취지의 근거가 되는 사실관계라고 할 수 있다. 분쟁의 원인이 된 사실관계를 자유롭게 기재할 수 있지만, 청구취지에서 주장하는 권리의 요건이 되는 사실은 반드시 기재해야 한다. 예컨대 원고가 피고에게 빌려준 1,000만 원의 지급을 구하는 소의 경우, 원고가 1,000만 원을 빌려주었다는 사실과 피고가 그 돈을 갚을 이행기가 도래했다는 점이 반드시 기재되어야 한다.

2. 관할

관할이라 함은 여러 법원 사이에서 어떤 법원이 어떤 사건을 담당하는지 정해놓은 것을 말한다. 원칙적으로는 피고의 주소지를 관할하는 법원에 소를 제기해야 한다(민사소송법 제3조). 하지만 사건의 성격에 따라 다른 법원에도 관할권이 생길 수 있다. 민사소송법은 이에 대해 여러 규정을 두고 있는데, 예컨대 재산권에 관한 소를 제기하는 경우 의무이행지의 법원(제8조), 불법행위에 관한 소를 제기하는 경우 불법행위지의 법원(제18조 제1항), 부동산에 관한 소를 제기하는 경우 부동산이 있는 곳의 법원(제20조) 등도 관할권이 인정된다.

3. 소장 부본의 송달

원고가 소를 제기하면, 법원은 소장의 방식이 제대로 되어 있는지 심사한 다음 문제가 없으면 소장의 부본을 피고에게 송달한다.

소장 부본을 피고에게 송달할 때에는, 법원은 피고에게 원고의 청구를 다투는 경우 소장 부본을 송달받은 날부터 30일 이내에 답변서를 제출하라고 안내해야 한다(민사소송법 제256조 제1항 · 제2항).

다음 페이지에 「소장」의 예를 소개한다(대한민국 법원 전자민원센터에서 제공하는 양식을 기초로 저자가 작성한 것임).

소 장

사건명　대여금

원 고　김이화(800101-2345678)

　　　　서울 서대문구 이화여대길 50

피 고　박삼화(850303-2348765)

　　　　서울 서대문구 이화여대길 60

청 구 취 지

1. 피고는 원고에게 금 50,000,000원 및 이에 대하여 소장 부본 송달 다음날부터 다 갚는 날까지 연 12%의 비율로 계산한 돈을 지급하라.
2. 소송비용은 피고의 부담으로 한다.
3. 제1항은 가집행할 수 있다.

라는 판결을 구합니다.

청 구 원 인

1. 원고는 2015. 2. 1. 피고에게 50,000,000원을 변제기는 2015. 8. 1.로 정하여 대여하였습니다.
2. 그런데 피고는 위 변제기가 지났음에도 이를 지급하지 않고 있으므로 원고는 피고에 대하여 위 대여금 50,000,000원의 지급을 구하기 위하여 이 사건 청구에 이른 것입니다.

입 증 방 법

1. 갑 제1호증(차용증서)　　1통

첨 부 서 류

1. 위 입증서류　　1통
1. 소장 부본　　1통
1. 송달료 납부서　　1통

2015. 9. 15.

원고 김이화 (인)

서울서부지방법원 귀중

4. 답변서의 제출

피고가 소장의 내용을 다투려면 소장 부본을 송달받은 날부터 30일 이내에 답변서를 제출해야 한다(민사소송법 제256조 제1항). 답변서에는 청구취지에 대한 답변과 청구원인에 대한 답변을 기재해야 한다.

청구원인에 대한 답변은 소장의 청구원인에 기재된 사실관계를 인정하는지 부정하는지, 청구원인에 기재된 사실관계를 인정하지만 달리 항변할 내용이 있는지 등을 기재한다. 예컨대 원고가 피고에게 빌려준 1,000만 원의 지급을 구하는 소를 제기한 경우, 피고는 돈을 빌린 사실이 없다고 답변할 수도 있고(부인), 돈을 빌린 것은 사실이지만 그 돈을 이미 갚았다고 답변할 수도 있다(항변).

다음 페이지에 답변서의 예를 소개한다(대한민국 법원 전자민원센터에서 제공하는 양식을 기초로 저자가 작성한 것임).

5. 무변론판결: 답변서를 제출하지 않은 경우

피고가 소장 부본을 송달받은 날부터 30일 이내에 답변서를 제출하지 않으면, 법원은 피고가 소장의 청구원인에 대해 자백한 것으로 보고 변론 없이 판결할 수 있다(민사소송법 제257조 제1항). 이 경우는 피고가 자백한 것으로 보기 때문에, 보통 원고가 주장하는 내용대로 원고 승소판결이 선고된다.

다만 피고가 판결이 선고되기까지 원고의 청구를 다투는 취지의 답변서를 제출한 경우에는 변론 없이 판결을 선고할 수 없고(민사소송법 제257조 제1항), 이후에는 통상적인 절차로 소송이 진행된다.

답 변 서

사건번호 2015가단1234 대여금 [담당재판부: 제1민사단독]

원 고 김이화

피 고 박삼화

위 사건에 관하여 피고는 다음과 같이 답변합니다.

청구취지에 대한 답변

1. 원고의 청구를 기각한다.
2. 소송비용은 피고의 부담으로 한다.

라는 판결을 구합니다.

청구원인에 대한 답변

1. 피고가 원고로부터 2015. 2. 1. 금 50,000,000원을 변제기는 2015. 8. 1.로 정하여 차용한 사실은 인정합니다.
2. 그러나 피고는 2015. 8. 15. 원고에게 위 대여금 50,000,000원을 지급하였으며, 이에 따라 피고의 원고에 대한 대여금 채무는 모두 소멸하였습니다.
3. 그러므로 원고의 청구는 부당합니다.

입 증 방 법

1. 을 제1호증(영수증) 1통

첨 부 서 류

1. 위 입증서류 1통

2015. 10. 15.

피고 박삼화 (인)

서울서부지방법원 제1민사단독 귀중

사례의 해결

B가 소장 부본을 송달받은 날부터 30일 이내에 답변서를 제출하지 않았다면, 법원은 B가 소장의 청구원인에 대해 자백한 것으로 보고 변론 없이 판결할 수 있다. 그러므로 법원은 선고기일을 지정할 것이고, 선고기일에는 원고 승소판결이 선고될 가능성이 높다. 하지만 선고기일이 지정되더라도 피고가 판결이 선고되기 전에 원고의 청구를 다투는 취지의 답변서를 제출하면 통상의 소송절차가 다시 진행된다.

III 변론과 증거조사

사례

A는 B를 상대로 빌려준 돈 1,000만 원의 지급을 구하는 소를 제기했다. B는 1,000만 원을 빌린 사실을 인정하면서도, 그 돈을 이미 갚았다고 주장했다. 변론과 증거조사가 종결된 시점에도 법원은 돈을 갚았다는 B의 주장이 사실인지 아닌지 확신할 수 없었다. 이 경우 법원은 어떤 판결을 선고해야 하는가?

1. 변론의 의의

변론이라 함은 법원의 공개법정에서 당사자들이 말로 판결의 기초가 되는 사실과 증거를 제출하는 방법으로 소송을 심리하는 절차를 가리킨다. 이는 법원이 판결을 하기 위한 자료를 수집하는 과정이며, 원고와 피고는 서로 공격과 방어를 번갈아가며 하게 된다.

2. 구술심리주의와 준비서면

구술심리주의라 함은 변론 및 증거조사를 말(구술)로 행하는 원칙을 의미한다. 우리 민사소송법은 구술심리주의를 원칙으로 하고 있다. 그러나 과거의 실무에서는 당사자들이 미리 제출한 서면의 내용대로 진술한 것으로 처리해(예컨대 "소장에 기재된 내용대로 진술한다"라고 말하면 소장 내용을 진술한 것으로 처리했음) 구술심리주의를 엄격히 적용하지 않았다. 그러나 최근의 실무에서는 점점 구술심리주의를 강화하고 있다.

당사자들이 변론 또는 변론준비절차에서 말하고자 하는 내용을 기재해 제출하는 서면을 「준비서면」이라고 한다. 소송에서 원고가 소장을 제출하고 피고가 답변서를 제출한 이후에는, 원고와 피고가 서로 여러 개의 준비서면을 제출해 상대방의 주장을 반박하며 다투는 경우가 많다.

3. 변론의 내용

(1) 부인과 자백

당사자 일방이 주장하는 사실에 대해 상대방은 ① 그 주장사실이 사실과 다르다고 답변하거나(부인), ② 그 주장사실을 인정한다고 답변할 수 있다(자백).

그리고 상대방이 ③ 그 주장사실을 알지 못한다고 답변하면(부지) 이는 부인으로 추정하고(민사소송법 제150조 제2항), ④ 상대방이 명백히 다투지 아니하면(침묵) 이는 자백한 것으로 간주한다(민사소송법 제150조 제1항).

(2) 증거신청

상대방이 자백하지 않고 다투는 사실에 대해서는 증거를 통해 입증할 필요가 있다. 따라서 상대방이 부인 또는 부지로 답변한 사실에 대해서는 변론기일에 증거신청을 해야 한다.

(3) 항변

원고의 주장사실이 진실임을 전제로 이와 양립가능한 별개의 사실을 피고가 주장하는 것을 항변이라고 한다. 예컨대 원고가 피고에게 빌려준 돈의 지급을 구하는 소를 제기한 경우, 피고가 돈을 빌린 사실이 없다고 주장하는 것은 「부인」에 해당한다. 그러나 피고가 돈을 빌린 것은 맞지만 그 돈을 이미 갚았다고 주장하는 것은 「항변」에 해당한다.

부인의 경우는 그 사실에 대한 증명책임이 원고에게 있지만, 항변의 경우는 그 증명책임이 피고에게 있다는 점에서 중요한 차이가 있다.

4. 증거와 증명책임

(1) 증거

증거조사절차는 ① 당사자들의 증거신청, ② 법원의 증거채택 여부 결정, ③ 증거조사 실시의 순서로 진행된다.

실무에서 증거로 가장 많이 활용되는 것은 서증과 증인신문이다. 서증은 문서를 열람해 그에 기재된 내용을 증거자료로 하는 것이고, 증인신문은 증인의 증언으로부터 증거자료를 얻는 것이다. 그리고 법관이 직접 사물의 성질과 상태를 살펴보고 그 결과를 증거자료로 하는 검증, 전문적 지식을 가진 사람의 판단을 소송상 보고시키는 감정, 공공기관 등에게 보관하고 있는 문서의 등본 · 사본의 송부 등을 촉탁하는 사실조회 등도 증거조사의 방법으로 활용된다.

(2) 증명책임(입증책임)

증명책임이라 함은 소송상 어떠한 사실의 진실 여부를 확정할 수 없는 경우에 그 사실이 존재하지 않는 것으로 취급되는 위험 또는 불이익을 말한다. 이는 당사자의 사실주장이 진실인지 아닌지 법관이 확신할 수 없는 경우에 누구에게 불이익을 줄 것인가의 문제이다. 따라서 증명책임을 누가 부담하는지에 따라 소송의 승패가 달라질 수도 있는데, 각 당사자는 자신에게 유리한 법률조항의 요건사실에 대해 증명책임을 부담한다(법률요건분류설).

> **사례의 해결**
>
> B는 1,000만 원을 빌린 사실에 대해 자백했으므로 변론주의 원칙상 법원은 이 자백에 구속되어 판단해야 한다. 그리고 B가 1,000만 원을 갚았다고 주장하는 것은 항변에 해당하므로 이에 대해서는 B가 증명책임(입증책임)을 부담한다. 따라서 1,000만 원을 갚았다는 B의 주장이 진실인지 아닌지 법관이 확신할 수 없다면, 법관은 B가 1,000만 원을 갚은 사실이 없었던 것으로 보아야 한다. 결국 A를 승소시키는 판결을 선고해야 할 것이다.

IV 판결의 선고와 상소

1. 판결의 선고

변론과 증거조사가 완료되면, 법원은 변론을 종결하고 선고기일을 지정한 다음 선고기일에 판결을 선고한다. 그리고 판결서를 당사자들에게 송달한다.

판결서의 내용 중 원고의 소에 대한 결론부분을 「주문」(主文)이라고 하며, 당사자의 주장 등 공격방어방법에 대한 판단을 기재한 부분을 「이유」라고 한다. 그리고 판결이 확정되면 이제 다른 법원은 그 판결과 모순·저촉되는 판단을 할 수 없게 되는데, 확정판결의 판단에 부여되는 이러한 효력을 기판력이라고 한다. 다만 판결서의 모든 내용에 기판력이 발생하는 것은 아니고, 판결의 주문에 포함된 것에 한해 기판력이 발생한다(민사소송법 제216조 제1항).

2. 상소

상소란 당사자가 선고된 판결에 불복해 그 판결의 취소·변경을 상급법원에 구하는 것이다. 1심 판결에 대한 불복신청을 「항소」, 2심 판결에 대한 불복신청을 「상고」라고 한다.

항소를 제기하려면 판결서가 송달된 날부터 2주 이내에(민사소송법 제396조) 항소장을 1심 법원에 제출해야 한다(민사소송법 제397조 제1항). 그리고 상고를 제기하려면 판결서가 송달된 날부터 2주 이내에(민사소송법 제396조·제425조) 상고장을 2심 법원에 제출해야 한다(민사소송법 제425조).

항소심 법원은 사실의 인정과 법률의 적용 양 측면에서 모두 심리를 하지만(사실심), 상고심 법원은 법률의 적용 측면에서만 심리를 한다(법률심). 그리고 상고심에는 심리불속행제도가 있는데, 이는 상고이유에 중대한 법령위반에 관한 사항 등의 사유가 포함되어 있지 않으면 더 이상 심리를 하지 않고 상고를 기각하는 것이다(「상고심절차에 관한 특례법」 제4조).

V 간이소송절차

1. 소액사건심판절차

(1) 소액사건

3,000만 원을 초과하지 아니하는 금전 기타 대체물의 지급을 목적으로 하는 민사사건을 소액사건이라고 하는데(소액사건심판규칙 제1조의 2), 소액사건의 1심은 통상의 소송절차보다 간이한 소액사건심판절차에 의해 진행된다.

(2) 이행권고제도

소액사건의 경우 법원은 피고에게 청구취지대로 이행할 것을 권고할 수 있다(소액사건심판법 제5조의 3). 피고는 이행권고결정서의 등본을 송달받은 날부터 2주일 내에 서면으로 이의신청을 할 수 있다(소액사건심판법 제5조의 4). 그러나 피고가 위 기간 내에 이의신청을 하지 않으면 이행권고결정이 확정되고 이는 확정판결과 같은 효력을 갖는다(소액사건심판법 제5조의 7).

(3) 절차상의 특례

소액사건심판법(이하 본 항에서는 같은 법이라 함)은 통상의 소송절차와 다른 여러 특례를 규정하고 있다. 소액사건심판법에 의하면 당사자의 배우자 · 직계혈족 · 형제자매는 법원의 허가 없이 소송대리인이 될 수 있다(같은 법 제8조). 그리고 되도록 1회의 변론기일로 심리를 마치도록 하고(같은 법 제7조), 필요한 경우 근무시간 외 또는 공휴일에도 개정할 수 있으며(같은 법 제7조의 2), 판사는 필요하다고 인정한 때에는 직권으로 증거조사를 할 수 있다(같은 법 제10조 제1항). 또한 판결의 선고를 변론종결 후 즉시 할 수 있고(같은 법 제11조의 2 제1항), 판결서에는 이유를 기재하지 아니할 수 있다(같은 법 제11조의 2 제3항). 상고할 수 있는 이유도 제한적이다(같은 법 제3조).

2. 독촉절차: 지급명령

독촉절차는 금전이나 기타 대체물의 지급을 청구하려는 경우 채권자가 소를 제기하는 대신 지급명령을 신청하고, 법원은 그 이유가 있는지를 심리하지 않고 지급명령을 내리는 제도이다.

채무자가 지급명령을 송달받은 날부터 2주 이내에 이의신청을 한 때에는 지급명령은 효력을 잃는다(민사소송법 제470조). 이 경우는 당초 채권자가 지급명령을 신청한 때에 소를 제기한 것으로 보고(민사소송법 제472조 제1항), 이후에는 통상의 소송절차로 진행된다. 반면에 채무자가 위 기간 내에 이의신청을 하지 않으면 지급명령은 확정판결과 같은 효력을 갖게 된다(민사소송법 제474조).

VI 소송에 갈음하는 분쟁해결제도(ADR)

1. 대체적 분쟁해결제도

당사자들의 자주적 해결방식인 화해 · 조정 · 중재를 소송에 갈음하는 분쟁해결제도 또는 대체적 분쟁해결제도(ADR: Alternative Dispute Resolution)라고 한다.

2. 화해

재판외 화해는 민법상 화해계약을 가리키는데, 이는 당사자가 상호 양보해 분쟁을 끝내기로 약정하는 것이다. 실제로 교통사고 등이 발생한 경우 이른바 「합의」를 통해 분쟁을 종결하는 경우가 자주 있다.

재판상 화해는 제소전 화해와 소송상 화해로 나눌 수 있는데, 이는 확정판결과 같은 효력을 가진다(민사소송법 제220조). 실무에서는 민사소송이 진행되는 도중에 법원이 화해권고결정을 하는 경우가 종종 있다. 법원이 화해권고결정을 한 경우, 당사자는 결정서의 정본을 송달받은 날부터 2주 이내에 이의를 신청할 수 있고(민사소송법 제226조), 이의신청이 있으면 다시 소송절차가 진행된다. 그러나 당사자가 위 기간 내에 이의를 신청하지 않으면 화해권고결정은 재판상 화해와 같은 효력을 가진다(민사소송법 제231조).

3. 조정

조정이란 법관이나 조정위원, 조정위원회가 중개해 당사자들을 화해로 이끄는 것을 가리킨다. 처음부터 당사자가 법원에 조정을 해달라고 신청하는 것도 가능하지만, 소송이 진행되는 도중에 법원이 사건을 조정에 회부할 수도 있다(민사조정법 제6조).

조정이 성립하면 재판상 화해와 동일한 효력이 있다(민사조정법 제29조). 조정이 성립되지 않은 경우, 조정담당 판사는 직권으로 「조정에 갈음하는 결정」을 할 수 있다. 이 결정에 대해 당사자는 그 조서의 정본이 송달된 날부터 2주일 이내에 이의를 신청할 수 있는데, 만일 이 기간 내에 이의신청이 없으면 조정에 갈음하는 결정은 재판상 화해와 동일한 효력이 있다(민사조정법 제34조).

4. 중재

중재라 함은 당사자들의 합의에 의해 선출된 중재인의 중재판정에 의해 분쟁을 해결하는 것을 가리킨다. 중재판정은 법원의 확정판결과 동일한 효력을 가진다(중재법 제35조). 우리나라의 경우 대한상사중재원이 있으며, 국제상거래에 관한 분쟁은 국제중재기구에서 해결하는 경우가 많다.

제4절

민사집행절차

I 민사집행의 개념

"교수님! 이번이 마지막 질문이 될 것 같은데요, 이 절 전체 내용과 관련해서 질문을 하겠습니다. 승소판결을 받으면 이제 모든 것이 끝난 것인가요? 만약 승소판결을 받았는데도 상대방이 이행을 하지 않으면 어떻게 해야 하나요? 그럴 경우에는 강제집행을 해야 한다고 들었는데, 강제집행은 어떤 절차로 진행되는지 알려주세요."

1. 강제집행

강제집행이란 국가의 공권력을 행사해 사법상의 권리를 강제적으로 실현시키는 절차이다. 강제집행절차는 판결절차와 구별되는 것으로, 강제집행을 하려면 채권자가 확정된 종국판결에 기초해 강제집행을 신청해야 한다.

강제집행은 실현될 사법상의 권리를 기준으로 「금전채권에 기초한 강제집행」과 「금전채권 외의 채권에 기초한 강제집행」으로 나눌 수 있다. 전자는 금전채권의 만족을 얻기 위해 채무자의 재산을 매각하고 그 매각대금으로부터 배당을 받는 것이다. 후자는 예컨대 물건의 인도를 구하는 청구권을 직접 실현하는 것이다.

2. 담보권의 실행(임의경매)

강제집행과 구별되는 것으로 「담보권 실행을 위한 경매」가 있다. 이는 저당권 등 담보권을 실행해 피담보채권의 만족을 얻는 절차이며, 임의경매라고 부르기도 한다. 저당권 등 담보권을 갖고 있는 채권자는 확정판결 없이 바로 경매신청을 할 수 있다. 담보권 실행을 위한 경매에는 강제집행에 관한 규정이 준용된다.

II 금전채권에 기초한 강제집행

1. 금전채권에 기초한 강제집행의 개관

금전채권에 기초한 강제집행은 ① 압류, ② 현금화(경매), ③ 만족(배당)의 순서로 진행되는 것이 일반적이다. 압류는 대상재산에 대해 채무자의 처분을 금지시키는 것이고, 현금화(경매)는 대상재산에 대한 경매절차를 진행해 대상재산을 현금으로 전환시키는 것이다. 그리고 만족(배당)은 매각대금을 채권자들에게 분배하는 것이다.

2. 부동산에 대한 강제집행

부동산에 대한 강제집행은 ① 강제경매의 개시, ② 매각준비절차, ③ 매각기일과 매각결정기일의 공고, ④ 매각실시, ⑤ 대금납부, ⑥ 배당절차의 순서로 진행된다.

채권자의 신청에 따라 법원이 강제경매개시결정을 하면, 법원은 즉시 등기관에 촉탁해 대상 부동산의 등기부에 압류를 기입한다. 매각준비절차에서는 부동산 현황조사를 하고, 감정인의 평가를 통해 최저매각가격을 결정하며, 매각물건명세서를 작성한다. 그리고 배당요구의 종기를 결정해 이를 공고한다.

매각은 보통 입찰의 방법으로 행해지며, 매각결정기일에는 최고가매수신고인에게 매각을 허가하는 결정을 한다. 최고가매수신고인이 지정된 대금지급기한까지 매각대금을 납부하면, 그는 매각대금을 다 낸 때 부동산의 소유권을 취득한다. 이후에는 그 매각대금을 우선순위에 따라 채권자들에게 배당한다.

3. 유체동산에 대한 강제집행

유체동산에 대한 강제집행도 ① 압류, ② 현금화(경매), ③ 만족(배당)의 순서로 진행된다.

유체동산에 대한 압류는 집행관이 그 물건을 점유함으로써 하나, 운반이 곤란한 때에는 봉인(封印) 기타 방법으로 압류물임을 명확히 해서 채무자에게 보관시킬 수 있다(민사집행법 제189조). 유체동산의 현금화는 보통 호가경매에 의하는데, 매각장소는 원칙적으로 압류한 유체동산이 있는 곳이 된다(민사집행법 제203조). 최고가매수인의 매수가 허가되면, 그는 경매기일 마감 전에 매각대금을 지급하고 매각물을 인도받는 것이 원칙이다. 이후 채권자들에게 매각대금을 배당한다.

유체동산에 대한 강제집행은 중고품을 대상으로 하는 것이므로 채권회수의 수단으로 효율적이라고 할 수는 없다. 이는 채무자에 대한 압박수단으로 이용되는 경우가 많다.

4. 채권에 대한 강제집행

채권에 대한 강제집행의 예로는, 채권자 A가 채무자 B의 재산을 물색해 B가 C에 대해서 갖고 있는 채권에 대해 강제집행을 하는 경우를 들 수 있다. 채권에 대한 강제집행도 ① 압류, ② 현금화, ③ 만족(배당)의 순서로 진행된다.

채권을 압류한 경우 그 압류명령이 제3채무자(C)에게 송달되어야 압류의 효력이 생긴다(민사집행법 제227조 제3항). 그리고 현금화 방법으로는 추심명령과 전부명령이 이용된다. 추심명령은 압류채권자(A)에게 추심권을 수여해 그가 압류된 채권의 지급을 받도록 하는 것이고, 전부명령은 압류된 채권을 집행채권의 지급에 갈음해 압류채권자(A)에게 이전시키는 것이다.

압류채권자(A)가 추심명령에 따라 추심한 경우 그 추심한 채권액을 법원에 신고해야 하는데, 그 신고 전에 다른 압류·가압류 또는 배당요구가 있었을 때에는 배당절차가 진행된다(민사집행법 제236조). 그러나 전부명령의 경우는 피압류채권의 금액만큼 집행채권이 변제된 것이 되므로 추후 배당절차가 남지 않는다.

III 금전채권 외의 채권에 기초한 강제집행

채권자가 금전채권 외의 채권을 갖고 있을 때 이를 집행하는 방법은 그 채권의 내용에 따라 달라진다.

물건의 인도청구권은 채무자의 목적물에 대한 점유를 빼앗아 채권자에게 인도하는 직접강제 방법에 의해 집행한다.

대체적 작위청구권(예컨대 건물철거청구권)은 채무자의 비용으로 채무자 이외의 자로 하여금 그 행위를 하도록 하는 대체집행 방법에 의해 집행하고, 부대체적 작위청구권(예컨대 정정보도문게재청구권)은 채무자에게 압박을 주는 간접강제 방법에 의해 집행한다.

끝으로 상대방의 의사표시를 구하는 청구권(예컨대 소유권이전등기청구권)은 그 의사의 진술을 명한 판결로 의사를 진술한 것으로 보기 때문에(민사집행법 제263조) 따로 집행절차가 필요하지 않다.

• 이 책의 각 부분별 집필 교수 •

제1장 법이란 무엇인가

제1절 _ 송덕수

제2장 재산관계법

제1절-제4절 _ 김병선

제5절 _ 송덕수

제6절 · 제7절 _ 서을오

제8절 _ 권태상

제3장 가족관계법

제1절 · 제2절 _ 오종근

제3절-제7절 _ 정태윤

제4장 권리구제

제1절-제4절 _ 권태상

• 참고문헌 •

김주수 · 김상용, 『친족 · 상속법』, 제11판, 법문사, 2013.

송덕수, 『신민법강의』, 제16판, 박영사, 2023.

______, 『신민법입문』, 제14판, 박영사, 2023.

______, 『친족상속법』, 제6판, 박영사, 2022.

양명조, 『경제법: 이론 · 판례 · 사례』, 제2판, 신조사, 2014.

이시윤, 『신민사소송법』, 제13판, 박영사, 2019.

______, 『신민사집행법』, 제7판, 박영사, 2016.

지원림, 『민법강의』, 제13판, 홍문사, 2015.

• 찾아보기 •

[ㅁ]

[ㅂ]

[ㅈ]

[ㅊ]

제4판

시민생활과 법

민사 생활법률 강의

펴낸날 1판 1쇄 2016년 1월 13일
4판 1쇄 2023년 9월 5일

지은이 송덕수 · 정태윤 · 오종근 · 서을오 · 김병선 · 권태상

펴낸이 주소현

펴낸곳 이화여자대학교출판문화원

주소 서울특별시 서대문구 이화여대길 52(우 03760)

등록 1954년 7월 6일 제9-61호

전화 02) 3277-2965 (편집), 02) 362-6076 (마케팅)

팩스 02) 312-4312

전자우편 press@ewha.ac.kr

홈페이지 www.ewhapress.com

책임편집 이혜지 · 김미정

디자인 정혜진

ⓒ 송덕수 · 정태윤 · 오종근 · 서을오 · 김병선 · 권태상, 2023

ISBN 979-11-5890-501-9 93360

값 22,000원

* 잘못된 책은 구입처에서 바꾸어 드립니다.